フランクル心理学入門

どんな時も人生には意味がある

諸富祥彦

はじめに

本書は、『夜と霧』の著者として知られるヴィクトール・フランクルの心理学のエッセンスをわかりやすく説いた入門書です。本書を読めば、フランクルという心理学者（精神神経科医）が何をどう考えたのか、その要点はズバリつかんでもらえるはずです。

と同時に本書は、「どこかむなしい」「つまらない」「私の人生に意味はあるんだろうか」という心のつぶやきを抱えながら毎日を生きている方に、そのような「自分」を変えるきっかけをつかんでもらうための本でもあります。

特に大きな悩みがあるわけではない。ほかの人と変わらないごく普通の人生を生きているつもりでいる。

けれど、なぜか時折やってくる「心のむなしさ」。

「こんなはずじゃなかった」「このまま生きていって、それでどうなるんだろう」とつぶやいてしまう。

本書は、そんな方に「自分」を変えるきっかけをつかんでもらう本でもあるのです。

付けられています。しかし、フランクル自身言うように、フランクルの著作の主たる読者は、けっして専門家（カウンセラーやセラピスト、精神科医）ばかりではありません。

この不安定な時代の中で、「自分の生きる拠り所がほしい」「もっとたしかな、充実した人生を送りたい」と思っている一般の人々が、いつもフランクルの読者の中心でした。つまりフランクル心理学は、以前からずっと、一般読者のセルフ・ヘルプに供してきたのです。

本書でも、フランクル心理学のこの方向性を忠実に受け継いでいます。

本書では、フランクル心理学のエッセンスと全体像とを正確に描くことを目指しています。わかりやすい言葉で書いてはいるものの、学術的なレヴェルは少しも落としていないつもりです。

フランクル心理学の要点は、次のメッセージにあります。

「実存分析」「ロゴセラピー」などと、フランクル心理学には一見難解そうな名前がどんな時も人生には意味がある。
なすべきこと、充たすべき意味が与えられている。

「何か」があなたを待っている。
「誰か」があなたを待っている。

これは、わかりやすく言えば、次のようなことです。

私たち現代人の生き方は、一言で言えば「幸福主義」の生き方です。「人に迷惑さえかけなければ何をしてもいい。とにかく自分の幸せが一番大事」という考え方です。けれど、既に豊かさが実現されてしまったこの世の中で、「自分の幸せ」を追い続けてもたかが知れています。

また、「何をしてもいいし、しなくてもいい」「私はここにいてもいなくてもかまわない」という徹底的な自由の感覚が人々の間に浸透し、それが生きることに対する深い「むなしさの感覚」を生み出してしまっています。

このような堂々巡りから脱け出すには、どうすればいいのでしょうか。

世界を次のようにイメージしてみては、とフランクルは言います。


　空を見上げれば無数の星がきらめくこの宇宙。

　どこまでも続くこの果てしない宇宙の中で、今・この時代・この時、この地球の・この国の・この場所に、なぜかこの〈私〉が置き与えられている。

　一見単なる偶然に見えるこの事実。しかし考えてみれば、果てしなく続くこの時間と空間の中で、ほかのいつでもない今・この時代・この時、ほかのどこでもないこの国の・この場所に、自分が与え置かれているということには、やはり意味がある。自分で選び取ったのでなく、気づいた時には選択の余地なくそこに定め置かれていたからこそ、このことにはただそれだけで、意味があると思わないではいられないのだ。

　私たちは、何をしてもいいし、何をしなくてもかまわないような存在ではない。

　ここにいてもいなくてもかまわない。そのような、ただ放り出されているだけの存在ではない。

　私たち一人ひとりには、「なすべきこと」「充たすべき意味」が与えられている。「果すべき使命」が与えられている。そしてそれと共に、今・ここに定め置かれている。そしてその「何か」は、私たちによって発見され実現されるのを「待っている」。私たちは、常にこの「何か」によって必要とされ、それを発見し実現するのを待たれている、そういう存在なのだ。

人間は常にこのことを人生から「問われている」「呼びかけられている」存在なのだ。

「私はこうしたい」「こう生きたい」という欲望や願望。それに先立って、「私を超えた向こう」から「なすべきこと」「充たすべき意味」が与えられているということ。

私たちは生きている限り、この「何か」によって必要とされ待たれているのであって、自分を必要とする「何か」がなくなることなど決してありえないということ。

フランクルが発するメッセージとは、このことにほかなりません。

そして生きている限り、その都度送り与えられてくるこの「なすべきこと」「実現すべき意味」に耳を傾けて、ただ淡々とそれに取り組み続けていくならば、そして、そのことを通して、自分の人生に与えられた使命・天命に目覚め、それに没頭していくならば、その時私たちは、いつの間にか、自分の「いのち」が輝き始めていることに気づくことができます。一瞬一瞬の「時」が充ち足りて、「生きているのっていいことだなぁ」という喜びが、静かにそして爽(さわ)やかに押し寄せてくるのを感じることがフランクルはこうして人間をその精神の高みへと高く引き上げようとします。フロイトやユングの心理学が人間の心の深層を探究する「深層心理学」と呼ばれるのに対して、フランクルの心理学が「高層心理学」と呼ばれるゆえんです。

フランクルは言います。

「自分だけに与えられた固有の意味の体験」「自分だけに与えられた固有の使命の体験」――この体験ほど、私たちの精神を高く引き上げるものはない。この体験ほど、私たちを苦境や困難に立ち向かわせてくれるものはない。

自分は今、本来そうあるべく定められているその定め通りの在り方をしているという確かな実感。この実感に支えられて、自分が生きているという事実を、喜びをもって受け止めることができるのです。

人間や人生をこのような仕方で感受するところに、フランクル心理学のユニークさがあります。そしてだからこそそれは、現代人の「こころの問題」を超える原理となりうるのです。

まず「私」を立て、「私の幸せこそが一番大事」と考える「幸福主義」。そしてそれと裏腹の関係にある「心のむなしさ」「人生の空虚」。フランクル心理学はこれを超える原理となりうるのです。

フランクル心理学は本書の刊行によってはじめて正当な光を当てられることになるでしょう。

私としては、フランクル心理学の良質の部分をうまく取り出した上で、フランクル自身の著作よりもわかりやすく読者にお伝えできればと願っています。

フランクルは、言います。

> あなたがどれほど人生に絶望しても、人生があなたに絶望することはない。
> 人生があなたを求めなくなること、人生があなたに期待しなくなることなど、ない。
> あなたが息を引き取るその一瞬まで。

たとえ今がどんなに苦しくても、あなたはすべてを投げ出す必要はない。

いつの日か、人生に「イエス」と言うことのできる日が、必ずやってくるから。

たとえあなたが人生に「イエス」と言えなくても、人生のほうからあなたに「イエス」と光が届けられる日が、いつか必ずやってくるから。


東日本大震災・コロナ禍と、私たち日本人は幾度も苦境に追いやられました。「自分にできることは何もない」と無力感に苛まれることもあったと思います。しかしそうして苦難と逆境に追い込まれる度、多くの人がフランクルの著作を手にしてきました。その理由がフランクルのこの言葉に端的に示されています。


私たちは人生で幾度か、「もうダメかもしれない」「すべて終わりかもしれない」と苦境に追い込まれます。フランクルの言葉は、人生を諦めかけ絶望しかけたそんな人々の魂を強く揺さぶる力を持っています。

「もう少しだけ、生きてみよう」――そんな気持ちにさせてくれるのです。フランクルの心理学は「逆境の心理学」なのです。

目次

第2章　フランクル心理学で「生きる意味」を発見する

第3章　ライフサイクルの諸問題とフランクル心理学

第4章　フランクルの人間観

第5章 カウンセリング・心理療法としてのフランクル心理学

第6章　主要著作とその概要
――もっとフランクルを知りたい人のために

〈凡例〉

フランクルの著作・論文からの引用に際しては、次に示す略記号を用いた。

ＰＰ：「哲学と心理療法――実存分析の基礎づけのために」（Philosophie und Psychotherapie:Zur Grundlegung einer Existenzanalyse, In:*Schweizerische medizinische Wochenschrift*, 69, 1939, SS. 707-709　諸富祥彦訳「哲学と心理療法――実存分析の基礎づけのために」『教育と教育思想』12集　教育思想研究会　一九九二）

ÄS：『医師による魂のケア――ロゴセラピーと実存分析の基礎づけ』（Ärztliche Seelsorge:Grundlagen *der Logotherapie und Existenzanalyze*, Franz Deuticke, 1946　霜山徳爾訳『フランクル著作集2　死と愛　実存分析入門』みすず書房　一九五七／山田邦男監訳　岡本哲雄・雨宮徹・今井伸和訳『人間とは何か――実存的精神療法』春秋社　二〇一一）

ＰＥＫ：『ある心理学者の強制収容所体験』（*Ein Psycholog erlebt das Konzentrationslager*, Verlag für Jugend und Volk, 1946　霜山徳爾訳『フランクル著作集1　夜と霧』みすず書房　一九六一／池田香代子訳『夜と霧　新版』みすず書房　二〇〇二）

ＴＪＬＳ：『それでも人生にイエスと言う』（*...trotzdem Ja zum Leben sagen*, Franz Deuticke, 1946　山田邦男・松田美佳訳『それでも人生にイエスと言う』春秋社　一九九三）

ＺＶ：『時間と責任』（*Zeit und Verantwortung*, Franz Deuticke, 1947　山田邦男監訳　今井伸和・高根雅啓・岡本哲雄・松田美佳・雨宮徹訳『意味への意志』所収　春秋社　二〇〇二）

UG：『無意識の神』(*Der unbewußte Gott*, Kösel-Verlag, 1948　佐野利勝・木村敏訳『フランクル著作集7　識られざる神』所収　みすず書房　一九六二)

UM：『制約されざる人間——超臨床的講義』(*Der unbedingte Mensch: Metaklinische Vorlesungen*, Franz Deuticke, 1949　山田邦男監訳『制約されざる人間』春秋社　二〇〇〇)

HP：『苦悩する人間——苦悩の弁護論の試み』(*Homo patiens: Versuch einer Pathodizee*, Franz Deuticke, 1950　真行寺功訳『苦悩の存在論　ニヒリズムの根本問題』新泉社　一九七二／山田邦男・松田美佳訳『苦悩する人間』春秋社　二〇〇四)

LE：『ロゴスと実存——三つの講演』(*Logos und Existenz: Drei Vorträge*, Amandus-Verlag, 1951　佐野利勝・木村敏訳『フランクル著作集7　識られざる神』所収　みすず書房　一九六二)

PZ：『時代精神の病理学』(*Pathologie des Zeitgeistes*, Franz Deuticke, 1955　宮本忠雄訳『フランクル著作集3　時代精神の病理学』みすず書房　一九六一)

TTN：『神経症の理論と治療』(*Theorie und Therapie der Neurosen*, Ernst Reinhardt, 1956　宮本忠雄・小田晋訳『フランクル著作集4　神経症1』／霜山徳爾訳『フランクル著作集5　神経症2』みすず書房　一九六一)

MS：『精神医学的人間像』(*Das Menschenbild der Seelenheilkunde*, Hippokrates-Verlag, 1959　宮本忠雄・小田晋訳『フランクル著作集6　精神医学的人間像』みすず書房　一九六一)

ABS：「意味の問題に対する警告的な覚書」(Aphoristische Bemerkungen zur Sinnproblematik, In:

Archiv für die gesamte Psychologie, 116, 1964, SS. 336-345　邦訳なし）

ＳＴＨＰ：「人間的現象としての自己超越」（Self-Transcendence as a Human Phenomenon, In: *Journal of Humanistic Psychology*, Vol.,6, No.2, 1966. pp.97-106　邦訳なし）

ＰＥ：『心理療法と実存主義――ロゴセラピー論文集』（*Psychotherapy and Existentialism: Selected Papers on Logotherapy*, Simon and Schuster, 1967（高島博・長澤順治訳『現代人の病　心理療法と実存哲学』丸善　一九七二）

ＷＭ：『意味への意志――ロゴセラピーの基礎と応用』（*The Will to Meaning: Foundations and Applications of Logotherapy*, New American Library, 1969（大沢博訳『意味への意志』ブレーン出版　一九七九）

ＬＳＬ：『生きる意味喪失の悩み――現代の精神療法』（*Das Leiden am sinnlosen Leben: Psychotherapie für heute*, Herder, 1977（中村友太郎訳『生きがい喪失の悩み』エンデルレ書店　一九八二）

ＵＣＭ：『聴き届けられることのなかった意味への叫び――心理療法とヒューマニズム』（*The Unheard Cry for Meaning: Psychotherapy and Humanism*, Simon and Schuster,1978　諸富祥彦監訳　上嶋洋一・松岡世利子訳『〈生きる意味〉を求めて』春秋社　一九九九）

ＡＳ：「自伝」（Eine autobiographische Skizze, In: *Die Sinnfrage in der Psychotherapie*, Piper, 1981, SS. 143-172　邦訳なし）

ＩＬ：『AN INVITATION TO LOGOTHERAPY　ロゴセラピーへの招待』（高島博との対談ビデオ

Joint Spot　一九九〇）

HFML：「いかにして人生の意味を見つけるか」（ロバート・シューラーによるインタビュー　How to Find Meaning in Life, In: *Possibilities*, March/April, 1991, pp.8-12　邦訳なし）

WNMB：『著作には書かなかったこと――私の人生回想録』（*Was nicht in meinen Büchern steht, Lebenserinnerungen*, Quintessenz-zahnmed., Bln, 1995　山田邦男訳『フランクル回想録――20世紀を生きて』春秋社　一九九八）

〈諸富祥彦のフランクル関連著書〉

『知の教科書　フランクル』講談社選書メチエ　二〇一六

『「働く意味」がわからない君へ　ビクトール・フランクルが教えてくれる大切なこと』日本実業出版社　二〇一四

『悩みぬく意味』幻冬舎新書　二〇一四

『魂のミッション――あなたが生まれてきた意味』こう書房　二〇一三

『あなたがこの世に生まれてきた意味』角川SSC新書　二〇一三

『100分de名著ブックス　フランクル「夜と霧」』NHK出版　二〇一三

『あなたのその苦しみには意味がある』日経プレミアシリーズ　二〇一三

『ビクトール・フランクル　絶望の果てに光がある』ワニ文庫　二〇一三

『『夜と霧』ビクトール・フランクルの言葉』コスモス・ライブラリー　二〇一二
『どんな時も、人生には意味がある。　フランクル心理学のメッセージ』PHP文庫　二〇〇六
『人生に意味はあるか』講談社現代新書　二〇〇五
『生きていくことの意味　トランスパーソナル心理学・9つのヒント』PHP新書　二〇〇〇
『どんな時も、人生に〝YES〟と言う――フランクル心理学の絶対的人生肯定法』大和出版　一九九九
『〈むなしさ〉の心理学　なぜ満たされないのか』講談社現代新書　一九九七
『フランクル心理学入門　どんな時も人生には意味がある』コスモス・ライブラリー　一九九七（本書の旧版）

写真提供　ullstein bild／時事通信フォト

第１章　フランクルってどんな人
――フランクルの生涯とエピソード

日本におけるフランクル紹介の過ち

日本においてフランクルは、どのような人物として紹介されてきたでしょうか。

まず、一般の読者にとってフランクルは、何といっても『夜と霧』（原題『ある心理学者の強制収容所体験』ＰＥＫ）の著者としての印象が強いでしょう。

ウィーン在住の神経科医・精神科医であったフランクルは、ユダヤ人であったためナチスに捕らえられ、過酷な収容所生活を余儀無くされました。死と向かいあわせになりながら生き続ける被収容者たちの収容所での生きざまを、フランクルは一冊の本にまとめたのです。

収容所における被収容者たちの生活は、たしかに悲惨きわまるものでしたが、それ以上に読者の胸を打ったのは、そこでもなお希望を捨てずに生き続ける被収容者たちの姿でした。

ある者は自らのパンを別の者に与え、またある者は夕日の美しさに感動する心を見失いませんでした。

このような被収容者たちの生きざまを描くフランクルの筆致は、ある種の精神的な気高さ、崇高さに満ちており、読者の心を動かさずにいません。

そのためこの本は、世界各国で翻訳されて読み継がれ、特にアメリカでは、1991年11月20付ニューヨークタイムズによれば、アメリカの議会図書館の「今月の本クラブ」会員が選んだ「最も影響力のある本」ベストテンに入っています。心理学・精神医学関係では、唯一のランクインでした。

『夜と霧』の著者としての「作家・フランクル」は日本でもきわめて好意的に受け入れられています。

しかしその一方で、専門家（精神科医・神経科医ないし心理療法家）としてのフランクルがどれだけ正しく理解され受け入れられてきたかと考えると、はなはだ心もとないものがあります。

その理論の根幹が大きく誤解され、あるいは矮小化されてしまっているということについては、「はじめに」で指摘した通りで、これがもちろん一番やっかいな問題ではあります。けれども、単なる事実のレヴェルに限っても、誤解、曲解、無理解がいくらでもあるのです。専門の辞典・事典をひもといても、果たして自分で資料をたしかめたのか、疑いたくなる類のものもあります。

例をいくつか、あげましょう。いずれも、『フランクル著作集』の代表的な訳者が執筆したものです。

オーストリアの精神科医。ウィーン大学医学部卒。ただちに精神科医としてフロイト S. Freud の精神分析の影響を受け、さらにアドラー A. Adler などの深層心理学にも接したが、しだいに実存分析と呼ばれる独自な学風をとり、しばしば第3ウィーン学派とか、新ウィーン学派とか呼ばれることがある。そのきっかけになったのは、彼がユダヤ人であったために、第2次世界大戦中にナチスによってアウシュビッツの強制収容所にとらえられ、九死に一生を得た体験であった。（霜山徳爾「フランクル」新福尚武編『精神医学大事典』講談社　一九八四）

オーストリアの精神医学者。ウィーン大学の医学部を卒業後、当時なおこの街で活躍していたフロイト S. Freud やアドラー A. Adler の教えを受けたが、第二次大戦中、ユダヤ人であるというだけの理由で両親、妻と二人の子供もろとも逮捕され、アウシュビッツの強制収容所へ送られて、凄惨な生活を体験した。戦後、この時の体験にもとづいて独自の実存分析（Existenzanalyse）をとなえ、またロゴテラピーを創始して、フランクルとその信奉者は新ウィーン学派または第

三ウィーン学派とも呼ばれた。(宮本忠雄「フランクル」加藤正明他編『新版精神医学事典』弘文堂一九九三)

いずれについても、二つの同じ根本的な誤りを指摘することができます。

後述するように、フランクルが実存分析やロゴセラピーの基本的な考えを築いたのは、収容所体験以前です。アウシュビッツの強制収容所に捕らえられた時点で、後に主著(『医師による魂のケア』:邦訳『死と愛』ÄS)となる本の原稿は既にほぼ完成していました。収容所に捕らえられた時にフランクルはその原稿をナチスに奪い取られたのです。

ですから、収容所体験そのものが実存分析やロゴセラピーをつくった「きっかけ」になったわけではありませんし、収容所での体験に「もとづいて」自説を唱えるようになったわけでも、決してありません。

このような誤解は、日本ばかりでなく、ヨーロッパでもしばしば見られたようです。一九五六年に書かれた『神経症の理論と治療』という本の中で、フランクルは次のように書いています。

ロゴテラピー及び実存分析は一九三八年に学術出版の形で既にとっくに具体的

形態をとっていた。そして……この機会に述べておきたいのだが、……実存分析は強制収容所と第二次世界大戦との深刻な体験に帰せしめられるとしばしば言われるけれども、実際はそうではないのだ。実存分析の根本的な理念や構想は、後にそれを敢えて発表した著者が充分に正しいと思う以前に、強制収容所においても何らかの形で確認されねばならなかっただけなのである。（TTN）

しかも、先の誤解に満ちた事典項目執筆者と、そのような誤解に対してフランクルが抗議しているこの著作の訳者とは同一人物（霜山徳爾氏）なのですから、私としては、いったいどうなっているのか理解に苦しむほかありません。

また先の事典項目には、他にも誤りがあります。フランクルが大学卒業後、フロイトの影響を受けたとされている点です。後述するようにフランクルは、一時たしかにフロイトの考えに強い影響を受けましたが、それは彼の高校時代のことであり、高校卒業時には既に彼の関心はアドラーへ移っていたのです。

さらにもう一つ、フランクルは終戦後再婚したエリーとの間には娘がいましたが、大戦前には「二人の子ども」は生まれていませんでした。最初の妻、ティリーはフランクルの子どもを妊娠していましたが、ユダヤ人の出産を禁じるナチスの方針のために、中絶を余儀なくされています。

本書ではまず、フランクルの生涯と思想形成のプロセスについて、正確な資料とデータに基づいて正しく紹介していくことから、始めることにしましょう。

少年フランクル――「生きる意味」への問いの芽生え

フランクルは、一九〇五年三月二六日、オーストリアの首都ウィーンで生まれ育ちました。

フランクルの母エルザはプラハの貴族の家系に生まれ育った人で、叔父にはオスカー・ヴィーナーという詩人がいるそうです。

フランクルの父ガブリエルは、チェコの南部にある南モラヴィア地方の生まれで、ある製本業者の貧しい家庭の子どもとして育ちました。医師志望だった彼は、寝食を忘れて学問に打ち込み、学校は修了しましたが、残念なことに経済的な理由で医師の道を断念せざるをえなくなりました。ユダヤ人であったためか、軍医への道が閉ざされると共に、奨学金も得られなかったのです。一〇年間議会の速記の仕事をした後国家公務員となり、大臣の個人秘書として二五年間勤務しましたが、興味深いのは、父親が配属されたのが児童青少年の保護育成のための部署だったということです。後述するようにフランクルは二四歳の時、世界大不況による失職からうつ状態になった若者のための「青少年相談所」を開設し、主に失業し、人生に絶望した若者の相談活動に従事するのですが、これは父親の仕事の影響によるものだと述懐しています。

つまりフランクルは、貴族の家系の母と医師を志望しながら断念した官公庁職員の父との間に生まれ育ったというわけです。

父の未完の行為を果たそうとしたのでしょうか。フランクルは三歳の時点で既に医師になる決意を固めます。父親に喜ばれたことは言うまでもありません。もっともフランクル自身の述懐によれば、この当時、船乗りや士官になるのが人気の職業で、この二つを同時にかなえるには、船医にも軍医にもなれる医者になればいいと考えたとのことですが。とはいえ少年時代のフランクルが、医療の実践と研究の両方にかなり幼い頃から関心を抱いていたということは事実のようです。

以上は一般的なエピソードにすぎませんが、フランクル心理学の誕生にとって決定的な意味を持つ出来事が、フランクル四歳の時点ではやくもおこります。

「フランクル心理学誕生の日」は、一九〇九年、彼がまだ四歳の日のある晩に訪れます。眠りに落ちる直前、少年フランクルは突然、次のような考えに襲われたといいます(WNMB)。

「いつかは僕も死ぬんだ。そうなれば、僕はもう生きていることができないんだ。だとすれば、いったい、僕が生きていることの意味って何なんだろう……」

その日から、少年フランクルの心には、この考えが何度も繰り返しやってきました。

そして「自分はこの問いに対する満足のいく答えを見つける義務があるように感じた」とフランクルは語っています。

わずか四歳の彼を捕らえたこの問い――「僕が生きていることの意味って何なんだろう」――は、ある時はハッキリと、またある時は漠然とフランクル少年の中で吟味され、それが彼の学問と人生の方向性を決定づけていくことになります。

ここで注意すべきことは、フランクルが幼い頃から既に、自分のなすべきことは死を恐れることではなく、人生のはかなさがそれを無意味にするかどうかを問うことであると感じていたということです。並みの子どもであれば（そしてまた多くの大人も）自分の死に対して漠然とした恐れや不安を感じることはあっても、そこで止まってしまうはずです。けれどフランクルは、その幼年時から既に、死に対する恐れから逃げず、さらに積極的に「果たして死は人生を無意味にするか」と問うていったというのですから、やはり並みの子どもではありません。

フランクルはまた自らの幼年時を回顧して、自分は自然と「護（まも）られた感情」を与えられて育ってきたように思うと語っています。彼が引き合いに出すのは、フランクルが五歳の時にある避暑地の小さな森で過ごした時の思い出です。ある朝、彼が眠りから覚めて、けれどもまだ瞼（まぶた）を閉じたままでいると、言葉にしようがないような至福の感情、何かに護られている感情に包まれたというのです。目を開けると、彼の父が腰をかがめて微笑んでいる姿が入ってきたといいます。両親の温かい愛に包まれて育った様子が浮かんできます。

またこの避暑地の生活では、彼の両親と親交のあったある女性が彼の家庭教師になったのですが、この女性との関係がフランクルの「思想家」としての資質を育んでくれたようです。フランクルはこの女性にひっきりなしに疑問を投げかけていったといいます。けれども避暑地でのこうした生活も、第一次世界大戦によって続行不可能となります。

少年フランクルの心を次に魅了したのは、自然哲学者たち（Naturphilosophen）の思想、とりわけ、ヴィルヘルム・オストヴァルト（Wilhelm Ostwald）やテオドール・フェヒナー（Gustav Theodor Fechner）の思想でした。少年フランクルは、一四歳の時までに両者の著作の多くを読了し、一組の大学ノートにびっしりと書き込んで、「我々と世界のプロセス」というタイトルの論文を書いて学校に提出しています。ここでフランクルは、ミクロコスモスとマクロコスモスの両方に、ある普遍的な調整の原理が働いているという確信を表明しています（このような考えは、後に彼のデビュー作『医師による魂のケア』の中で再び提出されます）。

またこの頃、少年フランクルはある種の神秘体験（といって言い過ぎであれば、ある種の覚醒（かくせい）体験）を体験しています。彼が再び避暑地に行き、ドナウ河を汽船で上流へと向かっている時のことです。深夜、一人でデッキに出て寝そべりながら、「私の頭上の星のきらめく天空と、私のうちなる調整の原理とをじっとながめているうちに（ここで私はカントを念頭においています）、私には『アハ体験』が与えられたのです」（ÄS）。

この体験がどんなものであったかについて、フランクルは「ニルヴァーナ（涅槃）は内的に見られた熱死体験ということ」としか記していません。けれども彼にとってきわめて魅力的に映ったこの体験は、後に夜の考えと昼の考えの違いについての関心を育んでいき、それがさらにフロイトの「快楽原則の彼岸」に対する関心へとつながっていきます。

高校生フランクルとフロイトの文通

一五歳になったフランクルは——まだ高校生でしたが——夜、成人のための教育施設である成人学校（Volkshochschule）に通い始めます。彼が選択した講義は「応用心理学」と「実験心理学」でしたが、それに続いてフロイトの精神分析についての講義があり、彼はそこで、フロイトの有名な弟子であるシルダー（Paul Schilder）とヒッチュマン（Eduard Hitschmann）に出会うことになります。

ここでの学習に大いに魅了された高校生フランクルは、まだ一六歳であったにもかかわらず、大胆にもフロイトに手紙を書きます。そしてフロイトの方もこの手紙に即座に返事を書き続け（フランクルによれば、フロイトはどんな手紙にも必ず三日以内に返事をくれたといいます）、それは長い文通へと発展していきました。この往復書簡がもし残っていれば、貴重な研究資料として大きな関心を呼んだことでしょう。しかし残念ながら、すべての資料はフランクルが収容所に送られた時に失われてしまいました。

ある時フランクルは、手紙の中に一本の短い論文を同封していました。「身振りの肯定と否定について」というタイトルの二ページの論文です。まだ一七歳の高校生だったフランクルは、「これを発表できるかもしれないというような野心も期待もないことをここに誓います」と書き記したのでしたが、三日後、フロイトから次のような返事が返って来たといいます。「フランクル君、心のこもった手紙をありがとう。原稿は、国際精神分析雑誌の編集長に直接渡しておきました」。

結局、まだ高校生だったフランクルの書いたこの論文は、フロイトの推薦によって、二年後の一九二四年に『国際精神分析雑誌』（一〇号、四三七～四三八頁）に掲載されることになります。フランクル一九歳の時のことです。けれども、その時点では既に、フランクルの関心はアドラーの個人心理学へと移っていっていました。

フランクルの中でフロイトからの影響が顕著だったのは、高校の卒業論文までです。ウィーンのすべての高校生には、大学で学ぶ資格があることを示すために卒業論文が課されていたのですが、フランクルの卒業論文のタイトルは「哲学的思考の心理学について」というもので、内容的には完全に精神分析的なものでした。つまりフロイト理論に従って、人間の本性を生物学的かつ還元主義的に説明しようとしたものだったのです。

けれども同時に、高校生フランクルの中には、まだ充分に自覚的ではなかったにせよ、還元主義に対する反感も育まれつつありました。次のエピソードがそれを物語っています。「私は、かつて私が高校生だった時、理科の教師が人生は結局酸化過程にすぎないと説明した時の反感を今も覚えている。私は立ち上がり、熱烈に次のように質問した。『もしそうならば、人生にはどんな意味があるのですか？』。こう質問することで、私はその時初めて自分の精神的主体性を自覚したのかもしれない」（PE）。

フランクルがフロイトと直接に出会ったのは、一九二五年、フランクル（二〇歳）が既にウィーン大学の医学生となった時のことでした。フランクルが大学の近くにあるモティーフ公園を散歩していると、フロイトらしき老紳士が前を横切ったのです。確認しようとしばらくそのフロイトらしき男の後を付けたフランクルは、彼がフロイトの住所に向かっていることを確認した後、思い切ってフロイトを呼び止めました。するとフロイトは何と、「ウィーン第二地区、シャニン通り、第六アパート二五室、ヴィクトール・フランクル君だね」とフランクルの住所を暗唱したと言います。すごい記憶力に驚嘆するほかありません。かつて二年間定期的に文通していた高校生当時のフランクルの住所を三年経ったその時でも、フロイトは完全に記憶していたのです。

ところで、フロイトとの話からは外れますが、高校生フランクルは一七歳の時、早くも彼が通っていた成人学校の哲学の講師をしています。フランクルが選んだトピックは、何と「人生の意味」でした。しかも一七歳の時のこの講義で、フランクルは既に次の二つの論点を主張していたといいます。

①人生は、人生の意味についての私たちの問いに答えてはくれない。人生は、その問いをむしろ私たちに投げかけてきている。何が意味に満ちているかという問いに答えなくてはならないのは、私たち人間のほうである。

②人生の究極的な意味は、私たちの理解できる範囲を超えている。けれどもそれは、それを欠いては私たちが生きていくことができなくなるような何かである。

フランクルが四歳の時に初めて抱いた「人生の意味」についての疑問。その問いを、彼は一七歳の時点でここまで問い進めていたのです。そしてこの時点で、「人生が私たち人間に問いを発してきている。だから私たちはそれに答える責任がある」というフランクル心理学の基本仮説は、既に形づくられていたのです。

ここまでフランクルの個人史をたどってみていかがでしょう。「フランクルの思想は、強制収容所における地獄の体験の中で育まれたもの」というこれまでの通念とは異なって、その基本仮説は、彼の幼少期から思春期・青年期にかけての体験をもとに育まれていったものであることを理解されたのではないでしょうか。フランクルは、二〇歳前にその基本思想の骨格を形成していたきわめて早熟な思想家だったのです。フランクルの著作が、多くの青年の心を打つのも、実はこんなところに理由があるのかもしれません。

もう一つ、注意を要するのは、フランクルがこのようにしてその思春期、特に一〇代後半に後の思想の骨格を形成した当時（一九一五〜二〇年あたり）のオーストリアの国情です。かつてはポルトガル、イギリス、フランスを除く全ヨーロッパに加えて、スペイン、メキシコまでを含む「日没する時なき領土」の大帝国であったハプスブルグ。十二を超える民族を抱えたオーストリアが民族運動の激しさに揺れていたところ、一九一四年には皇子フランツ・フェルディナンド大公夫妻がボスニアの州都サラエボで暗殺され、それが引き金となってヨーロッパ中はもちろん、イギリス、アメリカ、日本をも巻き込んで第一次世界大戦が勃発します。民族問題を内部に抱えての戦争は国内統一の乱ともなってもちきれず、一九一八年フランツ・ヨーゼフの後を継いだカールI世は、たちまち退位することになってハプスブルグ王朝の支配がついに終焉しゅうえんします。

一九一九年第一次世界大戦後の講和条約によって、オーストリアの国土は四分の一になってしまいます。新たに連邦共和国となって存続はしましたが、人口はかつての十分の一に減り、それでも二〇〇万人が住むウィーンは、体は小さいのに頭だけが膨れ上がっているような感じでした。「この新しいオーストリアが存続する意味は何か」「そこには何か意味が見出せるのか」といった空虚に満ちた問いが、個人レヴェルでと同様、国家のレヴェルでも発せられていたのです。

一九一〇年代のドイツにおいて、いわゆる「キルケゴール・ルネサンス」が起こり、それまでデンマークの一哲学者でしかなかったキルケゴールが「再発見」されて、後の実存主義の土台となったことはよく知られています。カント流の理想主義（なすべきことは、なしうるはずである）の自己欺瞞が暴かれ、「〜すべきでもなしえない」という生々しい現実の姿が露呈されていった時代の気分に、「絶望の哲学者」キルケゴールは実によくフィットしたのです（もっとも、キルケゴール研究者でもある私から見れば、このようなキルケゴール理解はきわめて一面的なものでしかないのですが）。この同じ時代の空気の中で、高校生フランクルがその「人生の意味」の思想の骨格を形成していったということは、注意しておいてよいと思います。

アドラーとの出会いと別離

フランクルにとってアドラー心理学は、フロイトのそれ以上に大きなバックボーンとなっています。

その一因として、アドラーが個人心理学を形成したのが、フランクルがその多感な思春期を過ごしたのと同じ第一次世界大戦前後であったことがあげられます。アドラー心理学は、当時のウィーンの状況にたいへんよくフィットしたものでした。社会民主党の政府は、(大学以外の) 教育、社会福祉、看護などの分野にリベラルなプログラムを取り入れました。問題児のための児童相談所、学生や若い労働者のためのカウンセリング・センターなども設立されました。こうした中で、社会民主主義者を自認していたアドラーの理論は好意的に受け入れられ、ウィーンの文部省から援助金も獲得できました。個人のライフスタイルは人生のごく早い時期に形成されるのだから、この時期にもっと多くの支援がなされるべきだ、というのがアドラーの立場だったからです。

ウィーンの新しい学校システムは、学校経営に生徒の参加を求めるほどリベラルなもので、それは「生徒の共同体」と呼ばれていました。そんな中でアドラーは、生徒に個人カウンセリングを受けさせることで、彼らの学校での態度や行為、そして人生の意味を求める動機に関して人格的な責任感を育むことができると提案しました。高校生の時、人生の意味について講義をおこなっていたフランクルが、アドラーのこのような考えに共感を覚えないわけがありません。

しかも出会いのタイミングも良かったのです。ウィーン大学に進学し医学生となったフランクルは、最初、皮膚科か婦人科に進もうと考えていましたが、最終的には精神科医になる選択をしました。精神医学こそ、哲学と医学に対する関心の両方を満たしてくれるもののように思えたからです。先に述べたように高校在学時のフランクルは、フロイトにかなり心酔していましたが、同時に「人生の意味」に関する独自の思想を形成しつつありました。これがフロイトの還元主義的で機械主義的な人間観と対立しないはずがありません。そこで新たな拠り所を求めていたわけですが、入学後すぐに社会民主主義者になり、社会民主主義学生運動のリーダーもつとめていたフランクルが、社会民主主義の心理学者アドラーに興味を覚えていったのは、きわめて自然なことだったのです。

フランクルは個人心理学協会では最年少のメンバーでしたが、はやくも一九二五年には『国際個人心理学年報』に「心理療法と世界観」という論文が掲載されました。フランクル二〇歳の時のことです。二、三年のうちにフランクルは協会で最もよく知られたメンバーとなり、一九二六年、フランクル二一歳の時には、ドイツのデュッセルドルフで開催された個人心理学国際会議で発表もしています。しかしこの発表の時点で既に、フランクルは個人心理学の伝統的な枠組みから少し外れた内容の発表をしています。

フランクルがアドラーに対して最も大きな違和感を覚えたのは、神経症の捉え方とその治療の方向性についてでした。アドラーは神経症を、人が前意識のレヴェルで、自分が立てた目標を達成できないと感じた時に生まれると考えていました。その失敗を覆い隠すための「術策」や「取決め」が神経症だと考えたのです。「個人心理学は……自信に乏しい神経質な人間が持つ極端な権勢欲の根元を衝こうと努力しますが、そのためにまず背後にひそんでいるもの、つまり不安定な劣等感を彼らに悟らせて、次にこの劣等感を克服するように教えます。つまり彼らの気を引き立てて人間共同体に連れ戻すわけです」（PZ）。フランクルは、この説明に納得がいきません。

フランクルはまた同時に、個人心理学協会のメンバーでありながら自由な批判精神も持ちあわせていた二人の人物、すなわちアラース（Rudolf Allers）とシュバルツ（Oswald Schwarz）に影響を受けていきます。アラースが感覚生理学実験室をつくればそこで働きましたし、心身医学を基礎づけたシュバルツの考えにも刺激を受けました。そうしているうち、アラースとシュバルツの二人は協会を離脱します。フランクルにはまだ協会に残りたい気持ちがありましたから、アドラーと二人の間に入って調停役となったのですが、気持ちはアラースとシュバルツに傾いていきました。その気持ちは次第に大きくなり、二人が離脱した後もまだ協会にとどまってはいましたが、フランクルは自分独自の個人心理学研究誌『日常生活における人間』を発刊するに到（いた）

りました。

一方、こうした動きを知ったアドラーは次第にフランクルに語りかけなくなりました。フランクルがウィーンのカフェでアドラーのテーブルの近くに座っても、アドラーはフランクルと一言も話をせず、挨拶にもろくに応じてくれなくなったと言います。そのうち、フランクルのもとに、協会を辞めてほしいというメッセージが届けられるようになり、フランクルはそれに抵抗したものの、最終的には除名されてしまったのです。アドラー自身、一時は国際精神分析学会会長をつとめたにもかかわらず、フロイトによって精神分析協会から除名されています。歴史は繰り返されたのです。

フランクルは、最後までアドラーの個人心理学に対する愛着を表明していました。ウェクスバーグ（Wexberg）、ドライカース（Dreikurs）、アドラーの娘のアレキサンドラ（Alexandra）といった数人のアドレリアンとは、晩年に至るまで親交を続けていました。一九六九年にフランクルがバークレイでおこなったある講演の中で、フランクル心理学とアドラー心理学の違いについて質問された時、フランクルは次のように答えたといいます。「私はウィーンのアドラー協会の末っ子でした。二〇歳の時です。もし私が、彼より二、三歩前に進んでしまったばかりにアドラーから除名されることがなければ、私はおそらくまだ個人心理学者でいたでしょう。反対にもしアドラーが生きていれば、私の新しい考えに賛成してくれるはずだ、とも思います……」。

カルマー（Stephen Kalmar）によれば、アドラー心理学とフランクル心理学の最も大きな違いは、人生の意味についての捉え方の違いにあります。まずアドラーがフロイトから離反した最大の理由は、フロイトがすべてを因果法則によって説明し、行為や決定をすべて衝動や欲求による反応として理解していったことに同意できなかったからです。アドラーは、個人がその「自由意志」によって自らの目標を選択することに大きな意味を見出したのです。ある人が、自分が幼少期に受けた影響のすべての要因を知ることができたとしても、その人がどんな目標を選択するかを予測することはできないとアドラーは主張しました。そしてこの点については、フランクルはアドラーにまったく賛同しています。

けれどその一方でアドラーは、人がいったん目標を選択したならばそこで因果法則が作用し始めて、自分の過去によってでなく、自分の選んだ目標によってコントロールされ始める、とも主張していました。フランクルがアドラーに賛同できないのはこの点です。フランクルによれば人間は、その人が実現すべき意味によって動機づけられているのです。フランクルは言います。

フロイトの精神分析と違って、アドラーの個人心理学では人間を衝動に駆り立てられている存在としてでなく、目標に向かっている存在として理解しています。

しかしアドラーの言う目標というのは、注意深く吟味すれば、実際は人間の自己や心理を超えるものではないことがわかります。その目標は、あくまで心内的なものなのです。アドラーにおいて人間の努力というのは、最終的には、自分の劣等感や自信のなさと折り合いをつけるための単なる手段とみなされているのです。（ＵＣＭ）

ここで言われているのは、次のようなことです。

アドラーは人間は何らかの「目的」に向かってきている、と言う。ここは正しいのだが、たとえば「私は不幸である」「私は変わらない」といった「目的」を選択してしまった人間は、その目的に支配され始める。「変わらない」ということ自体が「目的」となり、「変わらないでいる」ための行動をし始める。人間は自分で選んだ「目的」に支配されている。ここに働いているのは、心内的な因果法則だ、とフランクルは指摘するのです。

後に見るようにフランクルは、人間を超えた何かとのつながりをベースに置かないすべての内在主義的動機理論を批判します。この原理によってアドラーも批判するわけです。

もっとも、アドラーの思想内容は、フランクルと訣別（けつべつ）した一九二〇年代後半から一九三七年に亡くなるまでの約一〇年間にかなり深められていますし、その方向性は明らかにフランクルの考えに接近しているように見えます。一九三一年には『人生はあなたにとって何を意味すべきか』(*What Life Should Mean to You*：高尾利数訳『人生の意味の心理学』春秋社 一九八四)を、また一九三三年には『人生の意味』(*The Meaning of Life*)を書いています。一九三三年にジャン(Ernst Jahn)との共著で『個人心理学と宗教』(*Individual Psychology and Religion*)という著作も刊行しています。要するに、「人生の意味」や超越性を重要視し始めたのです。

また、その時期のアドラーの著作を見ても、次のような表現が見られます。「この(感情移入という)機能、つまり人があたかも他者であるかのように感じるこの可能性は、どこにその源を持っているかと問うならば、生まれながらの共同体感覚という事実のなかにだけ説明が得られるだろう。この事実は本来、宇宙的な感情であり、われわれのうちに生きているすべての宇宙的なるものの関連の反映なのである」(高尾利数訳『人間知の心理学』春秋社 一九八七年)。

アドラーの心理学においては「共同体感覚」、つまり自分は共同体の一員であり、共同体は私の役に立っていて、私も共同体の役に立てているという感情を充たすことが重要視されるのですが、その「共同体感覚」の根源は、私たちの中にある宇宙レヴェルの〈つながり〉にあると言われているのです。そのためでしょうか。現代のアドラー心理学において「共同体」概念は、狭くとらえる論者でも「過去・現在・未来の一切の人類」、広くとらえる論者になると「他の人間ばかりか自然や無生物をも含めた宇宙全体」と、かなりスケールの大きな概念として理解されているようです。

アドラーにおける「共同体感覚」の概念が、このように宇宙レヴェルで捉えられるものなら、それはある意味ではフランクル以上に超越的要素の強い理論と言えるでしょう。フランクルは「神」については語っても、「宇宙」についてはほとんど語らないからです。

フランクルのアドラー批判が当たっているか否かは、かなり詳しくアドラーを読み込まなければわかりません。何しろ、批判しているフランクル本人が、「注意深く吟味してみて」初めてわかったことだと言っているのですから。

しかしいずれにせよ、晩年（一九三〇年代）のアドラーがフランクルの考えに接近しつつあったことは確かです。それを考えると、両者が関係を修復しないまま、しかもフランクルのデビュー作が公になる前にアドラーがこの世を去ったことは、かえすがえす残念なことと言わなくてはなりません。

これまで述べてきたように、フランクルはアドラーに対して、非常に微妙なアンビバレントな感情を抱いています。それは次のエピソードによく表されています。

精神療法に関するあるテレビ番組で、フランクルは自分の生家――ウィーン市内のある通りにあって家番号は6番です――の玄関の前に立って、インタビューを受けたことがあります。そこでアドラーの個人心理学についてどう思うか、質問を受けたフランクルは、「どうぞカメラを回して向かい側の家、7番の家を映してください」と言いました。その7番の家には、かつてアドラーがそこに住み、仕事をしていたと記されている看板が立っているからです。そしてその向かいの6番の家にも、そこがフランクルの生家であり、一九四二年まで(つまり強制収容所に送られるまで)居住していたことを記す看板が立てられているのです。

フランクルはインタビュアーに次のように言ったといいます。「面白いと思いませんか。私の家とアドラーの家とはちょうど反対側に位置しています。けれども距離は最も近いのです。象徴的でしょう。このことは、私たちの理論にも当てはまるのです」。

もう一つ面白いエピソードを紹介しましょう。フランクルは親しくなった人にその人のイラストを描いてプレゼントする習慣があります。私がロゴセラピーを教わった故高島博先生など何枚も描いてもらっていて、どれもとてもユーモラスな雰囲気のものでした。

フランクルは、フロイト、アドラーと自分の違いを説明するためにもイラストを使います。そのイラストでは必ず、フロイトは葉巻をくわえてカウチに、アドラーは煙草をくわえて椅子に座っています。そして自分自身はノースモーキングで、電話の横に立っているのです。なるほどなぁ、と思ってしまいます。

マックス・シェーラーの影響

もう一人、フロイト、アドラーと並んで――否、内容的にはそれ以上に――フランクルに最も大きな思想的影響を与えた人物として、哲学者のマックス・シェーラー(Max Scheler)をあげなくてはなりません。

フランクル自身、自ら執筆したロゴセラピーの入門書の冒頭で、「ビンスワンガーの仕事は、結局ハイデッガー派の概念を精神医学に応用したことであり、他方ロゴセラピーは、マックス・シェーラーの概念を心理療法に応用した結果であると主張する学者がいることは言及するに値しよう」(WM)と書いており、暗にこの考えを認めています。

霜山徳爾氏がフランクルの家を訪ねた折りにも、「彼のおよそ飾り気のない書斎の壁に、ちょうど一対のように、マックス・シェーラーの写真とフロイトの写真とが掲げてあった」(TTN「訳者あとがき」)ということですから、シェーラーから受けた影響の大きさがうかがい知れます。

フランクルがシェーラーの思想を知ったのは、先にアドラー派内部の「自由な批判精神の持ち主」として名前をあげたルドルフ・アラースを介してでした。アラースはオーストリアの精神医学者ですが、彼は一九一三年までの医学生時代、私講師時代をミュンヘンの現象学者たち、特にマックス・シェーラーと密接な接触を持ちながら過ごしました。現象学、実存主義と精神医学の関連を総合的に論じた著作が有名で、日本でも翻訳が出ています（現代精神分析双書・第Ⅰ期 西園昌久・板谷順二訳『実存主義と精神医学』岩崎学術出版 一九六九）。

第一次大戦後アラースはウィーンに戻り、アドラーの研究グループに参加します。そこでフランクルと出会ったのです。アラースを通じて伝えられたシェーラーの価値論は、フランクルに大きな衝撃を与えました。それは一言で言えば「心理主義」からの解放です。

この時の衝撃をフランクルは「自伝」において次のように述べています。

この頃、私は決定的に眠りから目覚めさせられました。つまり自らの心理主義から目覚めさせられたのです。（AS）

この当時のフランクルは、シェーラーの主著『倫理学における形式主義と実質的価値倫理学』(*Der Formalismus in der Ethik und die materiale Wertethik*, 1913-1916) をあたかも聖書のごとく、常に持ち歩いていたといいます。

では、フランクルがこれほどに影響を受けたシェーラーの哲学とはどのようなものだったのでしょうか。シェーラーはフッサールとの出会いによってカント哲学から現象学へと転向した哲学者で、その多様な功績の中でも最大のものは「実質的価値倫理学」と「哲学的人間学」だと言われます。

「実質的価値倫理学」は、カントの形式的価値倫理学に対抗して考え出された倫理学です。その内容は、一言で言えば、アプリオリなもの（先験的なもの＝個々の経験に左右されず普遍的に妥当するもの）を理性的なもの・形式的なものと同一視したカントに対して、情意的なものにもアプリオリな価値があるとみなして倫理学の新局面を開拓したものです。そこでは、価値には快・不快の様相、高貴・卑俗の様相、精神的価値の様相、聖なる価値の様相という四つの実質的な序列があって、高次の価値は選び取ることによって与えられると考えられています。たとえば、愛においては価値領域が増大し、憎しみにおいてそれは狭まると考えられているのです。新しい高次の未知の価値は、愛の動きの中でのみ閃く（ひらめく）というのです。

いま一つの「哲学的人間学」は、J・v・ユクスキュルの環境世界論やゲシュタルト心理学の新しい動向が持つ哲学的な意味を明らかにしようとしたもので、一九三〇年代以降の生命諸科学に新しい方向を示し、大きな影響を及ぼしました。そこで彼は、動物はその環境世界の構造に完全に閉鎖的に適合している（世界繫縛性）のに対して、人間は環境世界を独自の仕方で遠ざけ距離をとることによって、もっと広大で自由な場としての世界に開かれている（世界開放性）と主張し、ここに人間の独自性があると唱えました。

後に見るように、フランクルは人間の本質をその自己超越性に見出しますが、その際、シェーラーのこの「世界開放性」が大きなヒントになっていることは明らかです。

また、先に見たようにフランクルは、「心内的なもの」にすべてを還元するものの考え方に強く反対し、厳しい批判を展開しています。あくまで個人の「外」にある意味や価値からの呼びかけによって揺さぶられ、その意味や価値を実現しようとするところに、人間の心の本質があるとフランクルは考えるのです。

こういった考えが可能となるためには、意味や価値が人間の心の内部に帰せられることなく、あくまでその「外」にあってこちらへ呼びかけてくるものと捉えられていなくてはなりません。そのためフランクルは、意味や価値の客観的性質――フランクルは多少控え目な「超主観的」という言葉を好みます――を強調するのですが、アプリオリな価値の序列を説くシェーラーの考えがその支えとなっていることは間違いありません。つまりシェーラーの価値論に見られる価値の反相対主義と反主観主義とが、意味や価値の客観的性質を前提するフランクルの思想上の支えになったと考えられるのです。また、そうした意味や価値を実現しようとする心の働き（意味への意志）が、シェーラーにおける価値認識の源泉としての価値感情の志向的性格に相当することは、説明を要しないでしょう。

わかりやすく言うと、こういうことです。他の心理学者たちは――フロイトにしろユングにしろマズローにしろロジャーズにしろ――人間の「こころ」の内側にその人を動かす何かがあると考えます。それはたとえば「エロス」や「タナトス」という衝動であったり、「グレートマザー」や「老賢者」といった元型であったり、「安全欲求」「承認欲求」といった階層的欲求であったり、「実現傾向」という成長に向かう力だったりします。内容は違えど、それらはすべて「こころの内側」に備わっていると考えられています。フランクルが「心内的」という言葉で批判するのは、こういうものの考え方です。

これに対してフランクルは、まず「こころの外」に意味や価値があり、それが人間の「こころ」に呼びかけてくると考えます。そしてこの呼びかけに応えるところに人間の「こころ」の本質があるのだと。フランクルをして、このように発想せしめるきっかけを与えたのが、「価値の先験的な秩序」とそれを認識する源泉としての「価値感情の志向的性格」を説いたシェーラーの現象学的価値論だったのです。

このように見てくると、他の理論と異なるフランクル心理学のオリジナルな点のほとんどすべてがシェーラーの影響下に考えられたものであることがわかります。ですから先に引用した、フランクルのロゴセラピーは「マックス・シェーラーの概念を心理療法に応用した結果である」という見方も決して的外れなものではないのです。話を進めましょう。

シェーラーの次に、フランクルが影響を受けた思想家は誰でしょうか。やはりフッサールをその師とするマルティン・ハイデッガー（Martin Heidegger）でしょう。フランクル自ら、自分の理論について「ハイデッガーがその主著『存在と時間』（一九二七年）（より正確にいうならその第一部）で素描した実存の概念的把握に依るところも少なくない」（TTN）と述べています。

このようにシェーラーやハイデッガーに対しては絶賛に近い評価を与えるのに対して、サルトルに対しては、フランクルはきわめて手厳しく批判をおこなっています。「実存分析は、現代哲学のこの開拓者〔引用者註・ハイデッガーのこと〕に対して負うているところが少なくないのに対し、J・P・サルトルの実存主義とはほとんど関係がないのである。結局、それはロゴセラピー及び実存分析が一九三八年に学術出版の形で既にとっくに具体的形態をとっていたのに対し、サルトルの最初の作品は四〇年代になって初めて現れたという事情から生じていることなのである」（TTN）と述べて、サルトルとの間に何の関係も持っていないことを改めて強調しています。

また別の箇所では、人間は自由であり、自分を越えたものとのかかわりなしで自らを選択し「投企する」というサルトル考えについて、それは「空中に網を投げ上げて、それが落ちてこないというインドの手品に似ている」（TTN）と皮肉を交えた批判をおこなっています。

臨床実践の中から独自な理論を形成

アドラーのもとを離れたフランクルは、一九二九年、二四歳の時、まだ医学生の身分でありながら、うつ状態の若者のための「青少年相談所」を自ら開設し、主に学生や失業者の相談活動に取り組み始めました。当時、哲学者のベルナーがウィーンで自殺相談所を設立し活動していたことに影響を受けてのことでした。

ここでは若者たちが無料かつ匿名で相談を受けることができるようになっており、これが評判を呼んで後に中央ヨーロッパ六つの都市で同様の相談所が設立されていきました。フランクル自身が担当したケースだけで九百件に及びました。

当時、世界大恐慌の中で、仕事を失った多くの若者が自分の存在に意味を実感できなくなり、死を希求し始めたのを食い止めるための活動でした。ここでフランクルは、「人生の使命は、仕事以外の仕方でも果すことができるということ」への気づきが、自殺をくい止めることにつながるのを実際に体験しました。フランクルは時折、あえて若者に「まだ死にたい？」と問い、表面的な答えをする若者には「なぜあなたは自殺しないのか？」と問うて迫りました。こうして、失業中の若者の自殺防止、うつ状態の治療にとり組んだことが、ロゴセラピーの形成への大きな柱となりました。

一九三三年フランクル二八歳の時にロゴセラピーの基本概念が構築されました。

フランクルはまた、青少年相談所の説明のため、各地に講演活動で出回り、多忙な日々を過ごしました。同時期彼は、成人学校で「精神衛生学」の授業を担当してもいます。

このような経験がかわれたのでしょう。フランクルは学生としては特別に、大学に援助を求めてくる患者に対して心理療法をおこなうことを許可されていました。

この時期（一九二〇年代後半）からの約一〇年間、年齢にして二四歳前後から三三歳位までの間、フランクルは臨床実践活動に没頭していきます。だからでしょう。一九二五年、二〇歳の時に『国際個人心理学年報』に論文を発表して以来、一九三八年に至るまでの一三年間、フランクルの業績目録には何も記されていません。

けれども実はこの時期こそ、臨床実践に没頭する中で、後にさまざまなネーミングを与えられていく幾多の新たな考えを育んでいった最も実り多き時代だったのです。

つまりフランクルは、患者から直接に、彼らの抱える真の問題が何であり、どうすれば彼らを援助しうるかを学んでいったのです。

診療中のフランクル

この時期におこなった臨床実践について、フランクルはある雑誌インタビューの中で、次のようなエピソードを披瀝（ひれき）しています。

私はフロイトやアドラーらからも学びましたが、それ以上に大きかったのは患者から学んだことです。

一九二九年、私はまだ医学生でしたが、大学のクリニックでスーパーヴィジョンなしで治療をおこなうことを許されていました。私はある患者を思い出しているのですが、彼は何年間もカウチに座って精神分析を受け、また催眠療法も受けていたのですが何の効果も得られずにいました。これは広場恐怖のケースで、開かれた場所にいくと、卒倒するのではないか、失神したり発作が起きたりするのではないか、という恐怖に苦しめられていたのです。

オーストリアの言葉に「目的のない恐怖よりも恐怖のある目的のほうがましだ」というものがあります。そこで私は彼に「いつまでも恐怖症に苦しんでいるのをやめて、通りで卒倒しよう、失神しよう、発作を起こしてみよう、とされてはどうですか。家を出たら何が起こるだろうと心配するのをやめて、まずは外出してみて、こんなふうに強く念じてみてはいかがでしょう。『卒倒しよう、失神しよう、発作を起こしてみよう』と」。

しばらくするとその患者は卒倒し発作を起こすために外に出ていきました。すると彼は平気だったのです。一週間後、私は彼にたずねました。「いかがですか」。「上々です」。「どうしたらそんなにうまくいったのですか」。私は彼が話したことはよく覚えていますが、その前に自分が何を話したかはあまり覚えていなかったのです。彼は言いました。「先生、あなたが言ったんですよ、～と強く念じなさいって」。

こうして私はロゴセラピーを学んだのです。（HFML）

このエピソードは、後に（一九三九年）「逆説志向（paradoxical intention）」と呼ばれることになるテクニックの誕生に関するものですが、それればかりではありません。業績上は長い沈黙を守ったこの時期に、患者との臨床上の接触を通して、フランクルは後に「実存的空虚（existential vacuum）」と命名されることになる現代人のこころの問題について認識を深めていきました。この時期（主に一九三〇年代）既に、フランクルは、人々のこころの問題が性の抑圧（フロイト）から意味の抑圧へと移っていることを実感していたのです（「実存的空虚」という言葉そのものが使われたのは一九五五年になってですが、それに相当する内容は、一九四六年のデビュー作『医師による魂のケア』でもかなり詳しく論じられています）。

臨床活動に没頭したこの時期が、研究者フランクルにとっても最も発見の多かった時期であることは、彼のアプローチの二つの名称、すなわち「ロゴセラピー」と「実存分析」とが考え出された時期にも示されています。

「ロゴセラピー」という名称が初めて使用されたのは、フランクルとヴィッテルス(Wittels, F.)およびジルバーマン(Silbermann, M.)が創設した医学心理学学術協会において、一九二六年におこなった講演においてでした(フランクル二一歳)。すなわち、アドラーに対して批判的な距離を取り始めてはいたもののまだ完全には関係が切れていなかったと思われるこの時点で、既に「ロゴセラピー」という言葉が使用されていたのです。

もう一方の「実存分析」という名称は、彼が臨床活動に最も精力的に取り組んでいた一九三三年頃に使用され始め、次第にこの言葉のほうが多く使われるようになります。そして実に一三年の沈黙を破って一九三八年、三三歳の時に公刊された論文「心理療法の精神的問題性について」(*Zur geistigen Problematik der Psychotherapie*, *Zentralblatt für Psychotherapie*, 10, 33-45)において、この二つの概念がはじめて活字となったのです。「高層心理学」という呼称もこの頃に使われるようになりました。

また、フランクル心理学の中心概念の一つである「価値の三つの領域」説、すなわち「創造価値」「体験価値」「態度価値」の三つの価値のグループ分けも、やはりこの時期、一九二九年におこなわれています。

さて、医学博士の学位を取得後、フランクルはウィーンのある神経科医院に勤務し、そこで自殺企図を抱いた女性患者を扱う部門の指導者となります。

その後、一九三九年にフランクル（三四歳）はいよいよ、神経科及び精神科の専門医として個人開業を始めます。

収容所を前にしての決断

けれども皮肉なことにフランクルが個人開業を開始したその数ヶ月後、ヒトラーがオーストリアを占領します。これからという時に……。どんなに無念だったでしょう。

一九四一年のある日の朝、フランクルは、ゲシュタポの軍司令部に出頭するよう命令されました。フランクルは当然、直ちに強制収容所行きになると覚悟しました。けれども、そこでおこなわれた一人のゲシュタポの警官との対話は意外な方向に展開していきます。その警官は「神経症とは何か」「恐怖症とは何か」などと質問した後、「彼の友だち」のケースについて話を始めたのです。そのケースが実は彼自身のことであると察したフランクルは、「友だちに〜とアドヴァイスしてください、そうすれば不安は解消されます」と数時間にわたって話を続けました。

このアドヴァイスにどれほどの治療効果があったかはわかりませんが、この一件をきっかけとして、フランクルとその家族とは収容所への送還が一年延期されることになります(PE)。フランクルは、既にゲシュタポの監督下に置かれていたウィーンのユダヤ人病院、ロートシュート病院の神経科の部長の職に就くことになり、その職にある間に限って、フランクルと彼の両親の収容所行きが延期されることになったからです。

こうして、いつ収容所へ送還されるかわからない恐怖に脅えながら、フランクルはデビュー作『医師による魂のケア』(邦訳『死と愛』)の原稿執筆を急ぎました。それほどまでに彼はこの著作にかけていたのです。「収容所へ送られると死が待っているにちがいない。だとすれば何としてでもそれまでに、自分の生きた証であるこの著作を仕上げなければ……」。そのような思いが、彼を原稿に向かわせたのでしょう。

余談になりますが、この著作にかけたフランクルの執念は、後の次のようなエピソードにも示されます。

いよいよ収容所に送られた後でも、この原稿だけは諦めきれなかったのでしょう、フランクルはそれを取り上げられまいと上着の裏地に原稿を縫い合わせるなどして、最後まで抵抗を試みています。

もちろんそれでも原稿はナチスに奪われてしまいました。著作やインタビューの中でフランクルは、収容所体験の最もつらかった出来事として、アウシュビッツでこの

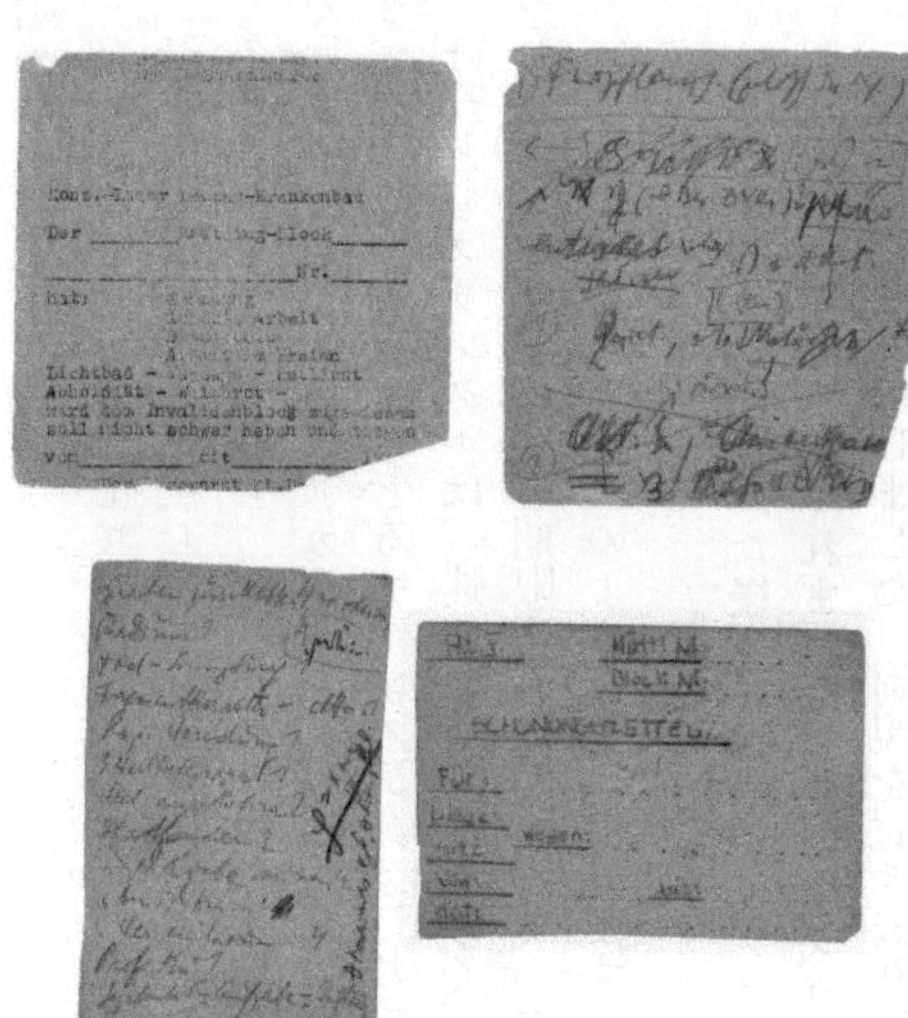

フランクルが収容所で書いたメモ

原稿を奪われた時のことを述懐しています。アウシュビッツに入れられたが最期、十中八九は死を覚悟しなければならない。だとすれば、自分の「生きた証」として生みたての子どものような存在であるこの著作だけは何とか世に残したい。そうした思いが断ち切れなかったというのです。

当然ながら落胆の大きかったフランクルですが、彼はそれでもあきらめません。収容所の被収容者となり、発疹（ほっしん）チフスの高熱にうなされる中、彼は、ある被収容者から四〇歳の誕生プレゼントにと贈られた短い鉛筆と、ある友人が収容所の監督から盗んできてくれたある用紙の裏側とを使って、速記用の記号で、その原稿を再生し始めたのです！

何と凄まじい学者としての執念！

話を収容所行き前に戻しましょう。

そうこうしているうち、フランクルには、収容所行きを免れる最大のチャンスがめぐってきました。アメリカが第二次世界大戦に参戦する少し前、フランクルはアメリカに亡命できるビザをとるチャンスがあったのです。

けれどもフランクルは、迷いに迷ったあげく、両親と共にウィーンにとどまる決心をします。ビザをわざと期限切れにしてしまったのです。あるインタビューでフランクルはこの時のことを次のように語っています。

三年間も待たされた後、私はついにアメリカにわたるビザを手に入れました。両親も大喜びしてくれました。ついにヴィクトールが自由になれるんだ、って。しかし私は躊躇しました。両親を置き去りにして行ってよいものか、悩んだのです。両親と運命を共にすることが私の義務ではないだろうか、と。私が守ってあげなければ、ナチスはすぐにでも両親を収容所に運んでいくでしょう。

私は自問しました。「私の責任はどこにあるのか。あらゆる心理療法が流行しているアメリカに行くべきだろうか。それとも両親に対する責任をとるべきなのか」。どうすべきか、ほんとうにわからなくなりました。それで私は、黄色の星章を付けてステファン大聖堂に行き、オルガンと自分の良心とに耳を傾けました。何度も何度も考えましたが、答えは出ませんでした。

「ヴィクトール、お前は神の啓示を必要としている」。私はそう自分に語りかけました。そして頭を悩ましたまま、帰宅したのです。

その時私は突然、一片の大理石がテーブルの上にのっているのに気づきました。父に「これは何？」とたずねると、「ヴィクトール、私が今朝、ナチスに焼かれた教会堂の跡地あたりを散歩していると、そこにこれがあったんだ。神聖なものだから持って帰ってきたんだ」。

どうして神聖なのか、と私がたずねると、父はそれが十戒が刻み込まれていた二つの書字板の片割れであるからと答えました。そこにはヘブライ文字が刻まれていたのです。父は「ヴィクトール、私にはこの文字がどの戒律のものかもわかるよ。この文字は十戒の一つの略記号となっているからね」とも言いました。私はどの戒律なのか、聞きたいと強く思い、たずねました。するとその戒律が「父と母をうやまえ。そうすれば汝（なんじ）は天に招かれるだろう」であることがわかりまし

た。この瞬間、私は両親とオーストリアにとどまることを決意したのです。（HFML）

フランクルがいかに苦悩し迷った末にこの決断をくだしたのか伝わってきます。またこの決断がフランクルのユダヤ教徒としての決断であったこともわかります。

一九四二年ついにユダヤ人病院が閉鎖される時がやって来て、三七歳のフランクルと彼の両親は直ちに、チェコのテレージエンシュタット収容所に送られました（この時点で、妻との別離を余儀なくされています）。後にフランクルの父親はそこの老人ホームのようなところに運ばれ、餓死するのですが、それまでの間、両親は同じ屋根の下で生活をすることが許され、フランクルも毎日数分であれ両親と顔をあわせることができました。その意味では、この収容所の生活はまだ平和なほうだった、とフランクルは述懐しています。

テレージエンシュタット収容所での二年間、フランクルは何十万人ものユダヤ人の中で精神科医として活躍します。病人看護局において彼の所属する部署は、精神面のケアを担当していました。入所してくる囚人たちに安心感を与え、収容所での生活を乗り切る方法を伝えていったのです。自殺リスクのある人を探し出しては、自分から声をかけて面接を行っていました。この収容所でフランクルは被収容者たちの精神を

1945年に妻ティリーが死亡した収容所
1942年9月、両親、妻ティリーと共に抑留。父親が餓死
1944年10月、アウシュビッツ収容所に移送されて"最初の選抜"を受ける。母と兄が死亡
ノイエンガム
ラヴェンスブリュック
ザクセンハウゼン
ベルゲン=ベルゼン
ベルリン
ポズナン
ヘウームノー
ワルシャワ
ポーランド
ブッヒエンワルト
テレージエンシュタット
プラハ
アウシュビッツ
ドイツ
チェコスロバキア
ウィーン
マウトハウゼン
ダッハウ
エーベンゼー
ハンガリー
スイス
オーストリア
イタリア
ユーゴスラヴィア
アウシュビッツ到着から数日後に移送。45年3月、志願して同地方のテュルクハイム病人収容所に移る。45年4月に解放
1905年、フランクフル、ウィーンに生まれる。41年、36歳のときにナチス当局から出頭の通達を受ける（1年間の執行猶予）

■主な強制収容所（1933〜45年）　※国名・国境線は1945年頃

鼓舞し勇気づけるための講演を行っていました。ある講演のチラシには、「この世界の中で、自分の人生には果すべき使命があるということへの気づきほど、人をして労苦や内的苦痛を超克せしめるものはない」というタイトルが記されていました。

しかし、一九四四年フランクル（三九歳）はついにポーランド、オシュフェンチムにある悪名高きアウシュビッツ収容所へと送られていきます。彼の母親も一週間後に送られてきたのですが、残念ながらそのままガス室に運ばれてしまいます。最終的には、一人の妹を除いたすべての家族を、フランクルは収容所で失ってしまうのです。

フランクルは収容所で何を体験したのか

この章の冒頭で、次のように述べました。フランクル心理学は彼の強制収容所体験から生まれたものではない。その骨子はすでに大戦前に形成されていたのだ、と。

では、フランクル心理学にとって彼の約三年間にわたる強制収容所の体験は、何の意味も持たなかったのでしょうか。アメリカのフランクル心理学研究の第一人者ジョセフ・ファブリィ（Joseph Fabry）は、この問いに次のように答えます。「やはり強制収容所の体験はロゴセラピーに決定的なインパクトを与えている。ただしその基本概念にではなく、その開拓領域に対して。……ロゴセラピーの開拓領域は、最も極限的な状況において見出されていった。意味によるセラピーは、想像しうる限り、最も意味のない状況において開花したのだ」。

つまり、当初はかなり一般的な領域を念頭において構想されたロゴセラピーが、いわゆる極限状況において特に効力を発揮するものであることを明らかにしたこと、このことに、強制収容所の体験が大きく関与しているとファブリィは言うのです。

では、収容所の体験とは、どのようなものだったのでしょうか。

ここでは、フランクル自身の報告に沿いながら簡単にこれを追ってみましょう。

まず、入所時のショック体験について次のように語られています。

アウシュビッツ収容所では、生存の確率はわずか三〇分の一であると言われていました。入所の段階ですぐ九五％の人がガス室に直行させられます。そして残りの五％だけが労働者として選ばれ、消毒槽に入れられるのです。

フランクルは運よくこの五％に選ばれたわけですが、浴槽に入る前、彼はその際持ち物をすべて取り上げられました――そしてその中には、彼の上着の裏に縫い付けられていたあの原稿も含まれていたのです。ベルトやメガネの着用は許されましたが、何と毛まですべて剃り落とされたといいます。フランクルはこうして、文字通りすべてのものを奪い取られてしまったわけです。どれほど失意に打ちのめされたことでしょう。

さらに、入所の翌日の朝におこった、次のようなエピソードも語られています。アウシュビッツに一週間ほど早く到着していたある囚人がフランクルたちのバラックに忍び込んで次のようにアドヴァイスしたというのです。「いいかい。君たちに一つだけ忠告がある。それは、ひげを剃れ、ということだ。そうすれば多少とも若く見えるし、健康そうに見えるからだ。それから、まっすぐ立って歩くこと。とにかく、労働が可能であると印象づけなければならない。そうすれば、ガス室に送られる心配はないんだ」。そしてこの囚人はフランクルのほうを指差して次のように言ったというのです。「おそらく今度のガス選抜で可能性があるのは君くらいのものだろう」と。何ともリアルな光景です。

　こうして文字通り、すべてのものを奪い取られ、さらにその生命さえ大きな危機にさらされたフランクルは、それでもなお、次のように考えようと努めたといいます。「こんなふうに人間は、他者からすべてのものを奪うことができる。その人の自由でさえも。ただし、そのような状況に対して、自分自身がどんな態度をとるかという自由だけは別である。そしてこの態度こそが重要なものなのだ」。

　この言葉に示されるようにフランクルの眼差しは、収容所においてさえ信じ難いほどオプティミスティックなものでした。彼は、いかなる状況にあっても、失われたもの、奪われたものよりも、まだ残されたものに目を向け続けたのです。彼自身、「発見的楽観主義（heuristic optimism）」という言葉で、自らの収容所での態度を述懐していますが、これが彼自身の生存への意欲につながっていったようです。「アウシュビッツにいた時でさえ――そこで生存できる見込みは三%程度しかないと思っていたのですが――私が生存できる見込みが一〇〇%ないと誰も言うことができない以上、たとえ確率は低かろうと、生き続けるためにできることはすべておこなう責任があると感じていました」(HFML)。

むしろ彼は、次のように自分自身に言い聞かせ続けたといいます。「お前はこれまで、人生について、しかも人生の意味について書いたり語ったりしてきた。そしてこの人生の意味は無条件のもので、いかなる状況においてもそれは失われることはない、と言ってきた。たとえ苦しみが取り除かれない時でも、その苦しみから何らかの意味をつかみ取ることができるはずだ、と。……さあヴィクトール、今度はお前自身がそれを生きる番だ」(HFML)。フランクルは、自分にこう言い聞かせることで、収容所の悲劇的状況を内的な勝利の体験に転換しようとしたのです。

けれども収容所においてフランクルは、次々と耐えがたいほどの悲惨な光景をまのあたりにし、また自ら体験していきます。

まず収容所での生活が長期化するにつれて、囚人たちは信じがたいほど無感動・無感覚になっていきました。仲間が鞭(むち)で打たれサディスティックに痛めつけられる様子を見ても、何時間も糞尿(ふんにょう)の上に立ったり寝たりさせられても、平気になってしまったのです。発疹チフスのバラック病舎では、囚人が一人死ぬと、仲間が次々とまだ温かい屍体に近づき、一人は昼食の残りのじゃがいもを素早く手にし、また別の一人は死者の木靴が自分のよりまだましなことを確かめるとそれを取り替え、さらに他の一人は同様にして上着を取り替えていったといいます。そしてフランクル自身、その様子をただ傍観していたというのです。わずか二時間前まで話をしていた仲間の屍体がすわった目を見開いて窓から中を覗き込んでいるのを見ても、フランクルはスープを飲み続け、そのような自分の無感覚に驚嘆したと語っています（PEK）。

けれどもこの無感動・無感覚は、毎時間殴打され続ける囚人にとっては、自分の心を包む最も必要な装甲でもありました。あらゆる行動と感情生活は、ただ一つ、生命の維持という目的に集中していき、そのため囚人の間では、食べ物に関する会話が強迫的に繰り返されていきました。一日に一回だけ配給される僅かなパンについて、それをどういうふうに分けて食べるべきかについて、際限のない議論が繰り返されていたのです。

こうして長期間いる囚人にとっては、生命維持という目的に役立たないものは、何であれ、まったく価値のないものとみなされて、収容所にはいわば文化的冬眠が支配するようになりました。

けれどもその一方で、囚人の間ではなお二つの関心事があったといいます。一つはその時々の軍事情勢に関する混乱した情報、そしてもう一つは、意外なことに、宗教への関心や欲求です。とりわけ後者についてフランクルは、「想像以上に最も内面的なもの」であった、と記しています。「われわれが遠い工事場から疲れ、飢え、凍え、びっしょり濡れたボロを着て、収容所に送り返される時にのせられる暗い閉ざされた牛の運搬貨車の中や、また収容所のバラックの隅で体験することのできるちょっとした祈りや礼拝は最も印象的なものだった」(PEK)。そしてフランクルの観察によれば、このような精神的に高い生活をしていた人間には「恐ろしい周囲の世界から精神の自由と内的な豊かさへ逃れる道が開かれていた」ため、「収容所生活のかくも困難な、外的状況を苦痛ではあるにせよ彼等の精神生活にとってそれほど破壊的には体験」せずにすんだというのです。そこに彼は、「繊細な性質の人間がしばしば頑丈な身体の人々よりも、収容所生活をよりよく耐えたというパラドックス」を見て取ったのです(PEK)。

フロイトはかつて、人間は飢えにさらされると個々人の相違が消え失せ、満たされない画一の衝動に支配されるようになるはずだ、と述べたといいます。けれども収容所でフランクルがまのあたりにしたのは、これと正反対のことだったのです。「これらの人々が体験したものは道徳的には退行ではなく、進歩であり、進化である。それは道徳的であり……宗教的でもある。実際に多くの収容所の囚人たちの中には、拘禁において、かつ拘禁を通じて、無意識に抑圧していた神への志向性が咲き出たのであった」(TTN)。

フランクルの眼差しは、こうして、およそ人間的なものをすべて奪われた収容所での悲惨な生活「にもかかわらず」残された、人間精神の崇高さに向けられていきます。

フランクルが収容所で見たもの、それは一言で言えば、「同じ状況に直面してある人間は、それこそ豚のようになったのに対して、他の人間はそこの生活において反対に聖者のようになった」ということ、「収容所のバラックを通り、点呼場を横切り、こちらでは優しい言葉を、あちらでは一片のパンを与えていた人々」がいた、という驚嘆すべき事実だったのです(TTN)。

また、バイエルン地方のダッハウ強制収容所では、囚人の最年長者が囚人仲間をぞっとするような仕方で虐待していたのに対し、その一方でナチスの親衛隊員であるテュルクハイム収容所の所長ホフマンは、ひそかに自分のポケット・マネーで囚人のために薬を調達していたといいます(TJLS)。フランクルは「強制収容所を経験した人なら誰でも知っている」はずのこうした「英雄的な実例」から、「人間は感情の麻痺を克服し刺激性を抑制しうること、また精神的自由、すなわち環境に対する主体の自由な態度は、この一見絶対的な強制状態の下においても、外的にも内的にも存在し続けるということ」を学んだのです(PEK)。

またフランクルはこれと同じ視点から、収容所では未来における「内面的な拠り所を失った人間が崩壊していった」（PEK）という事実を報告しています。そしてこのことに最も大きな影響を与えたのは、収容所には収容の期限がないこと、つまり「いつまで自分が収容所にいなければならないかまったくわからない」という事実でした。

未来における内面的な拠り所を失った人間が、精神的にも身体的にも転落していくということのことを、フランクルは次のようなエピソードをあげて説明しています。

ブダペストのオペレッタの作曲家兼脚本家だったある囚人は、二月の中頃、奇妙な夢を見ました。その夢の中で彼は、ある人物にいつ戦争が終わるのかをたずね、「三月三〇日だ」という返答を得たといいます。彼は、三月の中頃に発疹チフスにかかり、また三月の終盤になっても戦況が衰えないのを知って徐々に元気を失い、三月二九日に発熱。そして三月三〇日、夢の中で戦争が終えると告げられたその日に意識を失って翌日、死亡したというのです。

人間が「時間的存在」であることを、つくづく思い知らされるエピソードです。

また、次のエピソードも同様の事実を示しています。一九四四年の年末、クリスマスには家に帰れるだろうという素朴な希望が囚人たちの間で脹（ふく）らみ、にもかかわらずそれが叶（かな）えられないことを知ると、失望や落胆が広がり、抵抗力を失って、その直後にはかつてなかった大量の死亡者が出たというのです（PEK）。

そして、これらのケースとは逆に、「未来における拠り所」を見出した人間、未来において「自分を待っている人やもの」を見出すことのできた人間は、強靱な精神的抵抗力を獲得し、生命力を取り戻していったということも示されています。

フランクル心理学のこの基本仮説は、彼が収容所の中でおこなった臨床実践の中で証明されたのです。

「もう人生からは何も期待できない」と考えて自殺を試みた二人の男性の囚人。彼らにフランクルは、次のように語りかけました。「たとえあなたが人生に何も期待していなくても、人生のほうはまだあなたたちに期待しているはずだ。何かがまだあなたたちを待っているはずだ」と。すると彼らの口から次のことが明らかにされました。「一人には、彼が並外れた愛情をもっている一人の子供が外国で彼を『待って』おり、もう一人には人間ではないが他のものが、すなわち彼の仕事が彼を『待って』いた」ということが。すなわち「彼は科学者としてあるテーマについて本のシリーズを書いていたのであるが、それはまだでき上がっておらず、それが完結されることを待っていたのである」（TJLS）。

このことを自覚することによって、二人は自殺をとりやめたと言います。

このように、「自分を待っている仕事や、自分を待っている愛する人に対する責任」を意識した人間は、自らの生命を放棄することは決してできません。なぜなら「彼は、まさに自分の存在の『何故』（理由）を知っていますし、したがってまた『ほとんどいかなる如何ににも』耐えることができるから」なのです（PEK）。

このことは、実は、収容所におけるフランクル自身にもあてはまります。

フランクルが収容所の中で、長い過酷な体験にもかかわらず、何とか生き延びることができたのは、彼を「待っている」二つのものがあると思えたからです。すなわち、彼は収容所を出た後、家族の何人かが、つまり愛する妻や両親が「待っている」と信じていました。また、アウシュビッツで奪われた彼のデビュー作を出版し、フランクル心理学の体系を世に問うという仕事が「待っている」という使命感がありました。この二つが彼をその地獄の体験の中で支え、生きながらえせしめたのです。

とはいえもちろん、ナチスの収容所という悲惨な環境の中で生き続けることが、このような精神力だけで可能になるわけではありません。彼の著作やインタビューの記録を読むと、いくつもの度重なる幸運が彼を救ったことがわかります。

まず第一に、既に述べたように、彼がウィーンでユダヤ人病院の医師として勤務していたため、収容所行きが一年ほど延期されたこと。第二に、アウシュビッツで「ガス室送りか／生き残りか」の選別を担当していたメニゲレは、フランクルに「ガス室送り」の指示をしたにもかかわらず、なぜかとっさの判断で、フランクルはメニゲレの背後に回って別の列にもぐりこめたこと。第三に、アウシュビッツで「死を迎える場所」に百人が搬送されそうになった時、フランクルがその100人めになって列に並んでいると、なぜか、突然暴れはじめてフランクルを「101人め」に押し出し、フランクルを救出してくれた男がいたこと。第四に、「ガス室」が設えてあるアウシュビッツ収容所にフランクルが収容されていたのは、わずか三、四日のみだったことなどです。

その後彼はすぐに、ドイツのバイエルン地方のダッハウ収容所の支所、カウフェリング第三収容所に運ばれていったのです。そこで「心配するな、ここにはガス室はない」と告げられた時の安堵感を、彼は幾度も語っています。さらにその後、彼は自ら志願してある病囚収容所に移るのですが、そこに移った直後に、その直前までいた収容所は、人肉を食べざるをえないほど悲惨な飢餓状態に陥ってしまったと言います。

このような幾度にもわたる幸運が重なって、フランクルは生きながらえることができたのです。時折、口の悪い精神科医が揶揄するように、決して自分の生命の維持のためなら、なりふり構わないエゴイスティックな行為に走ったわけではありません。

一九四五年ついに終戦を迎え、収容所は解放されました。

ところで、フランクルがかつて収容されていたテュルクハイム収容所では、その解放に際して、次のような信じられない出来事がおこりました。三人の若いユダヤ人の囚人が、この収容所の所長ホフマンを、アメリカ兵の目から隠そうと森の中へ連れていったというのです。しかもこの三人の若者は、アメリカ兵と交渉して、ホフマンの身の安全を約束させています。なぜなら、このホフマンこそ、収容所の所長でありながら、自分のポケット・マネーで囚人のために薬を調達していたあの人物だったからです。人格者ホフマンは、解放後も自分のついていた地位と役割のために後悔と自責の念に駆られて自分を責め続けたと言われています。

それにしても、ユダヤ人の囚人がナチスの所長を救うとは！

フランクルはこの体験から、いかなる環境や地位にあっても、人間として高貴な精神を失わずにすむという確信をますます強めていきます。

フランクルは、かつてこの高貴な収容所長ホフマンと再会し食事を御馳走しようと、彼を探し続けたことがあります。けれど時既に遅く、もう亡くなっていたということです。

フランクルと宗教

フランクルに大きな影響を与えてきたものとして、これまで「幼少期の体験」「フロイトとの出会い」「アドラーとの対決」「シェーラーの現象学」「強制収容所体験」などをとりあげてきました。ここでもう一つ、宗教の問題を忘れるわけにはいきません。

これまで述べてきたことからもわかるように、フランクルはその学説を着想したり、人生の大きな決断をくだしたりする時に、しばしばユダヤ・キリスト教の考え、特に旧約聖書の言葉からヒントを得ていることが多いのです。したがって、フランクル心理学の全体にユダヤ・キリスト教の影響が見てとれますし、そのためフランクルは、精神医学と宗教を混同させたという非難さえしばしば浴びせられているほどです。

もっともこの非難には、次のような外的要因も影を落としているようです。フロイトが信仰を神経症扱いしたため、精神分析はキリスト教、特にオーストリアのローマ・カトリック教会から大きな非難を浴びせられました。アドラーにしても同様です。

これに対してフランクルは、キリスト教からおおむね好意的に受け入れられました。モーツアルトの出身地であり、音楽の街として知られるザルツブルクの大司教フランツ・ヤシム（Franz Jachym）はフランクルの著作の熱心な読者として知られていました。アメリカでもロバート・レスリーという人が『イエスとロゴセラピー』という本を書き、聖書のイエスの言葉をロゴセラピーの理論によって解説しようとしているくらいです。

しかしフランクルがこうしてキリスト教界から好意的に受け入れられていくにしたがって、フロイト派やアドラー派からはますます拒絶されるようになりました。そしてそれに伴って、精神医学と宗教を混同させたという先の非難も浴びせられるようになってきた、という次第です。

では、フランクル個人の信仰生活の実際とは、どのようなものなのでしょうか。

まず確実に言えることは、やはり、かなり熱心なユダヤ教徒のようです。

フランクルは、自分個人の宗教に関するインタビューは必ず断るようにしているようで、仕事上親しい関係にある人とも、この件に関してはあまり話したがらなかったそうです。ある牧師との対談の中でも、「あなたは御自分の確信や信条について率直に語る自由がありますが、医師である私にはそれが許されていません。著作においてもです。わずか数度、神学と心理学の境界領域について話したことがあるだけです」（HFML）と語っており、禁欲的な態度を崩していません。

ただ、フランクルの法律顧問をつとめていた弁護士のグッドイナフ（Robin W. Goodenough）に私が直接質問したところ、フランクル自身はやはり熱心なユダヤ教徒で、学会や研究集会の折りにも、ユダヤ教の祝日である金曜日には、姿を見せなくなることがしばしばあったということです。しかし再婚した奥様はローマ・カトリック教の信者で、このことからもわかるように、その私生活においてもフランクルは、あらゆる宗教を理解しようとする寛容な姿勢を一貫して保持していたようです。

こうして諸宗教に対して寛容な姿勢を貫いたフランクルでしたが、「神の存在」についてはかなり強い確信を抱いていました。唯物論者についての質問に対して、フランクルは次のように答えています。「私の個人的な確信を言えば、唯物論者たちでさえ、なお超越的なものへ向かう志向性を無意識のうちに保持していると思います」「私が明らかにしようとしてきたのは、神に対する無意識の関係が存在するということです。たとえ意識レヴェルでは無神論者の患者であっても、彼らの夢を解釈していくと、宗教的な切望を自らの中に発見していくことを私は見てきたのです」(HFML)。

フランクル流の「神の存在証明」といった趣のある箇所です。夢を扱う中で、無神論者の中にも隠れた宗教性を発見できるというのです。「無意識の宗教性」に着目する点など、ユングに近い面があります(けれども後述するように、フランクルはユングについて、宗教性をエスに、つまり衝動性に貶めたとして厳しく批判します)。

もっともフランクルは神の存在そのものを直接に証明しようとはしません。「神の存在は、動物の痕跡を発見するのと同じようなやり方では証明できません。神は死んではいません。ただ神は、その痕跡を発見することでそれが存在したことを証明できる化石のような存在ではないのです。神は現存します(God is now)」(HFML)。

むしろフランクルは、神は私たち人間には見ることも知ることもできず、したがって言葉で言い表すことのできない存在であることを強調します。神の絶対的超越性、神と人間との絶対的な差異を説くのです（HP）。

このようなフランクルの「神」イメージを最も具体的に知ることができるのは、次のくだりでしょう。フランクルは、「神が眼に見えないこと」について次のたとえを用いて説明しようとしています。

フットライトとスポットライトに目を眩まされて、ステージの上にいる役者は、観客の姿を見ることができません。客席の方にはただ巨大な黒い穴が見えるだけ。彼は、誰が自分を見つめているのか、その姿を見ることができないのです。

人間も、人生というステージに立って、その役を演じているのですが、やはりこの役者と同じように、自分が誰の前で役を演じているのか、その姿を見ることはできません。人間は、誰かの前で、その役を正しく演じなくてはならないのですが、自分が誰の前にいるのか、それを知ることができないのです。そして日常生活という光に目を眩まされているうちに、自分が見つめられているということ、暗闇の中に隠れてはいるけれど、客席には誰かがいて、絶えず自分を見つめているということを、忘れさってしまうのです。（WM）

言うまでもなく、ここでは「観客」が「神」のアナロジーとして用いられています。

そして実際の役者が舞台からは見えない観客の前で役を演じるように、人間は眼に見えない神の前で人生というステージの上に立っている。そうフランクルは言うのです。あるインタビューでフランクルは、この比喩を話した後で、旧約聖書の中で神がモーゼに言ったとされる言葉、「お前は私の背中だけを見ることができる。私の顔を見ることはできない」に感動したと語っています（ＨＦＭＬ）。またある著作では、次のように言っています。「人生という舞台の上で役を演じつつ、しかも前景にある日常の出来事によって目を眩まされてはいますが、にもかかわらず人間は——かれらの心の智恵から——旧約聖書第八章一二節のいう『かれは暗闇につつまれている』というその見えない、しかし偉大な証人の証言を予感しているのです」（ＭＳ）。

　こうしてフランクルは「闇につつまれている」神を説き、その絶対的超越性を強調します。「神の認識可能性は極限ゼロ」であり、神は「考えることができないもの、言葉でつくせないもの、ただ信じ愛することだけができるもの」であると言うのです（ＨＰ）。

　ウィトゲンシュタインは周知の通り、「語りえないものについては沈黙しなければならない」と言いました。これに対してフランクルは「語りえないものにむかって祈らなければならない」と言うのです。

　と同時に、私たちが語ることも見ることもできないこの神は、しかし、闇の中から絶えず私たち人間を見つめている神、たとえそう気づいていなくても、私たちと絶えず対話しつつある神でもあります。フランクルの言う神は、無限に遠い神であると同時に無限に近い神、絶対的超越性と絶対的親近性とを同時に備えた逆説的な神なのです（HP）。キルケゴールやカール・バルトに近い神理解だと言えるでしょう。

そして先に見たように神のこうした逆説性を説く時、フランクルはしばしば、旧約聖書を引用するのです。

フランクルにとって「神」がどのようにイメージされていたか、おおよそ理解していただけたでしょうか。

もちろん、フランクル心理学を学ぶ上で、こうした信仰を共有している必要はありません。私自身も、キリスト教徒でもなければ、ましてやユダヤ教徒でもありません。けれども、「人生」そのものを私たち人間に送り与えられてくる「課題」であり「使命」であると考えるフランクル心理学の背景を理解する上で、このようなフランクル自身の信仰や神理解を踏まえておくことは、無駄ではないでしょう。

もっとも、余計な誤解を防ぐため、フランクルは宗教との異同に関してかなり神経を使っています。

初期（一九四〇年代）の著作には「ロゴセラピーは宗教性の意識化に対する抵抗を取り除かなければならない」といった表現が見られます（HP）が、五〇年代以降の著作では、医師としての中立性を守る必要を強調し、治療場面において個人的な価値観を患者に押しつけることを「世界観的逆転移」という言葉で強く戒めています。心理療法としてのロゴセラピーはあくまで「心の健康」（精神的健康）を目的とするのに対して宗教の目的は「魂の救済」である。ロゴセラピーは宗教へのドアを絶えず開けたままにしておくし、その実践がたまたま結果として患者を信仰生活に導くことはたしかにある。けれどもそれは「結果として」のことであって、意図的にはロゴセラピーはあくまで心の健康を目指すものだ、というのがフランクルの主張です。このことはフランクルの著作の至るところでしつこい位にくり返し述べられています。

ロゴセラピーなんて、ユダヤ・キリスト教の心理療法版にすぎない……といった批判に反論するために、フランクルは多大なエネルギーを注いだのです。ロゴセラピーは無神論者を含むすべてのクライエントに適用可能で、またすべての臨床家が使用可能なものであるというのが、フランクルの一貫した考えです。

収容所以降のフランクル

約三年の収容所生活を終え、故郷ウィーンに戻ったフランクルは、まさに獅子奮迅の大活躍を開始します。フランクルを生きながらえせしめた精神の力こそ、大戦後の混乱した社会において真に必要とされるものだったからです。

その経過を簡単にたどってみましょう。

一九四五年、四月二七日にテュルクハイム収容所から解放されたフランクルは、長い時間と交渉を経てやっとウィーンにたどり着きました。人に勧められて彼はまず仮設老人ホームに行き、南京虫だらけのベッドで一夜を過ごした後、ある医師を介して、社会問題担当大臣の秘書だったブルーノ・ピッテルマンに出会います。ピッテルマンはすぐにラジオとタイプライターを送り、フランクルに仕事に復帰するための論文を書くように勧めます。そのおかげでフランクルは、一九四六年ウィーン市立総合病院神経科部長という地位を得ることに成功します。

またフランクルは、このタイプライターを使って、アウシュビッツに入所する際とりあげられたあの原稿の復元に全力で取り組みます。原稿のコピーは一応知人にあずけ、保存はされていたようですが、一九四五年六月一八日、何と解放後五〇日後から早速執筆を再開しています。フランクルにとって自身の構築した「実存分析」の思想、理論、方法の体系こそ、まさに「命に代え難いもの」であったことがわかります。その様子を自殺相談所の設立者である哲学者ベルナーに知らせたのが解放後最初に書いた手紙でした。

解放後一年ほど経って、赤十字の助けを得てやっとのことで家族の消息を知ることができたフランクルは、と同時に、父はテレージエンシュタット収容所で、母はアウシュビッツのガス室で、そして最愛の妻は悪名高きベルゲンベルゼンの女性収容所で「言葉で表せないほどひどい仕打ち」を受けて命を奪われていた事実を知って打ちのめされます。しかし、この悲しみを忘れそれにうちかつためにも、フランクルは全霊を傾けて原稿の再生に猛烈に取り組んでいきます。こうして一九四六年、ついに念願のデビュー作『医師による魂のケア』(邦訳『死と愛』)を刊行。ロゴセラピーおよび実存分析の体系をはじめて世に問うています。医師として「魂のケア」を論じたこの本は最初、キリスト教関係者の間で「異教の書」とみなされ、その意味で多少の注目を浴びたようです。

同じ年に出された二冊目の本『ある心理学者の強制収容所体験』(邦訳『夜と霧』)は、フランクルが自らの収容所体験をまとめたものです。「仲間の中でなぜ自分だけ生き残る必要があったのか」――多くの犠牲者に代わってホロコーストについて語り継いでいく責任を感じていたフランクルは、この著作を最初は、匿名で刊行しました。わずか二、三週間で書き上げられたこの著作は、最初、まったく売れず、誰からも手に取られることがありませんでした。仕方なくフランクルは、『医師による魂のケア』と同じ著者の作品であることを明かし、自らの名前を著者として記しました。この本はしかし、その後、フランクルの著作の中で最も多く読まれたものとなり、とりわけその英訳『意味を求めて』(*Man's Search for Meaning*)は、アメリカでは一九八五年の時点で七四版を重ねるロングセラーとなって二百万部を突破。実に一八ヶ国語に翻訳されています。また、アメリカ議会図書館の調査によれば、「自分の人生に最も大きな影響を与えた本」の第七位に輝いています。第一位はもちろん聖書ですが、このフランクルの本は、心理学・精神医学の分野では唯一、ベストテン入りを果たした本だということです。

この後もフランクルの精力的な執筆は続き、一九四六年、四七年の二年間で実に六冊の著作を刊行。その後、一九四八年から一九五二年にかけての五年間も、一年に一冊の割合で出し続けています。現在までにドイツ語で書かれたものだけで二十数冊の著作があり、英語でも何冊かオリジナルの著作があります。

ほかの面でもここから二〇年くらい、つまりフランクルが四〇歳から六〇歳となる一九六〇年代半ばくらいまでが、彼が最も活躍した時期であり、またフランクル心理学が目覚ましい発展をとげた時期でもあります。

臨床の面でも、フランクルが神経科部長をつとめたウィーン市立総合病院で、何千という患者を治療し続け、その中でロゴセラピーの方法を磨いていきます。またウィーン大学にて哲学の分野で二つめの学位を取得すると共に、医学部神経科教授としても活躍します。

一九六〇年に入ると、フランクルはヨーロッパ大陸とアメリカ全土をまたにかけて講演旅行を展開。ロゴセラピーの普及に努めます。一五〇を超える大学に講師として招待され、ハーバード大学、南メソジスト大学、スタンフォード大学などの客員教授となり、一九七二年にはアメリカ、サンディエゴの合衆国国際大学でロゴセラピーの教授として採用され、毎冬学期、七年間にわたって教鞭をとっています。同大学に設立されたロゴセラピー研究所の所長もつとめています。また一九七七年には、バークレイの神学協会にヴィクトール・フランクル・メモリアル・ライブラリーが、同年、やはりバークレイにジョセフ・ファブリィが中心となってロゴセラピー研究所が設立されて、専門家養成のためのトレーニングを提供しています。クランボウ（J. C. Crumbaugh）のＰＩＬ（人生の目的テスト）や、エリザベス・ルーカス（Elisabeth Lukas）のロゴテストといった心理検査も作成され、リサーチが可能となり、そのためロゴセラピーに関する論文で学位を取得しようとする者も確実に増えてきています。途中、アブラハム・マズロー（A. H. Maslow）と「自己実現」と「自己超越」をめぐる討論を展開。真の自己実現は必ず自己超越的要素を含むと考える点で両者の見解は一致します。その関係からか、マズローが中心となって始められたトランスパーソナル心理学の学会誌の創刊にフランクルも名前を連ねていますが、その後積極的に参加した様子は見られません。

一九八〇年一一月には、第一回世界ロゴセラピー会議が開催されて、その記録は一九八二年にロゴセラピー研究所から出版されています（*ANALECTA FRANKLIANA*）。

この会議でフランクル自身も「第一回国際会議に向けての開会講演――ロゴセラピー：その脱権威化への道」という題目の短い講演をおこなっています。この中でフランクルは、フランクル心理学の発展、特にそれがリサーチによって科学的に基礎づけられたことに対する喜びを表明すると共に、自分がしばしばグルのようにみなされ、その思想が教条主義的に扱われてしまう傾向があることに対して警告を発しています。

さて、晩年のフランクルはどのような人生を送ったのでしょうか。

一九九一年、八六歳の誕生日を目前に控えた時点でフランクルは、インタビューに応じて「重要なのは、これが自分の人生の意味だと思うことをなしとげることであって、名声を得ることではありません。だからもし、私の書いた本が他の著者の名前で出版されて、その本が読者の役に立つならば、私はそれでいっこうにかまいません」と語っています。自らの老いに対しても、特に抵抗を感じることなく、さらに成熟しつつある自分を喜びながら日々を過ごしていたようです。

また、その中で『フーズフー』（*Who's Who*：英語刊行図書著者目録のこと）の編集者に、「あなたの人生と仕事を一言でまとめるとどうなりますか」とたずねられ、次のように答えたというエピソードを披露しています。「私は、ほかの人々が人生の意味を見出すのを援助することに、自分の人生の意味を見出したのです」（ＨＦＭＬ）。

フランクルはその後も、ほぼ失明状態にありながら、世界各国で講演活動をおこなうなど、精力的な日々を過ごしていきました。一九九三年に来日して講演。一九九五年には、地元のウィーンで開催された第一回世界心理療法会議で記念講演をおこなっています。

しかし、一九九七年九月二日（現地時間）、心臓病のため、ウィーン市内の自宅でフランクルは、その九二年の生涯を閉じました。

フランクルの死は、単に高名な学者が亡くなったことを惜しむ気持ちというばかりでない、深い喪失感に満ちた死でした。苦しみの中から立ち上がろうともがいている多くの人々を支え、魂を鼓舞し続け、多くの人々に生きる勇気とエネルギーを与え続けてきたフランクル。フランクルの死は、そんな人の死だけが与えることのできる独特の喪失感――もがき苦しんでいたかつての自分を支えてくれた〝あの人〟がもうこの世にはいないのだという――に包まれたものでした。

最後に、フランクルの私生活について少しだけ触れておきましょう。

フランクルは終戦の二年後、彼が四二歳になった一九四七年に、新しい妻エリーと再婚。その後娘も生まれて、二人の孫がいました。まだ新婚だったころのフィルムがかつて、NHKの特集番組で流されたことがあります。フランクルは舌を出したりして、かなり茶目っ気のあるところを発揮していました。同じ番組で流された娘とのインタビューでも、フランクルはかなりユーモアに富んだ父親で、そのため家庭はたえず楽しい雰囲気に満ちていた、ということです。

フランクルの趣味のロッククライミングも彼の生き様をよく示しています（一四四頁の写真参照）。六〇歳を超えて飛行機の免許を取得し、山々の間を飛行し、八〇歳近くまでロッククライミングを楽しんだフランクル。登攀の腕前はかなりのものだったようで、アルプスの絶壁には「フランクルルート」という彼の名を冠したコースも残っています。八五歳の時の「山の体験と意味の経験」（『現代思想 imago 総特集ヴィクトール・E・フランクル』所収）という講演でこう語っています。

「ロッククライミングで恐怖を感じると、自問したものです。自分と、自分のなかにいる臆病虫と、どっちが強いのだろうか。そいつに抵抗することもできるのではないだろうか、と。人間には、不安や心の弱さに立ち向かう力が備わっているのです。それを私は『精神の反抗力』と名づけました。格闘技には対戦相手やライバルがいます。けれどもクライマーが闘う相手はたったひとり、つまり自分自身です。（中略）人間の可能性の限界はどこにあるのかを突き止めたい、という思いがクライマーにはあるのです」。

常に自らと闘い、可能性の限界に挑み続けたフランクルらしいエピソードです。

第2章　フランクル心理学で「生きる意味」を発見する

「むなしさ」という心のつぶやき

私はカウンセラーですから、子どもから高齢の方まで、色々な方の「こころ」をお聴きしています。また大学教員として、日々若者たちと接し、語っています。

そこで多くの人たちの心に透けて見えるのは、「みんなどこかで、心のむなしさを抱えて生きているのではないか」ということです。

とくに何かが足りないわけではない。みなと変わらない、ごく普通の人生を生きているつもりでいる。

けれどもその一方で「何か」が足りない。どこかむなしい。ツマラナイ。心の底から満たされる「何か」が足りない……。

そんな「心のつぶやき」が聞こえてくるように感じるのです。

カウンセリング・ルームを訪れたある学生はこう言いました。

「ただ毎日がむなしくて、つまらなくて、たまらない。それがこの先、どこまでも続いていくように思えて、つい自殺未遂をしてしまったんです」。

フランクルが取り組んだのは、まさにこの問題、「心のむなしさ」の問題です。『生きる意味喪失の悩み』という本の冒頭には、あるアメリカの大学生がフランクルに送ってきた、次のような手紙が紹介されています。

「私はここアメリカにいて、自分の存在の意味を絶望的に探し求めている同世代の若い人たちにぐるりと周りを取り囲まれています。私の親友のひとりは、まさにそのような意味を見出すことができなかったために、つい先日自らいのちを絶ちました」。

フランクルによればこの手紙は、現代の欧米の大学生を支配している根本気分や生活感情を典型的に示しているものです（LSL）。

「心のむなしさ」の問題は、経済的に豊かな国、いわゆる先進諸国においてますます深刻化していく傾向にある、と言われています。

欲求の階層論を唱えたアブラハム・マズローは、人間はその基本的欲求（生理的欲求、安全の欲求、所属の欲求、承認の欲求など）のすべてを満たして初めて、「自己実現の欲求」といった高次欲求にかられ始めると言いました。いわゆる「豊かな社会」は、マズローの言う基本的欲求を満たしやすい社会ですから、ますますその分、自分の高次欲求の不充足感に目が行きやすい社会ということになるのでしょう。

フランクルは、これを例証するように、また別の学生の手紙を紹介しています。

「私は二二歳です。学位を持っていますし、ぜいたくな車を所有し、金銭的にも独立しています。私の力に余るほどのセックスや信望も思いのままです。私にわからないのはただ、すべてのものがどのような意味を持つべきか、ということだけです」(LSL)。

ここまですべてが満たされた若者は、今の日本でもそれほど多くはないと思いますが、ここで言えることは、すでに豊かさが実現され経済的な目標を達してしまった社会において、「心のむなしさ」の問題はますます深刻化しやすいということです。豊かな国や社会で自殺率が高くなるという傾向は、既に二〇世紀の前半にデュルケムが『自殺論』の中で指摘したとおりです。逆に「自殺曲線は、強いて変動しているというなら、経済的貧困の時代や政治的危機の時代には、下降しているのが実情」なのです(TTN)。

経済的な目標を達成してしまったというこの条件は、言うまでもなく、今の日本にこそ当てはまります。既に豊かさを実現したこの国では、欲しいものの大半は、既に手に入ってしまっています。歯を食いしばって頑張らなくては、どうしても欲しい何かが手に入らないわけではありません。

つまり頑張っても頑張らなくても、人生たいして変わらないように思えてしまう。現代の日本はまさにそういう社会で、「生きる意欲」が失われ「心のむなしさ」が繁殖するのに恰好(かっこう)の社会なのです。後でもう一度述べますが、日本という社会の全体がいわば「透明な空虚感」のようなものに覆われていて、そこからさまざまな病理現象が起きてきているように思われるのです。

「心のむなしさ」の問題はもちろん、若者だけに限られるわけではありません。フランクルは、ウィーン市立病院の神経科外来を訪れた次の患者の訴えを紹介しています。

私の夫は殆(ほとん)ど毎晩のように自動車で飛び出してしまいます。本当は私はそれが嫌でたまらないのですが、しかし夫には、目的なしに騒がしく自動車を運転して気をまぎらわすことが必要なのです。仕事が早くすんで、五時に暇になると、もう不安が彼を駆りたて始めます。私たちは気持ちのよい住居やラジオを持っています。しかし私たちはお互いに話すことを少しも持っていないのです。そしてすることがすんでしまうと、後はただ空虚さがそこにあるだけです。本も少しも面白くありません。犯罪小説や冒険小説は別ですが、それは映画で観れば読む手間がはぶけるだけのものです。そしてラジオを聞いているうちに寝てしまうのです。(TTN)

どうでしょう。毎日遅くまで仕事に明け暮れ、少し時間があればすぐ外に出かけていって、気がついてみれば奥様とはずいぶんの間、ゆっくり話をしていない。たまに日曜に時間があると何をすればいいのかわからなくなって、どうにも落ち着かなくなってしまう。

日本のお父さんの多くが思い当たる話ではないでしょうか。

実存的空虚

現代人の内面に巣くう「心のむなしさ」。フランクルはそれを「実存的空虚（das existentielle Vakuum)」とか「実存的フラストレーション」と呼んでいます。

フランクルのある患者は、次のように語ったと言います。「精神的な空転がおこっています。私は空中にぶらさがっているんです。すべてのことが私には無意味に思えます。わたしは誰か人のことを心配している時にいちばん救われたのですが、いまではもう、私はひとりぼっちです。私は生きる意味をもう一度感じたいのです」（TTN)。

これはもはや病歴報告ではない、むしろ人間としての苦しみの訴えとして理解すべきだとフランクルは言います。こうした「自分の存在が何の意味も持っていないという感情」「底無しの意味喪失感」（LSL)。それをフランクルは「実存的空虚」と呼ぶのです。

さてこの「実存的空虚」は、大きく二つのタイプに分かれます。

一つは、突然のアクシデントや挫折によってもたらされるもので、言わば「急性」の実存的空虚、「絶望型」の実存的空虚です。

一人息子のいのちを交通事故や暴行事件で奪われた母親。結婚の直前にフィアンセに捨てられた女性。何十年もかけて取り組んできた研究が失敗に終わった科学者。

こんな時、深い絶望感に捕らわれてしまうことは、誰にでもすぐ理解できるでしょう。

もう一つのより一般的な実存的空虚は、言わば「慢性」の実存的空虚、「退屈型」の実存的空虚です。

とくに大きな悩みがあるわけではないのだけれど、どこかむなしいという空虚感。それから逃れようと、人は仕事に遊びにと明け暮れます。もし立ち止まって、自分の心がむなしいこと、自分が退屈であることを認めてしまうと、たちまちにして「底無し」の泥沼に引きずり込まれていってしまう。それを恐れて現代人は、ますます生活のテンポを速め、絶えず自分を忙しくすることで感覚を麻痺させてしまおうとするのです。

フランクルは言います。「スピードは現代人にとって意味への意志のフラストレーション、不満、不充足を麻痺させる役割を果たしている」。「現代人は、自分がどこから来てどこへ行くのかを知らない。それを知らなければ知らないほど……現代人はますます足早にこの道を通り過ぎていく」（TTN）。「物理学のみならず、心理学においても真空嫌悪、空虚への恐怖が存在する。……私は、現代の生活のテンポの速まりを実存的フラストレーションを自分で癒そうとする無益な試みとみなす。というのも、人間は生きる目的を知らない時、それだけ生活のテンポを速めるしかないからである」（LSL）。

仕事だ勉強だと多忙な毎日を送る。絶えず刺激と快楽を追い求める。現代人のこうした多忙さの背後に、フランクルは、自らの内的空虚さから逃れようとする隠れた動機を見てとるわけです。現代の日本人にまさにぴたりとあてはまる言葉です。

こうすればこうなるという先の見えてしまった人生を、それでも絶えず全力で走り続けていく。こんな毎日に慣らされてしまった私たち日本人は、絶えず自分を忙しくし刺激を与え続け、感覚を麻痺させることで、何も感じない、何も見つめないことに慣れっこになってしまっているようです。

「職業的過剰活動と遠心的レジャーの間を行ったり来たりしている人は、ものをじっくり考える時間がない」（WM）のですが、現代の日本人は敢えて自分を忙しくすることで、わざとものを考えないようにしているかのようです。

ここで「遠心的レジャー」という耳慣れない言葉が出てきましたが、これは何か外的な物事にかかわることで心を散漫にするレジャーのことです。一方、これと対比される「求心的レジャー」についてフランクルは、「私たちは、沈思と瞑想をおこなうような新しいタイプのレジャーを必要としている。そのためには人間は、孤独になる勇気が必要である」（WM）と言っています。まったくその通りで、おそらくこの本を読んでいる読者の方には「求心的レジャー」が好きな方が多いと思いますが、現代人にとって「遠心的レジャー」のほうがはるかに支配的であることは、言うまでもありません。

「職業的過剰活動」と「遠心的レジャー」によって絶えず自分を忙しくし、感覚を麻痺させてしまっている現代人にとって最も恐ろしいもの。それはもちろん「退屈」です。とりわけ勤勉タイプの人、仕事中毒の人にとって最も苦手なのは、「何もすることがない日曜日」にほかなりません。「日曜日にウィークデイの慌ただしさがやんで、実存的空虚が彼らの中で口を開けると、自分の生活の内容の虚しいことを」意識せざるをえなくなるからです（LSL）。土曜も日曜も関係なく働き続けて、おまけに休みの日も必ずどこかに出かけていかなくては気がすまないタイプの人がいます。こうした行動へ人を駆り立てるのは、自分の感覚を麻痺させて刺激を与え続け、内的空虚さを見つめまいとする隠れた動機なのかもしれません。

実存的空虚からの逃避の方法としてフランクルが取り上げる主なものは、これまで述べてきた「多忙さへの逃避」です。しかし私には、現代の日本社会で起きているさまざまな病理現象の大半が「実存的空虚からの逃避」として理解できるものばかりだと思えます。

昭和五〇年代前半、オイルショックから少し経ち、一ドルが二百円を切ったあたりから日本の大衆レヴェルの文化にさまざまな異変が起きてきました（漫画の世界で言えば「スポ根もの」の衰退など）。ここでその変化を詳しく述べることはできませんが、「高度経済成長」という国家的な目標を半ば達成し終えたあたりから、この四〇年近く、日本人全体が大きな目標喪失状態にあり、大きな虚無感に包まれているように思えるのです。

しかし既に述べたように、この内的な虚無を見つめることはたいへん辛いことなので、人は絶えず自分を何かの刺激にさらし続けて感覚を麻痺させようとします。「何も感じるまい」「何も見つめまい」「何も考えるまい」とするのです。現代日本の文化は、しばしば「快楽主義」の文化だと言われますが、このような観点から「感覚麻痺の文化」と言うこともできるでしょう。そこでは、「もっと早く」「もっと気持ちよく」が文化の支配的な原理となっているのです。

けれども生身の人間、とりわけ思春期・青年期の若者は、感受性が鋭く、また強い衝動やエネルギーを持っているため、しばしば自分を持て余してしまいます。おまけにすべてが既にできあがっていて、黙っていても何でも与えられるこの豊かなシステム社会の中では、「人生なんてこんなもの」「もう先が見えてしまっている」という閉塞感ばかりが募っていきます。こうした状態の中で、虚無に包まれた感覚を麻痺させるには、自らを強い刺激にさらし続けることが必要になります。

幸福のパラドックス

これまで時代背景との関連から、現代日本に生きる私たちがなぜ大きな虚無に包まれてしまうのか、その理由を見てきたわけですが、それにしても一人ひとりに目を向けると、「幸福になりたい」「充実した人生を生きたい」と涙ぐましいほどの努力をしています。

にもかかわらず、幸福をしっかり手に入れることは、容易なことではありません。幸せになりたいと心の底から願い、また人並みに充実した人生を生きているつもりでいても、いつの間にか幸福は、私たちの手からスルリと逃げ去ってしまいます。いったい何故、こんなことになってしまうのでしょう。それなりに充実した人生を生きているつもりでいながら、ふと気がつくとむなしさを抱えてしまうのは、いったい何故なのでしょうか。

端的に言えばそれは、私たちの欲望に際限がないからです。

モノが欲しい、金が欲しい、地位が欲しい、名誉が欲しい、女（男）が欲しいと、私たちの欲望は、どこまでも際限無く生まれてきます。

現代の消費社会は、情報化を媒介として欲望を自由に創出していく社会、〈必要を離陸した欲望〉の無限空間を開くことによって、市場を自己創出する力を獲得した社会だと言われます（見田宗介『現代社会の理論』岩波新書）。溢れんばかりの情報によって創り出される欲望は、まさに「必要を離陸」しているわけで、だから際限がありません。次々と産出される商品によって、私たちの欲望はどこまでも刺激され、肥大化され、膨張され続けていきます。どこまで行っても満たしきることはできません。ある欲望を満たした途端、必ずすぐに次の欲望が生まれてくるからです。

だから現代社会を生きる私たちは、心の底からの充足感を味わうことがなかなかできません。「何かが足りない」という欠乏感を心のどこかで感じてしまいがちです。「幸福になりたい」と切に願い、また物質的にも満たされているはずの私たち現代人が心のどこかに「むなしさ」を禁じえないのは、こうした理由によるのです。

けれども、幸福の獲得が難しいのは、このような社会システムの側の事情ばかりによるわけではありません。私たちの「こころ」そのものの側にも、直接的な幸福追求が挫折せざるをえない理由が隠されています。

フランクルは、私たちの心に潜むこの「幸福の法則」について、次のように言います。

『幸福の追求』は幸福を妨げる」（WM）。「幸福の追求は自己矛盾」である（PE）。「幸福を追求することはできない。……幸福を意識することによって、人は幸福になるための理由を見失い、幸福それ自体が消えていかなければならなくなる」（WM）。「私たちは幸福を獲得しようとすればするほど、それを獲得できなくなる」（PE）。

人間の心は自分の幸福にこだわり、それを直接追い求めているうちは、決してほんとうに満たされることはない。幸福を追い求めても、それは必ず失敗に終わる、とフランクルは言うのです（後に見るようにフランクルは、「幸福」ばかりでなく、「快楽」「自己実現」「健康」「至高体験」などについても、これらはそれ自体を追求すれば必ず挫折せざるをえなくなる破壊的性質を自らのうちに含んでいる、と指摘します）。

もっとも、「幸福になりたい」という願いそのものは、疑いようもなく正しく、また誰からも侵害されるべきでない正当な願望にちがいありません。誰でも自分の幸福を望むものですし、それを獲得しようとする権利はあるからです。

けれども、自分の幸福を望みそれを追い求め始めた人間は、結局、自分の望み通りの幸福を手に入れることはできなくなるはずだ、人間の心はそのようにできている、とフランクルは言うのです。

ではどうすればいいのでしょうか。

どうすることもできない。ただ、幸せになろう、幸福を手に入れようということだわりを捨てて、なすべきことにとりくむがいい。そうしているうち然るべき時が来れば、自ずと幸福は手に入るはずだ、というのがフランクルの答えです。「もし幸福になる理由が存在すれば、自ずと、つまり自然発生的かつ自動的に、幸福は結果として生まれてくる。このことが、人間が幸福を追求する必要のないことの理由である」（WM）。

人生の核心を突いた言葉で、うーんと、うならされるものがあります。

たしかに幸福は、なすべきことに無心に取り組んでいるうちにその結果として与えられるものであって、それそのものを直接追い求めても手に入るものではありません。「幸福は、決して目標ではないし、目標であってはならないし、目標であることもできない。幸福は結果にすぎない」。喜びも同様で「得ようと努められるものではない。喜びそのものを『欲する』ことはできない。喜びは自ずと湧いてくるものである」（TJLS）。

この順序を間違えて、人が「自分の幸福」「自分の喜び」を直接追い求め始める時、その「幸福」や「喜び」はどこまでいっても得ることができなくなってしまいます。そして「永遠の不満の状態」に置かれてしまうわけです。それは、人間の本性に逆らった愚かな生き方でしかありません。

自分の幸福を望みそれを追い求める人間は、どこまでいってもそれを手に入れることはできないこと。人の心がほんとうに満たされるのはむしろ、自分や自分の幸福のことを忘れ去り、自分のなすべきこと、自分にとって意味あることに無心で取り組んでいる時であるということ。――人生のこの逆説的真実は、古来、哲学者たちによって「幸福のパラドックス」と呼ばれ、その罠(わな)に落ちることのないよう戒められてきたものです。

フランクルもまた、これと同じ洞察に立って自らの考えを展開しているわけです。

意味への意志

「意味への意志（der Wille zum Sinn）」は、フランクルが人間の根本動機とみなしたものです。人間は、人として生まれついた始めからその生命の終わりに至るまで、「意味と目的を発見し、実現せんとする基本的努力」（WM）を絶えず繰り返していくものだ、とフランクルは言うのです。

フランクルによれば人間は、たとえ一見まったくそう見えないような、快楽追求的あるいは権力追求的な人生を生きている場合でも、意味への意志から解き放たれているわけではありません。そうではなく、意味への意志を満たしたくても満たせないから、つまり自分は意味ある人生を送っていると思いたくても思えないから、そのような虚しさの感覚から逃げ出したくて、その代わりに快楽や権力を追求しているのだ、とフランクルは考えます。つまり「人間は意味への意志によって完全に支配され尽くしている」（HP）と考えるのです。人間は、生きている限り、「この人生でなすべきことをしていると思いたい」「人生のほんとうの意味を実現していると思いたい」という欲求から解き放たれることは、ただの一時もありえないというわけです。

フランクルが高校生の時フロイトと文通し、大学生の時アドラーから直接的な影響を受けて、そしてその後、自らの学説を形成するにつれて両者から離反していったことは、前章で詳しく見たとおりです。フランクルは、この二人の先輩の説いた学説を大胆な仕方で退けます。「快楽への意志」および「力への意志」は、ただ「意味への意志」を満たすことに挫折した場合にのみ、その代替物として生まれてくると言うのです（LSL）。

フランクルは「快楽」や社会的な「力」そのものを否定するわけではありません。「快楽」すなわち、心地好さや気持ち良さ自体はもちろん、よいことです。けれどもそれは、本来「意味実現の副次的結果」にすぎません。つまり「自分はなすべきことをやった」とか、「意味あることをした」という時、その結果として快楽は生まれてくるのです。このことを無視して、「快楽」それ自体を直接に追い求め始めると、本末転倒になります。そのようなことは、「意味を実現したい」という本来の欲求が満たされない場合にだけ生まれてくるものだとフランクルは言うのです。

同様に社会的な「力」、すなわち権力もそれ自体では、悪いものではありません。

むしろ権力は、持っているにこしたことはありません。権力を行使しなければ、なすべきことをおこなえない場面はいくらでもあるからです。フランクルも「意味の実現が、ある種の社会的および経済的な諸条件諸前提に拘束されている限り、それは目的のための手段」（ＬＳＬ）として必要だと言っています。

けれどもそれは、本来「意味実現のための手段」でしかないはずです。つまりこの社会の中で意味あること、なすべきことをするための「手段」として、権力ははじめて活かされるものであるはずです。にもかかわらず、権力そのものを直接に追い求め始めるとこれもやはり本末転倒で、そのようなことは「意味を実現したい」という本来の欲求が満たされない場合にだけなされ始めることだとフランクルは言うのです。

このフランクルの指摘はそのまま、先に述べた現代日本社会の実情に対する痛烈な批判となります。現代の日本は、ここでフランクルが取り上げた「快楽」と「権力」そしてこの二つの象徴的存在である「金銭」をひたすら追い求めているように思えます。仕事の腕も立ち、人が羨むほどの地位を獲得した人物が、金欲に目を眩まされ人生を転落していく様を目のあたりにすると、誰でも「いったい、何のために？」と言いたくなるでしょう。

そうなのです。この「何のため」を見失っているからこそ、現代の日本人は、子どもから大人に至るまで、金銭、暴力、権力という刺激をひたすら追求してしまうのです。フランクル心理学の観点から言えば、現代の日本は国家的な目標喪失状態、国家的な実存的空虚、国家的な実存的フラストレーションを患っていると言っていいように思います。「意味への意志が充足されないままでいる時、人はますます多くの衝動を満たすことで、この内的な満ち足りなさを麻痺させ、自分を酔わせようとする」からです（PZ）。

いじめや虐待といった暴力的な現象から、政治家や官僚の汚職に至るまで、現代日本には「どうしてそこまで」と首をかしげたくなる病理現象が蔓延しています。私は、これらの現象は決して他人事ではなく、私たち一人ひとりが自分自身の問題として考えなくてはならない問いを投げかけてきていると思います。

日本国民の大半が、「自分は何をなすべきか」「どこへ向かうべきか」という意味や目的を見出せず、大きな虚無感に包まれています。先の先まで見えてしまった人生を、ただ淡々とこなすだけの毎日がどこまでも果てしなく続いていくかのような圧倒的な閉塞感が漂っています。こうした情況の中で、それでも生きていかなくてはならない私たちは、自分の感覚をすっかり麻痺させてくれる強い刺激を求めてしまいます。さまざまな病理現象は、このような文脈の中で理解されるべきものなのです。

だから現代社会で生じている一連の問題を考えることは、私たち日本人の一人ひとりが次の問いを考えることと別のことではありません。「私は何をなすべきか」「いったいどこへ向かうべきか」「この閉塞情況を、どう乗り越えるのか」。

フランクル心理学は、現代日本を生きる私たちにこのような問いを突きつけてきます。

マズローとの対話――「自己実現」論批判

今、あまりにも大きな問題を突きつけてしまったものですから、面をくらった方もいるかもしれません。そこでここで少し休みを入れて、心理学理論の問題に移りましょう。

フランクルの「意味への意志」論とマズローの「自己実現」論とは、どこが同じでどこが違うか、という問題です。人間性心理学やトランスパーソナル心理学に関心のある方なら興味深い問題でしょうし、実際この二人は、この問題をめぐって『人間性心理学ジャーナル』で議論を展開したこともあるからです。

マズローの言う「自己実現（self-actualization）」について最初に少し説明が必要でしょう。「自己実現」とは、個人が自らのうちに潜在している可能性を最大限に発揮し実現して生きていることを意味します。

マズローは自己実現している人の特徴として、①病気からの解放、②基本的欲求の満足、③自己の能力の積極的利用、④ある価値に動機づけられそれを得ようと努めていること、の四点をあげています。

では、二人がどういうやりとりをおこなったのか、見ていきましょう。最初に議論を吹っ掛けたのは、フランクルのほうでした。一九五九年に学会発表された論文の中で、フランクルは次のように言っています。

自己実現を「究極の動機」とみなす考えの大きな誤りは、世界を目的に対する単なる手段とし、その価値を下落させてしまうことにある。実際、マズローははっきりと「環境は人間の自己活動という目的に対する単なる手段にすぎない」と主張している。……ここで私たちは、人間が第一に求めるもの、つまり人間の究極目的は、はたして自己実現という言葉で説明されうるか、という重要な問題を提起したい。そして私はこの問題にはっきりノーと言いたいのだ。（PE）

こうしてフランクルは、マズローの学説さらには「自己実現こそ人間が究極的に求めるもの」という「自己実現」論一般に対して、真向から反論するのです。ここで誰もが思うのが、「自己実現」論と言ってもいろいろで、その中身が問題だということです。フランクルは「自己実現」論の何をどう批判するのでしょうか。

フランクルの理解する「自己実現」論は、言い換えれば「可能主義」論です。人生の目的は自らの「可能性の追求」に、すなわち「主体の内部に潜在していて、利用することのできる可能性の実現」にある（PE）とみなす考えこそ、「自己実現」論のエッセンスだとフランクルは言うのです。そしてそれを次のように批判します。

可能主義においては、人生の課題は、人格を満たす諸々の可能性を最大限に実現することだと考えられています。そうだとすれば、実現される可能性が多ければ多いほど、ますます自己実現していることになります。けれども、ただ単に自らの内部の可能性を実現するだけなのだとすると、それがいったい何だというのでしょう。（PE）

フランクルの「意味への意志」論によれば、人間は結局「自分はこの人生でなすべきことをおこなっている」「意味ある人生を送っている」という確信を求めていく存在です。そしてここが大切なのですが、フランクルの言う「意味」「なすべきこと」は、決して主観的な心理状態のことではありません。そうではなく、私を超えた「向こう」から、これをなすべきだ、この意味を実現すべきだと呼びかけてくるものです。そして「意味への意志」は、私を超えた「向こう」からのこの呼びかけに呼応する心の働きなのです。

これに対して「自己実現」論では、このような「私を超えた何か」とのかかわりは視野に入れられていません。ただ初めから自分の内側にある可能性を実現していく、それだけのことです。「それが一体何なの？」とフランクルは言うわけです。

フランクルはさらに、次のような例を出して、多少皮肉を込めた反論を展開していきます。「ソクラテスは、自分には犯罪者になる可能性があると告白していた。したがって、もし自分の可能性をすべて実現していたら、ソクラテスは偉大なる法と正義の擁護者にならず、ありふれた犯罪者になっていたかもしれない」（ＰＥ）。

ここでフランクルは、自己実現論をはじめとする「可能主義」の考え全般に痛烈な批判を加えているわけです。可能主義では、すでに見たように、自分の持っている可能性はできるだけ多く実現したほうがいいと考えます。そこにはその「可能性の内容や質」を問う視点は含まれていません。その可能性は実現する価値のある可能性かどうか。こういった問いは不問に付されています。そしてただ、自分の可能性はできるだけ多く実現したほうがよいと、そんなふうに考えるのです。しかしながら、だとすれば正義の哲学者ソクラテスは彼の持っていた「犯罪者としての可能性」も実現したほうがよかったのだろうか。フランクルはそのように言って、「可能主義」の欠陥を指摘するわけです。

ではなぜ、現代人はこれほどまでに「自己実現」を好むのでしょうか。フランクルによればそれは、意味を求めようとして求められないでいる挫折の結果にすぎません。

先に「快楽への意志」と「力への意志」について、人は意味への意志を満たそうとして満たしえないその代替物として快楽や権力を追い求め始めるのだ、と指摘しました。フランクルによれば「自己実現への欲求」もこれと同じで、「意味への意志」を満たすことに失敗した時、その代替物として現れてくるものにすぎません。フランクルはこのことを、次のような絶妙な例えを用いて表現しています。「ブーメランは的を外した時にだけ、それを投げた猟師のところに戻ってくる。同様に人間も、自分の使命を見失った時にだけ、つまり意味の探求が挫折した時にだけ、自己に戻り、自己について反省し、自己実現を意図するようになる」のだと（STHP）。

これはつまり、先に「幸福の追求」に対しておこなったのと同じ批判です。フランクルは、「幸福」と同じように「自己実現」も、本来は「意味」実現の結果、「なすべきこと」をした結果、自ずと生まれてくるものであるのに、それを直接追い求め始めると、本末転倒しておかしなことが起こってしまうというのです。フランクルは言います。「自己実現は、人間の究極目的ではないし、第一の意図でもない。自己実現は、それ自体を目的とするなら、人間の自己超越的な性質と相反する。自己実現は、本来一つの結果、意味実現の結果であるし、そうでなくてはならない。……人間は、世界のうちで自分の外にある意味を実現する程度に、自己を実現する。逆に人間が、意味を実現せずに自己を実現しようとすれば、自己実現は直ちにその正当性を失ってしまう」（STHP）。

フランクルが「自己実現」論に対する批判を最もストレートにおこなったのは、一九六六年、『人間性心理学ジャーナル』第六巻第二号においてでした。

これと同じ号に、マズローは直ちにそれに対するコメント論文を掲載しています。その結論は、「人生における使命を見失い、直接的、利己的、個人的に自己実現を求める人は……実際には自己実現を達成できないというフランクルの考えに、私の経験は一致している」（「フランクル論文へのコメント」）というものでした。つまりマズローはフランクルにあっさりと同意を示したのです。

けれどもこれは決して、マズローが喧嘩を買わなかったということではありません。同じ頃に書かれた論文において、マズローははっきりと、自己実現している人はすべて、自らの外にある「何らかの課題や使命、職業や大切な仕事に貢献している」と言っているからです（「メタ動機の理論」『人間性心理学論文集』）。

といってもやはり両者が同じであるわけではありません。フランクルは、精神的健康にはある程度の実存的緊張が、すなわち「ある人の現実の姿と、彼がならなければならないものの間の分裂によって引き起こされる、かの緊張」がどうしても必要だと考えました（ABS）。

これに対してマズローは、「至高体験」（超越的な恍惚感を伴う一時的な至福の体験）

についての研究を重ねた末に、次のように言います。そのような至高の境地にいる者においては、もはや事実と価値は一つであり、存在（～である）と当為（～であるべき）も一つに融合している、と（「メタ動機の理論」。ちなみに、マズローによれば至高体験に導くものとして最も頻度が高いのは、出産経験とクラシック音楽への陶酔です）。

「存在」と「当為」が一つに融合するだって！　フランクルによれば、そんなことはどうやったって起こりえないことです。むしろ彼の目には、堕落ないし傲慢（ごうまん）としか映らないかもしれません。

けれどもここでは、両者の異同にこれ以上詳しくは立ち入りません。

ただ、マズローの言う「自己実現している人間」は、決して排他的に自分自身に関心を寄せている人ではないこと、むしろ逆に、自分の使命や課題、仕事に専心して取り組んでいる人のことであって、フランクルの言う「意味への意志」を満たしている人とほぼ同じであるということ。これらのことを確認して、先に進んでいくことにしましょう。

「生きる意味」を求めて

少し寄り道して、フランクルとマズローの対話を見てきたわけですが、ここで急いで、先の重要な問題に戻りましょう。

国家的な目標喪失状態、国家的な実存的空虚に陥っている現代の日本は、自らを包むその虚無を覆い隠すかのように、「快楽」と「権力」と「金銭」をひたすら追い求め続けています。自らの内的空虚を見つめずにすませるための「感覚麻痺」の文化が蔓延しているのです。

そうした中で、やはり日本人の一人である私たちがなすべきこと、できることは、さまざまな病理現象を他人事のように解釈し評論することではありません。あくまで自分自身の問題として、自らの内側に「私は何をなすべきか」「どこへ向かうべきか」と問いを突きつけていかなくてはならないのです。

しかしながら、「生きる意味」を求めてその問いを問いぬくことは、決して容易なことではありません。

私自身もこの「生きる意味の問い」に捕らわれて悩み苦しんだ経験があります。七〇年代後半から八〇年代前半。日本が「豊かさ」という国家的な目標を半ば達成して、「快楽主義」へ「感覚麻痺」の文化へと速度を加えて向かいつつあった時、私は中学・高校という多感な時期を過ごしていました。そんな時代の中で、私は自分自身の内側に「人生なんて楽しんだもの勝ち」という享楽的な感覚が育まれつつあることに気づいたのです。中学三年の時、私は、福岡の北九州にいて、いわば地方の優等生だったわけですが、「こんなふうに頑張って勉強してもしょせん人生は楽しむだけのこと。このままいい高校いい大学、いい会社と進んでいって、地位とお金と名誉を手に入れて……。そんな人生を送ることくらいはできるだろう。けれどそんなふうに生きていっても、しょせん自分が楽しむだけのこと。それでいったい、何になるというのだろう……」。そんな疑問が自分の中に生まれてきたのです。

この疑問は徐々に私の中で大きく膨らんでいきました。「このまま、楽しむことを目的に生きていって、それでどうなるというのだろう。僕の人生って、何だったことになるのだろう……」。頭の中をかけめぐり、ふり切ってもふり切っても離れなくなっていきました。

とはいっても、「こう生きればいいんだ」という新たな生き方は、皆目見当がつきません。色々な思想家や宗教家の哲学は、どれも部分的には正しく見えても、それに自分の身を任せる気にはなれません。いろいろな思想が乱立していて、それぞれの思想に支持者がいるということ自体、それぞれの思想が部分的で相対的な正しさしか持ちあわせていないことを示しているように思えました。まさに私は、自分の人生の意味を疑わざるをえなくなったのでした。

唯一、それなりに納得がいったのは、「最大多数の最大幸福」という功利主義の原則で、これならうさん臭くないし、思想家の個人的な思い入れのようなものも感じない。すべての人が「みんなのため」に生きるようになれば、それは素晴らしいことに違いないという素朴な実感にフィットするものを感じました。そこでいったんこの功利主義の原則で、自分の生活をすっかり制御しようとしたのですが、どうすれば「最大幸福」が実現できるかなんて計算は実際にはできっこないということがすぐにわかりましたし、それ以上に、絶えずこの原則で自分自身を制御しようとした結果、自分が「制御する自分」と「制御される自分」とに分裂してしまって、毎日の生活に強迫性と不自然さとがつきまとうようになってしまったのです。

こんなわけで、高校生の私は、ますます混乱の最中に突き落とされました。「どうすればいいんだ」「どう生きるべきなんだ」……。こんな問いが四六時中頭の中を駆け巡って、何も手につかず、そのため私は中学・高校・大学と、まさに青春を棒にふってしまったのでした。

私ごときと一緒に並べては恐縮ですが、文豪トルストイも晩年に「生きる意味の問い」に捕らわれて、死ぬほどの苦しみを体験しています。裕福な貴族。大勢の子どもと愛する妻に恵まれて、ロシア最大の作家としてすでに名声も手に入れていたトルストイ。はたから見れば、羨ましいばかりの完璧(かんぺき)な人生を送っていた五〇歳の彼に、「生きる意味の問い」が突然、とりついていったのです。

トルストイは突如として、「自分はいかに生きるべきか、何をなすべきかを知らない」という意識に捕らわれるようになったと言います。不安や疑問から解放されず、これまで自分のやってきたこと、今やっていること、そしてこれからしようとしていることが、いったい何のためなのか、どんな意味があるというのか、自問しないでいられなくなったというのです。

最初はそれが発すべからず無益な問いのように思われた。こんなことはみんな分かり切ったことだ。俺がその解決をつけようと思えば、他愛なくできることだ。目下こんな問題にかかずらっている余裕がないけれども、よく考えればすぐに解答を得ることができるのだ。――こんなふうに思われた。しかしながら、これらの疑問は日を追うてひんぱんに繰り返されるようになってきた。そして解答のないこの疑問は、同一の疑問へ滴り落ちる墨汁の雫のように、いつしか真っ黒なしみになってしまった。……私はこれが精神的な一時の風邪でないことを悟った。これは実に重大事だ。いつも同一の疑問が繰り返されるとしたら、私はそれに答えなければならない。――こう思った。で、私はこの疑問に答えようと試みた。この疑問は実に愚劣な、単純な、子ども臭いものに思われていたのだが、いざ取り上げて解決しようという段になると、たちまち私はまず第一に、それが子どもじみた愚かしい疑問ではないどころか、人生における最も重要にして深刻な問題であるということ、それからさらに、いかほど頭をひねっても、自分にはこれを解決することができないのだということを、信じざるを得なくなった。（『懺悔』

岩波文庫）

人生の意味を疑い始めた者が、どのようにしてこの問いに捕らわれ、逃れられなくなっていくか、そのプロセスが実に見事に描写されています。トルストイも言っているように、生きる意味の問いは、最初は取るに足らないささいな問題に思えます。すぐに片づけてしまえる子どもじみた問題のように思えるのです。しかしいったんこの問いを本気で問い始めていくと、それが避けることのできない重要な問いであること、しかもその答えは容易には手に入らないということが徐々にわかってきます。しかしその時は、すでに脱出不可能な問いの渦の中にいるのです。

けれどフランクルによれば、「生きる意味」を求めるこの問いは、決して病理的なものではありません。むしろそれこそ「人間における最も人間的なものの表現」（ÄS）であると言うのです。

ではフランクルは、この問いをどう問い進めて、どんな答えを出すのでしょうか。いよいよこの点を見ていきましょう。

「生きる意味の問い」をどう問い進めるか

まず押さえておくべきは、人生に意味があるかどうかはその長さによっては決まらない、ということです。

人生の意味の有無が問題になる時、決まって出されるのは、次のような考えです。「ぼくらはいつか、どうせ死ぬ。一人残らず、みんな死ぬ。そして焼かれてただの灰になる。だとすれば、生きていることに意味なんて、あるはずがないじゃないか」

どっちみちすべては滅びるのだから、人生に意味なんてあるはずがない、というわけです。

また、子どもを持たない方が、死に際して、自分の生命を引き継ぐものがいないからと大きな悲嘆に襲われることもあるようです。最近は「利己的な遺伝子」といって、個としての生命より、種としての遺伝子を後に残すべく行動するという学説が流布していますから、この気持ちもわからないではありません。

しかしいずれにしても、このどちらの考えも、個体の生命のレヴェルであれ遺伝子のレヴェルであれ、その生命に終わりがあれば（有限であれば）意味はなくなる、と考えている点で共通しています。

しかし、次の二通りの可能性を考えれば、この考えの矛盾が明らかになるはずだとフランクルは言います（TJLS）。

まず(a)有限な個人の人生それ自体に意味がない場合。この場合、もし人生が永遠に続いたり、子孫が永遠に存続したとしても、それらはすべて無意味ということになります。なぜなら、それ自体無意味なものがどれほど続いたとしても、その全体もやはり無意味にしかならないからです。

次に(b)有限な個人の人生それ自体に意味がある場合。この場合、有限な個人の人生それ自体に意味があるのですから、それがどこまで続くとか子孫が残るといったことは、まったく重要ではないということがわかります。

いずれにせよ、人生の意味の有無は、死の存在や子孫の有無によって左右されるものではありません。個人の有限な人生の内側で問われるべき問題なのです。

これと同じ理由で、人生の意味の有無は、早死にか長生きかによって左右されるものではまったくないとフランクルは言います。「長生きしたからといって人生は必ずしも意味のあるものにはならない。逆に短い生涯に終わっても、ずっと意味のある人生だったかもしれない。ある人間の自伝を判断する基準は、そのページ数ではなく、その自伝に秘められている内容の豊かさにあるのです」（TJLS）。

人生の意味の有無は、その長さや子孫のあるなしとは関係がない。たとえ死が訪れるとしても、そのはかない人生それ自体に意味があるのならそれはやはり有意味と言えるし、意味がないのならそれは依然として無意味なままである。このようにフランクルは言うわけで、この考えに私は心から賛同します。

ただし、私はこれに次のように付け加えたいと思います。

「たとえ人類がいつかは滅ぶのだとしても」

というのも、現代科学の成果を信じるとすれば、残念ながらかなりの確率で、人類の永遠の存続はほぼ完全に否定されていると言わなくてはならないからです。人類がこの先、英知を傾けて核エネルギーのコントロールに成功し、百に一つの幸運を手に入れたとしても、いつかはビッグ・クラッシュが起きて宇宙そのものに最後が訪れるというのですから、そうなればさすがに人類も生き残れないでしょう（渋谷治美『逆説のニヒリズム』花伝社）。

もっとも、現代科学の成果といっても「今のところ」という限定付きで、科学の今後の進歩によって、もっと夢のある宇宙観が提示されることだってありえます。ビッグ・バンに始まりビッグ・クラッシュに終わる。このようなお決まりの図式を超える宇宙観が提示される可能性だって、皆無であるとは言えないのです。

最近、夢と希望のある宇宙観を提示してくれた本にトランスパーソナル心理学の巨匠ケン・ウイルバーの『万物の歴史』（大野純一訳　春秋社）があります。

ウイルバーは物質的宇宙を意味するcosmosに対し、生命や心を含んだ全存在のプロセスを大文字のKで始まるKosmos（＝〈コスモス〉）と呼び、それはそれ自体である目的と方向性を持っていると言います。ふつう、宇宙の始まりは何もないところにビッグ・バンが起こって偶然に始まったと考えられています。けれど、猿が手当り次第にタイプライターを打ったところで、偶然にシェイクスピアの劇が作れる可能性は一万×百万の六乗分の一にすぎないわけで、これでは、単純に計算しても一〇億の二乗年という気の遠くなる時間がかかることになります。一方、現実に宇宙にはたった一二〇億年の時間しか与えられておらず、同じように計算すれば、この時間はたった一個の酵素を偶然に生み出すのにさえ不十分な時間でしかないことがわかります。

そう考えると、偶然以外の何かが宇宙を動かしていると考えたほうが自然である、とウイルバーは言います。

考えてみれば、イエスの心も仏陀(ぶっだ)の心も、この宇宙の中で、宇宙の一部として存在したわけで、そうするとこの宇宙そのものにもやはり心があり秩序があって、ある方向へと向かっていると考えるのは、ごく自然なことです。ウイルバーの〈コスモス〉論は、私たち人類に大きな夢と希望を与えてくれるもので、多いに吟味する価値のあるものだと思います。

けれどもこのような希望のある可能性は今後の楽しみにとっておくことにして、ここではさしあたり、現代科学の現時点での成果をもとに話を進めていくことにします。

すると、次の冷厳な真理を踏まえなければ、これ以上この問題を先に進めていくことはできなくなってしまいます。

すなわち、「人生が一瞬の花火のようにはかないのと同じように、人類の歴史もまた、永遠に比べればほんの一瞬のできごとでしかないということ」を。

いずれ人類は滅び、宇宙そのものもビッグ・クラッシュで消えてなくなるという宇宙観を前提にすれば、このことを冷厳な真理として受けとめなければ、人生の意味の問題を問い進めていくことはできなくなるわけです（この点に関しては、私が書いた次の本で詳しく論じました。『カウンセラーが語る自分を変える〈哲学〉』教育開発研究所）。

「問いかけられている自分」の発見

先に私はこう述べました。人生は一瞬の花火のようにはかなく、人類の歴史もまた、永遠に比べればほんの一瞬のできごとにすぎないと。

これを真理と受けとめるということは、言わば、無を無として突きつめる、ニヒリズムをニヒリズムとして徹底させるという方向の思考で、西欧ではニーチェ、日本では西谷啓治(にしたにけいじ)がこのタイプの思想家の代表格です。

ニーチェは、世界には何の「目的」も「終わり」もない、一切はただ永遠に意味もなくぐるぐると回帰し続けているという世界イメージを提示しました（永劫(えいごう)回帰説）。

西谷は、禅的な視角から「我々自身が無になりきる」立場、「虚無のリアリゼーション」の立場を説き、さらにそのような「有の否定としての虚無をも否定した立場」としての「空」を説きました（『宗教とは何か』創文社）。

いずれも、ニヒリズムをニヒリズムとして徹底することで、すべてが肯定される地平へとそれ自らを突破するという方向性を持った思想です。

ハイデッガーらを通して、少なからず実存思想の影響を受けたフランクルも、人間が無の中に投げ入れられた根無し草のように「はかない」存在であることを認めることから出発します。人間は「無から来て無へと行く存在」「無から生まれ、存在へと投げ入れられ、無から脅かされている存在」（ZV）だと言うのです。

だからフランクルは、たとえばキリスト教やマルクス主義のように、人類の歴史の行方そのものにかかわる「大きな物語」を描くことで、「人間は結局～のために生きている」という「答え」を与えるやり方はとりません。あらゆる人間がその人生のすべてをあげて実現すべきような、絶対的な「意味」や「目的」の物語など存在しない、とフランクルは言います。

「生きる意味」を求めて思い悩む人は、おうおうにしてこのような「すべての人間に妥当する人生全体の意味」を求めがちになります。しかしそのような「人生の普遍的意味は存在していない」（WM）とフランクルは言うのです。

にもかかわらず、フランクルは言います。

「無から来て、無へと行くにもかかわらず、自らの現存在を肯定する」（ZV）ところに、言い換えれば、自分はしょせん、いずれ消え行くはかない存在であると知りながら、それでも敢えてなお人生を肯定するという「悲劇的英雄性」に人間の偉大さがあるのだ、と（ZV）。

しかしでは、いったいどうやってそんなことが可能だと言うのでしょう。

フランクルによれば、それはひとえに、次の「人生の根源的事実」をどれだけしっかり自覚し体認しうるかにかかっています。

ここが、フランクル心理学の最も肝要な点ですので、しっかり噛みしめるように読んでいただきたいと思います。

世界体験の根源的な構造を振り返るために一歩退くと、人生の意味を求める問いに、次のようなコペルニクス的転換が生じる。人生が人間へ問いを発してきている。したがって人間は、人生の意味を問い求める必要はないのである。人間はむしろ、人生から問いかけられている者なのであって、人生に答えなくてはならない。人生に責任を持って答えなくてはならない。そして人間が答えるこの答えは、人生からの具体的な問いに対する具体的な答えでしかありえない。（ÄS）

人生が問いかけてきている。人生そのものが人間に時々刻々と問いを発してきている。

私たち人間の思い煩いの一切に先立って——いかなる時、いかなる場合にも——問いを発してきている。そしてこの「人生からの問い」は、実は私たちが生まれてからこの方ずっと、私たち一人ひとりに発せられ、送り届けられてきていたのだ。ただ私たちのほうが、それに気づけずにいただけなのだ。私たちは本来、この「人生からの問い」に答えるよう求められている存在、「人生から問いかけられている存在（der vom Leben her Befragte）」である。

これこそ、「人生の根源的事実」であるとフランクルは言うのです。

このフランクルの言葉にしたがって、世界をイメージしてみることにしましょう。するとどうなるでしょうか。

まず今すぐ、「生きる意味」についての問いを投げ捨てなくてはなりません。「人生から問いかけられている者」である私たちは、人生から発せられてくる問いを聴き取り、それに答えることに全力を尽くさなくてはならないからです。時々刻々と発せられてくる「人生からの問い」。それを正しく聴き取って、正しく答えることに、全神経全エネルギーを注いでいかなくてはならない。そうすると、もはや人生の意味について思い悩んでいる暇など、なくなってしまうのです。

しかしそのような仕方で、人生に「問いを発する者」から人生からの問いに「答える者」へと生きる態度を転換し、それを日々実践していくならば、わかってくることがあります。「人生からの問いに答える」――つまり毎日の生活の中で自分に送り与えられてくる「なすべきこと」に、その都度全力で取り組んでいくならば、そしてそのような生き方を日々の実践を通して体得し血肉化していくならば、そこで初めて「あぁ、生きる意味を問う必要などなかったのだ」と、しみじみと実感されてくる瞬間があるのです。先の引用文でフランクルが「人間は人生の意味を問い求める必要はない」と言っているそのことが、あぁこのことだったのかと、実感され体感される時が訪れます。

そんなふうになれば、もうわざわざ「人生の意味を問い求める必要はない」などと言わなくても、この問いそのものが消えてなくなります。上述のフランクルの言葉は――それを日々の生活の中で実践し体得しえたならば、という条件付きでですが――このように、「生きる意味の問い」そのものを無効化し消し去ってしまう力を持っています。生きる意味の問題に「答え」を出して「解決」してしまうわけではありません。フランクルの言う生き方を体得することによって、「生きる意味」の問題そのものが自然と消えてしまう。つまり「消去」されてしまうのです。

「人間は人生から問いかけられている」というフランクルの考えには、なぜこのような力があるのでしょうか。それはこの考えのベースに、徹底的な「救いの論理」が据えられているからだと思います。

フランクルの言う「人生からの問い」は、いかなる時、いかなる人のもとにも必ず届けられています。たとえ本人は気づいていなくても、人生からの問いは、各人の足下に、絶えず送り届けられているのです。だから人生の各々の状況には、その時その人によってしか実現しえない要請が必ず潜んでいて、そしてその人に見出され実現されるのを待っているのだとフランクルは言います。

前の章で紹介した強制収容所のケースを思い出してください。生きることが無意味に感じられ始めていた二人の囚人のうち一人は、外国で自分の子どもが彼を必要とし待っていてくれていることに、もう一人は、完成すべき科学の著作が彼を待っているということに気づきました。そしてこのことが、二人の囚人の生きる意欲を再び蘇らせることに成功したのです。

こうした例をもとにフランクルは、人生にはどんな時であれ、「なすべきこと」「実現すべき意味」がなくなることは決してない、と言います。その人のことを「必要としている誰か」、その人によって「実現されるべき何か」が必ずあって、その人によって発見されるのを「待っている」。これは、一人残らずあらゆる人に当てはまる人生の真実である。だから、どんな人のいかなる人生であれ、そこから意味がなくなることは決してない。人生からの期待が人を見放すことはない、と断言するのです。

フランクルが「人間は人生から問いかけられている」という言葉で言わんとしたこ

とは、だいたいこんなところです。そこに、徹底的な「救いの論理」――ある意味では親鸞のそれにも匹敵する――が据えられていることがおわかりいただけたと思います。フランクル心理学の最大の魅力は、何と言ってもこの「万人に対する救い」を明快かつストレートに語ったところにある、と私は思います。

しかしフランクル心理学には、こうした「救い」の面、受容的側面ばかりでなく、「裁き」の面、要請的側面も備わっています。というより両者は、同じ事態の異なる側面にすぎません。

「人生は、どんな時も、常に問いを発している」。このことは、ある面から見れば、「人生からの期待が人を見放すことはない」のだと「救い」の論理として読むこともできます。けれどもそれは同時に、別の側面から見ると、「あらゆる人は常に人生から問いを突きつけられている」「人生からの要請は人を解き放つことがない」と「裁き」の論理、「要請」の論理として読むこともできるのです。

私自身は、フランクル心理学の持つ「救い」の力にまさに救われました。「生きる意味の問い」の渦に飲み込まれたまま七年が過ぎ、既にほとほと疲れ果てて生きることに嫌気がさしていた大学三年生の秋、私はフランクル心理学に出会いました。そして救われたのです。

「あなたの生きる意味、あなたのなすべきことは既に与えられている。あなたが何もしなくても、常に既に、確実に、あなたの足下に送り届けられている」。

フランクル心理学のこのメッセージを受け取った時、私はどれほど安堵し救われたかわかりません。どう生きればよいかわからず、自分を傷め続けていた私は、まさにこのメッセージのおかげで、すべてをゆるされました。自分のすべてをゆるすことができたのです。どう生きればよいかわからずに迷い続けてばかりいる私を、まさにそのままですくいとってもらえた。そんな気持ちになったのを覚えています。

けれど(「はじめに」にも書きましたが)、毎日の仕事に追われがちな今の私にとって、そのこころを癒し、エネルギーを与えてくれるのは、むしろフランクル心理学の「要請する」側面のほうです。

この側面を説明するために、フランクルはユダヤの賢人、ヒレルの次の言葉を引用しています。「もし私がそれをなさないのなら、誰がそれをなすのだろう。もし私がたった今それをなさないのなら、いつそれをなすのだろう」。フランクルは、この文章の前半は人間存在の独自性を、そしてこの文章の後半は意味を実現する機会の一回性を、つまり過ぎ去りつつある各々の瞬間は取り戻しえないということを指していると言います(WM)。

つまりフランクルの言う「意味」は、一回限りの「時の要請」であり、「今・ここでなすべきこと、という具体性において、その都度人間に与えられてくる」もののことなのです（ÄS）。そして、この「今・ここ」で「ほかならぬお前が」なすべきだという一回性と独自性とが「使命の絶対性を形成している」（ÄS）とフランクルは言います。

意味実現の機会が「一度きり」のものであることについて、フランクルは別のところで次のような説明を加えています。「人生が一度きりであることに加えて、一日一日が、一時間一時間が、そしてこの一瞬一瞬がやはり一度きりのものであるということが、人生に重みを与えている。恐ろしくかつ素晴らしい責任の重みを負わせているのである。もしこの一度きりの要求が実現されなかったならば、それは失われてしまう。その時間は永遠に失われてしまうのである。逆に、その瞬間の機会が生かされ実現されるなら、それはまたとない仕方で拾われて現実となったのだ」。そしてこの実現された時間は実現されたまま、永遠かつ確実に保存され続けるとフランクルは言います（TJLS）。

フランクルの言う「意味」とは、このように、その人によってしか満たすことのできない、またそれを実現する機会は二度と巡ってこない「時の要請」です。その意味を実現しうるのは、その人をおいてほかにいません。そして今・ここという機会を逸すれば、その意味を実現する機会は二度と巡ってこず、したがってその機会は永遠に失われてしまいます。つまりフランクルの言う「意味」は、人間が時々刻々直面するあらゆる状況に潜んでいて、次のような要請を突きつけてきているのです。「これを見出し実現せよ。この状況の真の意味はただ一つしかないし、この意味を実現しうるのはあなたしかいない。しかもこの意味を実現する機会はたった今をおいて他になく、もしあなたが今それをしなければ、その意味は、永遠に実現されないまま失われてしまうのだ……」。

ほかの誰でもない「私」のことを必要とし、「私」によって発見され実現されるのを待っている「何か」がある。しかもその「何か」は、今・ここで「私」によって発見され実現されなければ、永遠に失われてしまう……。フランクル心理学のこのメッセージは、私の魂を奮い立たせずにいません。フランクル心理学の「要請する側面」が、私の魂を鼓舞し、エネルギーを与えてくれるとは、そういうことなのです。

自分だけに固有の使命の体験——使命発見療法

一九四〇年代半ばのフランクルの著作には、「使命」という言葉がしばしば用いられています。「一人ひとりの人間は、かけがえのない、代替不可能な存在である。誰もがそうなのだ。それぞれの人にその人の人生が与えた仕事は、その人だけが果たすべきものであり、その人だけに求められている。一人ひとりの人生には、その人だけに与えられた『使命圏』が存在している。(TJLS)

「個人的な責任性の意識、すなわち、自分だけに与えられる固有の使命の体験ほど、人間を自らを超えて高く引き上げるものはない。この体験ほど、人に活力を与え、苦悩と困難を克服せしめるものは何ひとつない」（PP）

これらの著作では、フランクルは「意味」と「使命」をほぼ同義、互換可能なものとして使っていると思われます。フランクル心理学は「意味発見」療法、「意味」志向心理療法であると同時に「使命発見」療法、「使命」志向心理療法であるとも言えるのです。

人は、自らの人生の「使命・天命」に目覚める時、精神を鼓舞され、高く引き上げられます。また、精神の力が活性化し、苦難や苦境を乗り越える力を発揮します。フランクル心理学は「高層心理学」なのです。

三つの価値領域――「意味」発見の指標

どんな時も人生には「なすべきこと」「実現すべき意味」が必ずあって発見され実現されるのを待っている、とフランクルは言います。いかなる時もそこで「実現されるべき意味」がなくなることなど、決してありはしないのだと。

読者の中には、「では自分の人生には、どんな意味が潜んでいて実現されるのを待っているんだろう」「私は自分の人生から、何をなすことを求められているんだろう」と自問され始めた方もおられると思います。

そうなんです。そうやって自分の実現すべき「意味」を探していってほしいのです。そしてそれを探すための指標としてフランクルが提示するのが「三つの価値の領域」説です。

フランクルによれば、人生において実現すべき意味は、「創造価値」「体験価値」「態度価値」の三つの領域に区分されるというのです。

フランクルはこの三つの価値領域は「街頭の普通の人の価値づけ過程の現象学的分析」の結果、取り出されたものだと言います。「街頭の人が実際に意味と価値を経験する仕方に目を向けて、それを学術用語に翻訳」した結果が、三つの価値領域説だと言うのです(WM)。だから以下では、三つの価値領域を念頭に置き、それを指標として、自分の「実現すべき意味」、自分の「なすべきこと」を探してみてほしいと思うのです。

では、三つの価値領域の内容の説明に入りましょう。

①創造価値

これは、何かをおこなうことによって、つまり活動し創造することによって実現される価値のことです。具体的には、その人になされるのを待っている仕事、その人に創造されるのを待っている芸術作品、これが「創造価値」です。

自分には、なさねばならない「何か」がある。自分には、なされるのを待っている「何か」がある。そんなふうな自覚を持つと、私たちは俄然、意欲が湧いてきます。「俺がやらねば」という気持ちになってきます。

同じ仕事をするのでも、ただのんべんだらりとやっているのと「これは私がなすべき仕事だ」という気持ちを持ってやっているのとでは全然違います。仕事をすることの意味が違ってきます。後者の場合、仕事が「創造価値」実現の行為になっていると言えます。

例をあげましょう。

フランクルが収容所の被収容者になった際、消毒場のバラックですべてをとりあげられたにもかかわらず、自分のデビュー作の原稿だけは最後まで手放そうとしなかった話は既に紹介しました。残念ながら最終的にはそれもとりあげられたのですが、「これでは死ぬに死にきれない」そんな思いからか彼は、収容所に捕らわれた身でありながら、何と数十枚の小さな紙片に速記用の記号で原稿を復元していきました。「自分の学説を世に問うまでは、死にきれない」――この思いが、収容所の極限状況の中でさえ、フランクルの生きる意欲を掻き立てていったに違いありません。この時、フランクルにとって、自分のデビュー作を出版し学説を世に問うことが、まさに「創造価値」となり生きる意欲の源泉となっていたのです。

私自身にしても、すべてが軽くむなしくなったこの虚無の時代に、フランクル心理学を説くことは意味がある、それが私のなすべき仕事だ、という自覚があるからこそ、このような本を書いているわけで、この自覚が確実に、私の意欲を駆り立ててくれています。

もちろん、仕事の中身はどんなことでもかまいません。「職業に貴賤(きせん)」なしで、何をなすべきか、どんな仕事に取り組むべきかは、まさにその人次第です。

「自分はこれをなすべきだ」「自分はこれをするために生まれてきたんだ」——そんな思いになれる何かがあるとすれば、まさにそれこそその人の「創造価値」なのです。

この時、大切なのは、創造価値においては仕事の「活動半径の大きさ」は問題でなく、「人がその使命圏をどれだけ満たしているかが重要」だということです（ÄS）。

フランクルは次のような例を示しています。創造価値についての話を聞いた後で、ある青年が次のように反論したというのです。「あなたは何とでも言えますよ。相談所を創設したし、そこで人々を援助したりしているのですから。でも私と言えば……。私の仕事を何だと思いますか。ただの洋服屋の店員です。私はどうすればいいんですか。どうしたら人生を意味のあるものにできるんですか」。フランクルはこれに対して、大切なのはどんな職業についているかではなく、自分の与えられた仕事においてどれだけ最善を尽くしているかだけである、と言っています。活動範囲の大きさが問題なのではなく、自分の仕事をどれだけまっとうできているかが、重要なのであると（TJLS）。

そしてどんな仕事であれ、その仕事は、その人だけに与えられた仕事、その人に与えられその人によってなされるのを「待っている」仕事なのです。「各人の人生がその人に与えた仕事は、その人だけが果たすべきものであり、その人だけに求められているものである」とフランクルは言うのです（TJLS）。

さて、あなたの人生では、何があなたになされるのを待っているでしょうか。

②体験価値

これは、何かを体験することによって、つまり自然の体験や芸術の体験、誰かを愛する体験によって実現される価値のことです。真善美の体験や人との出会いによって、世界から何かを受け取ることによって実現される価値であるとも言えます。

仕事を終えた夕刻、真っ赤に燃える夕日を眺めてその美しさに感動する。アルプスの高山に登って背筋が寒くなるほどの自然の美しさに圧倒される。コンサート・ホールでシンフォニーに耳を傾け、ぞくっとするほどの感動に包まれる……そんな瞬間に、誰かが「人生に意味はあるでしょうか」とたずねたら、その時答えはただ一つ、「この瞬間のためにだけ生まれてきたのだとしても、それでも私はかまいません」、その答えしかありえないはずだとフランクルは言います。

　これは、ある種の「至高体験」にほかなりません。そしてその「この上なさ」は、誰かを愛する体験において、さらにその度を高めます。情熱的な恋愛に焦がれた人がしばしばそう体験するように、人を愛する体験は、それさえ手に入るなら、たとえほかのすべてを失ってもかまわない「この上ない」体験として、体験されます。

　愛の体験の「至高性」は恋愛に限られるわけではありません。

　フランクルは、重い障害を持って生まれてきたわが子を「神様のように崇め、かぎりなく愛した」母親の例を引いています。母親の無償の愛のかいなく、子どもは歩くことも話すこともできなくなりました。しかしこの母親は諦めず、その子のために昼夜働き通し、薬を買って、抱きしめて愛撫してやるのでした。すると娘は母に抱きつき、微笑んで、小さな手で不器用に母親の顔をなでる……。この母親は語ったと言います。「そんな時、私はしあわせでした。どんなにつらいことがあっても、かぎりなくしあわせだったのです」（TJLS）。たとえ障害を持った子どもであっても、この母親にとってこの子どもの存在そのものが、まさに「神のように」神々しい光を放つものと感じられたのでした。

　自分を必要とする誰かを愛するという行為は、このように、その愛する人自身の生きる意欲へとつながっていきます。

次の話は、私がロゴセラピーを教わった医師、高島博氏から聞いた話です。

余命三ヶ月のある高齢女性。彼女は次第に自己中心的な態度を取り始め、見舞いに来てくれた家族にも、担当の看護師にも、横暴な態度をふるい始めていました。もはや自分の容姿も気にかけなくなり、なりふり構わなくなっていた彼女が、ある時ふと窓の外を見やると、彼女の目には、誰もが憔悴しきっている通勤中のサラリーマンの姿が映ったといいます。そしてその翌日からこの老婆は、化粧を整え、車椅子を外に出させて、看護師に押してもらいながら、出勤を急ぐサラリーマンに「行ってらっしゃい」と微笑みかけていったのです。すると最初はドロンとしていたサラリーマンの目にも、微笑みと元気が戻ってくるのがわかる……。これが嬉しくて朝の挨拶は、この老婆の日課となっていきました。そしてそれが生きがいとなってか、老婆の命は予定より三ヶ月も延びたと言います。

人を愛し人に喜んでもらう喜びが、その人自身の生きる意欲を育んだ好例と言えます。

最近ブームのボランティアも、この「体験価値」がベースになっています。「自分を必要としてくれる人がいる」「自分のことを喜んでくれる人がいる」「自分も人の役に立てる」……こうした意識がボランティアをする人自身の心を充実させ、生きる意欲を高めてくれます。だからボランティア人気が高まるのでしょう。

さてあなたの人生では、誰があなたを必要としているでしょうか。

③態度価値

これは、自分自身ではどうしようもない状況、変えることのできない運命に直面した時、その窮状に対してある態度を取ることによって実現される価値のことです。「変えられない運命」といっても、死や病、障害といった悲劇的状況ばかりではありません。どんな家に生まれ、どんな育てられ方をして、どんな学校に行き、どんな会社に勤め、どんな人と結婚をして……こうした諸々のことすべて、つまり過去の一切が、その人にとっては変えることのできない運命です。もちろん体質や気質、容貌などもそうです。どんな人もその人が背負わなくてはならない過去を、変えられない運命を持っています。あらゆる人は、自らのこの運命に対してどんな態度を取るか、その運命をどう引受け、そこから自分の人生をどう創っていくかを問われている、とフランクルは言います。そして、各人がそこで取る態度によって実現される価値、これを「態度価値」と言うのです。

フランクルは「人生は登山のようなものだ」と言います。変えられない運命、困難を克服するプロセスとして人生を捉えるのです。

フランクルは、「この態度価値が存在することが、人生が意味を持つことを決してやめない理由である」と言います。「創造価値と体験価値の両方を奪われてしまった人でも、なお充足すべき意味によって、すなわち、真向から正しく苦悩することの意味によって、挑発されている」と言うのです（WM）。

ここでフランクルが言う「正しく苦悩することの意味」とはいかなるものでしょうか。

フランクルは、次の例によってこれを説明します（TJLS）。

多忙な広告デザイナーだったある若い男が、悪性で手術もできない重篤の脊髄腫瘍を患いました。この腫瘍のせいですぐに手足が麻痺してしまい、彼は間もなく、それまでの活動的な職業生活を断念せざるをえなくなりました。彼はここで「創造価値」実現の可能性を断たれてしまったのです。

そのため受け身的な生活を余儀無くされた彼は、それでも自分の人生を何とか意味あるものにしようと猛烈な読書に励みました。またラジオで音楽を聴き、他の患者と活発に会話を交わすように努めました。ところがその後病気の進行により、筋力がすっかり衰えてしまい、ついに彼はもう書物を手にすることもできなくなりました。さらには頭蓋骨の神経の痛みのため、ヘッドホーンの重みにさえ耐えることもできなくなり、他の患者と会話を交わすことさえできなくなりました。彼は「創造価値」に加えて、「体験価値」の実現可能性すら断たれてしまったのです。

しかしこの患者は、それでもなお、自らを見舞ったその状況に対して次のような態

登山をたのしむフランクル

度を取ることによって、人生を意味あるものにすることができたとフランクルは言います。自分の生命がもう長くないこと、おそらくはあと数時間しかないことを悟ったこの患者は、自分のベッドの側を通りかかった当直医のフランクルを呼び寄せて、次のように伝えたと言います。「午前中、病院長が回診した時にわかったのですが、私にはG教授から、死ぬ数時間前になったら苦痛を和らげるためのモルヒネを打つようにとの指示が下されているようなんです。つまり私は今夜でおわりだと思います。そこで、今のうちにその注射を済ませておいてください。そうすれば、あなたも私のためにわざわざ安眠を妨げられずにすむでしょうから」。

フランクルは次のコメントを加えています。「この人は人生の最後の数時間でさえ、まわりの人をいたわり、気を配っている。どんな辛さや苦痛にも耐えた勇気はともかく、こうしたさりげない言葉、まわりの人を思いやるこの気持ちを見てほしい。まさに死の数時間前のことなのだ。ここには素晴らしい業績がある。職業上の業績ではなく、人間としての無比の業績があるのである」（TJLS）。

この例からもわかるように、人生は、まさに死の瞬間まで、意味を失うことはありません。息を引き取るその時まで、その人によって「実現されるべき意味」がなくなることはありません。ついに人生が終わるその時まで、「意味」は絶えず送り届けられていて、その人に発見され実現されるのを「待っている」のです。

どんな時も人生に意味がなくなることはないということ。いかなる状況にあっても、何らかの意味が必ずあって、発見され実現されるのを待っているということ。このケースを見れば、このことがすぐに納得していただけると思います。

もう一度言いましょう。

どんな時も人生には意味がある。

だからフランクルは、自殺の権利をキッパリと否定します。

フランクルによれば自殺をすることは、チェスでどう手を打てばいいかわからなくなった人が、盤の石をひっくり返してしまうのと同じことです。これはもちろん、ルール違反なのですが、同様に「自殺する人も人生のルールに違反している」とフランクルは言います。チェスをする時、私たちは、どんなことをしてでも勝つことは求められていません。ただルールの範囲内で、勝負を捨てずに頑張ることは求められています。これと同じように「人生のルールも、どんなことをしてでも勝つことは求めていないけれど、闘いを決して放棄しないということは求めているはずだ」（TJLS）とフランクルは言うのです。

私たちは時として、自分の人生にはもう、実現できるどんな意味もないように感じてしまうことがあります。「こんな人生、もう生きていたって仕方がない」とやけになってしまうこともあります。

けれどほんとうは、どんな時も、人生から意味がなくなることは決してありません。どんな人のどんな人生にも、意味は必ずあるのです。

だから私たちは、人生の闘いだけは、決して放棄すべきではありませんし放棄する必要もありません。あなたが人生で実現すべき意味は、必ずどこかにあるのですから。

フランクル心理学の問いはここが違う——アドラー心理学との異同

人間は、人生から問いかけられている存在だ、とフランクルは言います。

どんな時も人生には意味がある。その時そこで「なすべきこと」「実現すべき意味」が必ずあり、その人に発見され実現されるのを待っている。もしそこでその人に発見され実現されなければ、その意味実現の機会は永遠に失われてしまう。だから人生は各人に、その意味を発見し実現することを求めてきているのだ、と言うのです。

だからフランクル心理学では、次のような問いを発して自己発見を援助します。

「あなたは、自分の人生から、何をすることを求められていると思いますか」

「この人生で、あなたがなすべきことは何だと思われますか」

「あなたの人生で、あなたに発見され実現されるのを待っている『意味』とは、どんなことだと思われますか」

「あなたの人生に与えられた、『果すべき使命』とは何でしょうか」

　これらが、フランクル心理学の基本的な問いです。その背後には、「私は人生でなすべきことをおこなっている」「自分の『生きる意味』を発見し実現している」「自分の人生に与えられた『使命』をまっとうしている」という意識が、生きる意欲を喚起するという考えが据えられています。

　これらの基本的な問いは、先の「三つの価値領域」を手がかりに、さらに次のような形に限定し具体化することができます。

「未来のどこかで、あなたのことを必要としている何かは、ありませんか」
「この人生であなたができること、実現できることには何がありますか」
「この人生であなたが果すべき『使命』は何でしょうか」

　これらは、創造価値の発見を促す問いです。

「未来のどこかで、あなたのことを必要としている誰かは、いませんか」
「あなたが役に立つことのできる人、あなたのことを喜んでくれる人は誰かいませんか」

　これらは、体験価値の発見を促す問いです。

　そして最後に、「この一見八方塞(ふさ)がりな絶望的な状況の中で、あなたにできることは何かありませんか」

　これはもちろん、態度価値の発見を促す問いです。

フランクル心理学ではこれらの問いによって、自分がこの人生で「なすべきこと」「なしうること」「実現すべき意味」を発見していくのを助けていくわけです。

これらの問いを投げかけることでクライエントを刺激して、「何が（誰が）私を必要としているか」「その何か（誰か）のために、私にできることは何か」「この人生で、私は何を求められ、期待され、要請されているか」という自問自答を引き起こしていきます。

自分を必要としてくれる「何か」があり「誰か」がいて、その何かや誰かのために自分にもできることがある。そんな実感ほど、人間に生きる意欲を与えてくれるものはないとフランクル心理学では考えるのです。

ここでこれらの問いを、次の問いと比べてほしいと思います。

「あなたは（本当は）何をしたいのでしょう」

「何をしたいか」を問うこの問いは、クライエントの欲求や願望、目標を明らかにする問いです。そして一般のカウンセリングでは、ここで明らかになった願望や目標をどうすれば実現できるかを考えていくのですから、この問いは「自己実現」を援助する問いであると言うこともできます。

けれども「幸福のパラドックス」のところで述べたように、人間の欲望や願望には際限がありません。だから「あれがしたい」「これが欲しい」と自分の欲求や願望を中心に人生を組み立てている人は、絶えず心のどこかに「むなしさ」や「満たされなさ」を抱えて生きていかざるをえなくなります。「永遠の不満の状態」に置かれてしまうわけです。

だからフランクル心理学では、この問いを逆さにします。そのような自己実現を求める姿勢、「自分中心」の人生観が、まさに「心のむなしさ」を生み出す元凶である、と考えるからです。

そして「あなたは何をしたいか」ではなく、「人生はあなたに何を求めているか」「何が（誰が）あなたを必要としているか」「あなたが実現すべき意味（使命）は何か」と問うていくのです。

これらは「自己実現」を助ける問いではなく、「意味発見」を促す問いです。そこに据えられているのは、「自己」中心の人生観ではなく、「人生」中心、「意味」中心、「使命」中心、「対象」中心の人生観です。

自己発見の過程を援助する点では同じでも求める自己発見の質が逆さ向きなのであり、ここにこそ他のカウンセリング理論にないフランクル心理学の独自性があると言えます。

けれどこれと似た観点を持った理論はあります。フランクルが大学生の時直接の影響を受け、後に離反したアドラーの理論です。

御存知のようにアドラー心理学では、セラピーの究極目標を「共同体感覚の育成」に置いています。そしてその「共同体感覚」には、共同体への「所属感」、共同体に対する「信頼感」、そして「私は共同体のために役立つことができている」という「貢献感」の三つの側面があると考えられています。フランクル心理学とアドラー心理学が触れ合うのは、最後の「貢献感」のところです。

先に見たようにフランクル心理学では、「誰かあなたを必要としている人はいませんか」「その誰かのためにあなたにできることはありませんか」と問うていき、自己発見を助けます。「人に必要とされる喜び」「人の役に立てる喜び」ほど、生きる意欲を喚起するものはないからです。「組織や集団に必要とされる喜び」「組織や集団の中でできることがある喜び」についても同じことで、この点はアドラーの「貢献感」の考えと非常に近いものを持っています。

私は、この観点を持っていることが、フランクル心理学とアドラー心理学に共通の(そして他の理論にはない)大きな魅力だと思っています。

たとえば、よく「心の居場所」と言われますが、不登校の子どもの多くは、自分は学校や学級の中で「必要とされていない」存在だと感じています。「学校に行っても、なすべきこと、できることは何もない」と感じていることが多いのです（この問題にどう対処すべきかは、次の章で詳しく述べます）。

また、会社の中で「自分はこの会社に必要とされていない」「この会社の中で自分にできることはない」と感じている社員が、やる気をなくして成果をあげられなくなるのも当然のことでしょう。定年になって会社をやめて、「社会の中で必要とされている」という感じを持てなくなった人が、老化によって認知症が進むことがあるのも、同じ理由によります。さらに言えば、宝くじが当たったり、著書が何百万部も売れたりして働く必要のなくなった人が、急に意欲を失ってアルコール依存症になったりすることがあるのも、同じことです。

こういった、学校や会社におけるきわめて現実的な問題を解決するヒントを、フランクル心理学とアドラー心理学は持っているわけで、だからこの二つの心理学はこれからますます注目されていくはずだと私は思っています。

このように、この点に関してこの二つの心理学はたいへん似た考えを持っています。けれどやはり、若干の観点の違いはあります。

アドラー心理学では、他者や集団の役に立てているという「貢献感」そのものを重視します。「共同体」「集団」「組織」が重視され、そこで生きる「個」に焦点が当てられます。

これに対してフランクル心理学では、「個」に重きを置きます。自分のことを必要とする誰かのため、集団のために何かをすることで、「私はこの人（集団）に役立つ意味あることをしている」という「意味充足感」がもたらされることを重要視するのです。

また、アドラー心理学の場合、「こちらから」の「貢献」の側面に重きが置かれていて、だから「役に立てる」という表現が好んで使われますが、一方フランクル心理学では、言わば「向こうから」の「要請」の側面に重きが置かれていて、そのため「必要とされている」とか「求められている」という表現が好んで使われます。

しかしながら、こういった多少の違いはあるにせよ、他者や集団から「必要とされ」「役に立てる」ことが本人の「生きる意欲」の喚起につながると考える点で両者は共通しているわけで、この考えは「受容」や「共感」ばかりを重視する他の立場にはない魅力的な考えと言えます。そんなわけで、フランクル、アドラーの二つの心理学は、これからの時代、ますます必要とされ注目されていくはずだ、と私は思っています。

すべては意味を持つか

どんな時も人生には意味がある。あらゆる人の人生に、意味は既に与えられている。

これまで、フランクルのそんな考えを見てきました。

おそらく読者の中には、「何だか宗教みたいだな」とか「それは信仰の問題じゃないの」と思われた方もいると思います。

この点に関してフランクルは、次のように問題を整理しながら答えていきます。

①すべては意味を持つ、②すべては無意味である、という二つの考えを比べてみる。論理的に考えれば、この二つの考えは、等しく正当な権利を持っている。「論理的には、この二つの考えの可能性は、どちらも正当な考えである」「論理的な法則からは、この二つの可能性のどちらかに決めることはできない」(TJLS)。

このように整理した上でフランクルは言います。この二つの可能性のいずれかを選ぶ決断は、「論理的に考えると根拠がない決断」であり、「根拠がないということが決断の根拠となる」ような決断である。「人間はただ、その存在の深みからその決断を下すことができる。どちらを選ぶか決断することができる」のだと(TJLS)。

ここで言う「根拠がないことが決断の根拠となる」決断、「その存在の深みからのみ下すことができる」決断とは、つまりは「そう信じて」決断すること、「信仰」にほかなりません。フランクルの説明を聞いてみましょう。「私たちはただ、すべては意味に満ちている、超意味を持っている、と信じることができるだけである。しかしそれがどんな意味を持つのか、どのような意味ですべては超意味に満ちているのか。……これらのことは一切、私たちに知ることはできない」(HP)。

「究極の意味、超意味は、もはや思考の問題ではなく、信仰の問題である。私たちはそれを知的な基盤で捉えるのでなく、実存的な基盤で、私たちの全存在から、すなわち信仰を通して捉えるのである」(WM)。

すべては意味に満ちているか、それとも無意味なのか。この問題は、もはや私たち人間の思考の範囲、理解の範囲を超えています。それはやはり「信仰」の問題、「隠れた超意味への信頼」(HP)の問題なのだとフランクルは言うのです。

信仰の問題である、ということでフランクルは正面からの説得や論証は断念します。けれどその代わりに、いろいろと巧みな仕方で、読者を意味信仰へと誘っていきます。

まず「究極の意味、存在の超意味を信じようと決断すると、その創造的な結果が現れてくる」とフランクルは言います。「信じるというのは、ただ『それが』真実だと信じるということではない。ずっとそれ以上のことである。つまり信じることを真実にする力を持っている」。「したがって一方の考えの可能性を選ぶということは、単に一つの考え方を選ぶということではない。選んだ考えの可能性を実現することでもある」(TJLS)。

「すべては意味に満ちている」と信じる人は、ただそれを事実としてそう信じるのではない。そう信じることによって、信じた者にとっては実際、すべてが意味に満ち始めるのだ。そうフランクルは言うのです。これは、強烈なまでのポジティヴ・シンキングです。

さらにフランクルは言います。「意味」に対するこの信仰を、無意識のレヴェルでは、人間はみな既に持っているのだと。「人間の意味信仰は、カントの言う意味で超越論的カテゴリーである」「つまり人間は、生きている限り、何らかの意味を信じている。自殺者でさえもが——生きることのではなくて死ぬことのではあるが——意味を信じている。もしもほんとうにまったく意味を信じていないとしたら、そもそも指を動かすことさえできないだろうし、だとすれば自殺にとりかかることさえできないだろう」（ＬＳＬ）。

自殺する者でさえ、自分が死ぬことに何らかの「意味」があると信じているからこそ、そうしているはずだ。人間はそれほどまでに強くかつ深く「意味」を信じきっている。そうフランクルは言うわけです。

フランクルのこの言葉を読んで、私は、かつて「生きる意味」の問題について講義をおこなった時に、ある短大生がレポートに書いた次の一節を思い出しました。

「人は生まれた時から何かを信じて生きています。母親の母乳に毒が入っているかもしれないと疑って飲まない赤ちゃんはいません。明日地球が滅びるかもしれないと思いながら毎日を生きている人もいません。だから信じることから、すべてが始まるのだと思います……」

生まれたばかりの赤ん坊は、既に無意識に、意味に対する信仰を抱いている。だから安心して母親の母乳を飲むことができるのだ、とこの学生は言っているわけです。

もっともそれを言うなら、胎児から……と言うべきかもしれませんが。

いずれにせよ、人間は意識的にであれ無意識にであれ、意味に対する信仰を持たずしては生きていけないということ。このことは、まず間違いないことのようです。

第3章　ライフサイクルの諸問題とフランクル心理学

子ども・若者の「心のむなしさ」とフランクル心理学

私のカウンセリング・ルームを訪れる学生たちは、しばしば次のように語ります。

「毎日がただ何となく過ぎていきます。とくに大きな悩みがあるわけではありません。でも、どこかむなしくて、つまらないんです。

私だって、このままでいいと思っているわけではありません。けれど、じゃあどうすればいいのか考えると、それがわからない。自分を変えるきっかけがつかめないんです……」


こんなふうに感じている若者たちは、実はかなり多いようです。

授業やゼミで出会う学生たちの多くから、やはりどこか気だるそうな、疲れたような感じが伝わってきます。首都圏の四年制大学五七大学の学生六〇〇〇名を対象にした意識調査の結果（平成七年　大正大学調べ）を見ても、「何となく満たされないものを感じることがある？」との問いに「ある」と答えた学生は、実に八〇・七％にも上ります。

気になった私がゼミの学生に、「今までの人生で一番、心がむなしくなった時はいつか」とたずねると、ほとんどの学生は「今」「大学に入ってから」と答えました。「何もすることがなく、ただ漫然と毎日が過ぎていくから」「自分はほんとうは何をしたいのか、何ができるのかわからないから」というのが主な理由です。

けれども、こうした「むなしさ」や「気だるさ」「無力感」が支配し始めるのは、別に大学生になってからではありません。

中学生や高校生、いや小学生の時から既に、子どもたちは「むなしさ」や「気だるさ」「理由のない疲労感」や「ストレス」に侵され続けています。

小学校高学年の子どもたちは、不眠や食欲の低下、やる気のなさ、病気ではないのに頭やお腹が痛いなどの症状をしばしば訴えますし、ほかにも午前中からのあくび、爪噛み、狭いところに入りたがる、授業中に眉毛（まゆげ）や髪の毛をぬく、といった身体症状が見られます。これらは多くの子どもが感じている「イライラ感」の現れでしょう。

特に、まだ言語化の能力が低いためか、中学生や小学生女子よりも小学生男子に身体症状が現れやすいという調査結果もあります。

中学生になると、身体症状として現れていたストレスが意識されやすくなるのか、七割近くの生徒が「むしゃくしゃしてものにあたりたくなることがある」と答えています。

高校生になるとさらにこの傾向はハッキリし、ある調査によれば首都圏の高校生の半数以上が「疲れて何もしたくない」「いろんなことが面倒臭くなる」と答えたといいます。また三割から四割程度の高校生が「自分の夢がかなうとは思えない」「いくら努力してもだめだ」と答えています。

将来に対する展望のなさや無力感が、高校生の心に漠然としたむなしさやストレスとなって蓄積し、身体的疲労感となって現れているのだと考えられます。

昨今とりざたされている「いじめ」にしても、子どもたちのこうした「むなしさ」や「気だるさ」「ストレス」などと無関係ではありません。

現代の子どもたちの「いじめ」の特徴は、「とにかく気にいらなかった」「スカッとする」「相手の反応を見るのが楽しかった」といった特定の理由のない「理由なきいじめ」、ストレス発散型とか快楽嗜好型とでもいうべきいじめが多いことです。いじめ問題のすべてをストレスに帰することはできませんが、その一因であることは間違いありません。

では、なぜ子どもたちの心はこれほどまでにストレスフルなのでしょうか。

塾だ試験だと忙しいから、競争社会のプレッシャーから、親の期待の大きさから……だいたい、こんなところが一般的な答えでしょう。

しかし私はむしろ、今の子どもたちがこれほどまでにストレスフルなのは、そうまでして頑張らなくてはならない「意味」が実感できないからだ、と考えています。

人間は、頑張ることの「意味」さえ実感できれば多少のことには耐えていける存在です。しかしこの豊かな時代のなかでは、そんなに無理して頑張らなくても食べてはいけます。車だって海外旅行だって少し頑張ってバイトをすればすぐ手に入ってしまいます。いやな人間関係に我慢できなくなったなら、フリーターになってしまえば、それですむことです。リストラにおびえる父親を見れば、たとえ無理して頑張っても、そんなに輝かしい人生が待っているとは思えないでしょう。つまり頑張ったって頑張らなくたって、人生たいして変わらないように思えてしまう。それが、今の時代の気分なのです。

そんな中での、ただ「落ちこぼれないため」の勉強。「落ちこぼれないため」の多忙な毎日。そうすることの「意味」を実感できないまま、頑張ることを強いられるから、子どもたちの身体に多大なストレスが蓄積されていくのだと思うのです。

では、教育の中で子どもたちに「意味」を実感させるにはどうすればいいでしょうか。

ここで手がかりを与えてくれるのが、フランクル心理学です。

まず、フランクルが教育の現状をどう受け止めているかを見ておきましょう。

フランクルも、若者や子どもが表す「むなしさ」や「気だるさ」の感覚を、教育にとって大きな問題とみなしています。「実存的フラストレーションの主な表現――退屈と無感動――は、精神医学に対するのと同じように、教育に対する挑戦にもなってきている。実存的空虚の時代には、教育は伝統と知識の伝達に自らを限定したり、それで満足したりしてはならず、普遍的価値の崩壊によってもおかされないような、独自な意味を見出す能力を修練しなければならない、と私たちは言ってきた。……教育は、意味を見出す手段をやしなっていかなければならない」「今日の教育は、伝統の線に沿って進むことではなく、独立した真なる決定を下す能力を引き出さなければならない」(WM)。

けれども、教育の現状はこれとはほど遠く、「子どもや若者を理想と価値に直面させるのを避けている」のが実情だとフランクルは考えます。そればかりかむしろ、「教育はしばしば実存的空虚を増大させている」し、「学生の空虚感と無意味感は、科学上の諸発見が示した方法、すなわち還元主義的方法によって強化されている」。「学生たちは、人間機械論プラス相対主義的人生哲学の線に沿った教え込みにさらされているのである」。

ここでフランクルが「還元主義」というのは、「生命は結局燃焼過程であり、酸化過程にすぎない」と教えるのと同様の仕方で、「理想や価値は結局、反動形成や防衛機制にすぎない」と説く考え方のことです。けれども、そんなふうに教えられた若者たちが「理想や価値に対して興味を持ち、それを求めることができるであろうか。還元主義は青年の自然な熱情を害し侵すだけである」(WM)。

こうしてフランクルは、現代の教育は自然科学がもたらした還元主義的な考えに毒されており、それが若者たちの「空虚感」をさらに強めていると考えます。

もう一つ、フランクルが若者たちの「空虚感」を強めている原因と考えるのは、子どもや若者を大切にする余り、何の要請も課さなくなった現代社会の特徴です。またその中で、「若い人々にはできるだけ要請を課すべきではない」という原理によって貫かれている教育の特徴です。それが「実存的空虚を強化し、緊張の欠如に手をかしている」と指摘するのです。

フランクルは言います。「今日のこの豊かな社会」は「人々が緊張をまぬがれている没要請的な社会」であり、その中で「多くの人々が多すぎる要請どころか、要請が少なすぎるのに苦しんでいる」のである、と。

「緊張をまぬがれている」とか、「要請が少なすぎるのに苦しんでいる」などと言うと何をピントのずれたことを言っているのか、現代社会はこれほどまでに緊張の多いストレスフルな社会ではないか、と反論されそうです。

しかし私には、よくわかる気がします。

現代の親たちは、たしかに子どもに多くのことを要求します。よい大学、よい会社に入ることを期待し、そのために幼稚園に入る前から激しい早期教育を施したりします。子どものほうも、親の期待を感じとって、その期待に応える「よい子」であろうと頑張ります。そしてそのために、自分の欲求を押さえ込み、ひたすら努力し続けるのです。そのような親からの期待は非常に強いものがあり、子どものほうもそれに応えなければというプレッシャーを感じて、時にはそれに押しつぶされて不登校になったり、家庭内暴力を始めたりもします。

けれども、別の側面から見れば、彼らは「自分はこの社会で〜することを求められている」とか「僕は〜しなければ」といった使命感に支えられた、よい意味での緊張感を欠いています。そうした心の底からの使命感に揺り動かされた時の、張りつめた精神状態を欠いています。そのような真の精神的な緊張を欠いた緩みきったままの心に、両親からのプレッシャーが与えられるから、彼らは押し潰されてしまうのです。

逆説的ですが、問題の本質をきわめて的確に突いた考えだと思います。

要するにフランクルは、こう言うのです。子どもや若者にもっと多くの要請を課すべきである。そこで心の底からつき動かされるような「使命感」を抱いた者は、精神的に張りつめたよい意味での緊張感を感じるだろう。すると自ずと、どこかむなしいという空虚感は消え去るだろうし、また周囲の人間からのプレッシャーにもビクともしない強靭な精神力を獲得できるはずである。

「使命感」を抱いた人間は精神的に充実するばかりか強靭にもなる、というわけですが、これはたいへんよくわかる指摘です。というのも、たとえばブラジル日系二世の若者と日本人の若者を比べると、「もっとも大切なことは自分の生活を充実させること」と答えた若者が日本では半数を越えたのに対して、ブラジル日系二世では七六％の若者が「それだけでは十分ではなく、社会のためにも役立つことをしたい」と答えています。しかもこの結果がそのまま、後者の生きがい意識や精神的健康の高さに直結しているのです。

また、「使命感」とまではいかなくても、「自分は社会とつながっている。社会の中でできることがある」という意識が、生きがい感につながる側面があります。

このことは、フリーアルバイターと大学生、高校生の意識調査結果の比較によく反映されています。三者を比較してみると、「ほかの人といっしょにいるとくたびれる」「疲れて何もしたくなくなる」「いろんなことが面倒臭くなる」「何をどうやっても無駄」といった無気力感について、いずれもこの順序で高くなることがわかったのです。つまり、フリーアルバイターより大学生、大学生より高校生のほうが無気力感が高いのです。これは、たとえ不安定な仕方でも社会とつながっていられる状態のほうが、無気力状態に陥りにくいことを示しています。

私自身の高校時代を振り返ってもそう思うのですが、高校生ともなると、ある程度労働能力も備わっていますし、学校の外の世界、つまり社会に関心が向き始めます。それが言わば自然で健康な発達のプロセスなのです。にもかかわらず毎日、学校や塾や予備校の教室の中に缶詰めにされて、将来役に立つか立たないかもわからない抽象的な学問を詰め込まれるのですから、考えてみれば無気力にならないのが不思議なくらいです。自然な発達のプロセスと、自分に与えられる環境とのズレから高校生は無気力になり、ストレスをためていっているのです。不登校やいじめや非行の背後には、こうした問題が控えていることを忘れてはいけません。

フランクル心理学に基づく教育実践

それでは、子どもたちがこうした状態から抜け出すのにどんな教育が必要でしょうか。ここで大きな手がかりを与えてくれるのが、フランクル心理学の基本的な問いです。

・「誰が（何が）自分を必要としているか」
・「その誰か（何か）のために、自分にできることは何か」
・「この人生で、自分は何を求められ、期待され、要請されているか」

自分を必要としてくれる「何か」があり「誰か」がいる。そしてその何かや誰かのために、自分にできることがある。そんな実感を持つことが、むなしさやストレスを超えて、生きる意欲を喚起することにつながる。フランクル心理学ではそう考えるのです。

ではこのフランクル心理学の原理を教育に応用するとどうなるでしょうか。

もちろん、さまざまな教育実践が考えられるでしょうが、最も代表的なものの一つがボランティア活動です。

お年寄りや小さな子どものために何か役に立つことをしてあげる。その喜ぶ姿を見ているうちに、最初は遠くに感じていた存在が次第に近くに感じられ、ひとごととは思えなくなってくる。相手の喜びが自分の喜びにもつながってくる。

フランクル心理学によれば、このような「人の役に立てる喜び」「人に喜ばれる喜び」を実感することほど、その人自身の生きる意欲を育んでくれるものはありません。そしてそれを最も直接に体験できる機会がボランティア活動なのです。

昨今、多くの人が新たな「生きがい」を求めてボランティアに参加し始めていますが、それはフランクル心理学が説くこうした「こころ」の法則によく適ったものなのです。

伊藤隆二氏は次のような素晴らしい実践を報告しています。

いじめ癖のある子に保育園や老人クラブでボランティア体験をさせたところ、見違えるように変わっていき、いじめ癖が消えていったというのです。

ボランティアを体験する中で、子どもたちは、塾だ試験だと「自分の将来のため」

にあくせくしていた時には感じることのできなかった「生きる喜び」を感じることができたはずです。園児やお年寄りの笑顔に接して「人から喜ばれることの喜び」を実感し、「ありがとう」と声をかけられて「自分も人の役に立てるんだ」と自信を持てたはずです。

だから彼らは変わっていったのでしょう。

もっとも、ボランティアは本来、公共性や無償性と共に「自発性」を本質とするものです。学校教育の中に取り入れる際、押しつけにならないよう配慮する必要があります。

フランクル心理学を応用した教育実践としては、他にもいろいろな形が考えられます。

文化祭、運動会、パーティーといったイヴェント（行事）も、そのよい機会です。ふだんは光があてられることの少ない子どもに大きな出番を与えて、「自分はこの学級で必要とされている」「この学級には自分の居場所がある」と実感させることができます。

「自分なんか、このクラスで何の役にも立てない。出番もないし、必要とされていない」と感じている目立たない子に、学級委員や班長といった役割を与えるのも一つの方法です。教育技術の法則化運動で知られる小学校教師向山洋一（むこうやまよういち）氏は、かつて、クラスの中で最も目立たないいじめられっ子を説得して班長に立候補させ、それによってクラスの全員を立候補させることに成功。学級のピラミッド構造を破壊し、いじめをなくすことに成功しています。これなどは、クラスの全員に「自分にもこのクラスや班のために何かができる」という意識を育むことに成功した好例と言えるでしょう。

クラスの「係活動」もチャンスの一つです。動物の飼育が得意な子にはクラスで飼っている「ウサギの飼育係」、文章を書くのが好きな子には「学級新聞の係」……といったように、各々の子どもに自分の得意なことを活かせる「役割」を与えるのです。子どもにあった「係」がなければ新たに作ればいいのです。そうやれば、クラスのすべての子どもが、「自分はこのクラスで必要とされている」と感じることのできるクラスを作ることができます。

不登校傾向にあった子どもが、自分の好きな「カメの世話係」という役割を与えられたことをきっかけに、毎日登校するようになったばかりか、「私がカメを世話しなければ」という使命感、責任感から休みの日まで学校に来るようになったという実践報告もあります。もちろん、こうした実践が可能となるためには、一人ひとりの子どもをよく観察し、その子どもの趣味や得意なことなどについて、できるだけ多くの情報を集めておく必要があります。

教師の仕事の中核である授業においてもこうした意識を育むことができます。授業の中で、「自分には何か（誰か）のためにしなければならないことがある」「自分もその何か（誰か）のためにできることがある」という「使命感」を育んでいくのです。

現代社会には、解決を要する問題が山積みされています。たとえば「このまま環境を破壊し続け、資源を枯渇させるなら人類の生存が危ぶまれる」という環境問題。「世界では毎週二五万人の幼い子どもの命が奪われている」という飢餓や戦争の問題……。社会科や道徳をはじめとするさまざまな授業の中で、こういった問題を提示し、問題解決への「使命感」と意欲とを育んでいくのです。

フランクル心理学に言わせれば、こうした本物の「使命感」に支えられたよい意味での緊張感を育むことこそ、現代の教育にとって最も重要な仕事です。

フランクル心理学に基づく教育では、このように、クラスや世の中のために自分にも「できることがある」「役に立てることがある」という意識を子どもの中に育んでいきます。それが「生きる意欲」を喚起すると考えるのです。そしてその点でもやはり、アドラー心理学に基づく教育に似ています。アドラー心理学でも、他者や集団のために「役に立てる」という貢献感を共同体感覚の重要な構成要素の一つと考え、そこに着目して「勇気づけ」をおこなっていくからです。

他にも、フランクル心理学の原理に適ったさまざまな教育実践が考えられますが、ここではこれくらいにとどめておきます。

ともあれ、現代の子どもたちは幼い頃から既に、「幸福な家庭生活」や「趣味にあった暮らし」を最も大切なものと考える個人主義的な人生観を持っていると言われています。そうした中で、「自分にはしなければならないことがある」という使命感を育み、「何か(誰か)の役に立つ喜び」を説くフランクル心理学は、今の教育が見失いがちな大切なものを教えてくれます。

単に心のむなしさやストレスを克服させるというメンタルヘルス的な効果があるばかりではありません。「自分にはなすべきことがある」という使命感に支えられた強靭な精神力を育むことができるのです。というより、そのような強靭な精神力の下では、多少のストレスは自ずと克服されていくのです。

大切な仕事があって精神的に張り詰めている時には風邪はひかない、それが終わって気が緩んだ途端に風邪をひいた、といった話をよく耳にします。「ストレス」も同じこと。「自分にはなすべきことがある」という使命感に支えられ、適度な緊張感を維持している人は、ストレスに押しつぶされる危険も少なくなるのです。

「中年期の危機」とフランクル心理学

中年期と言えば、普通に考えれば、もっとも意気さかんで仕事盛りの時。サラリーマンで言えば役職的にもそろそろ中間管理職といった年頃で、ほとんど何の問題もない順調な時期のように思えます。実際心理学でも、幼児心理学や児童心理学、青年心理学などはありますが、中年心理学というのはあまり聞きません。たまに成人心理学といった名前を見ることはありますが、大学の授業科目になっていることはないようです。そこは飛ばして老年心理学に行くのがふつうです。

しかし一九九三年に、河合隼雄氏が『中年クライシス』（朝日新聞社）という本を書いたあたりから、この時期の持つ危うさに関心が集まってきました。別にリストラが問題となっているからではありません。この不況の時代にあっては、そのような経済的な意味でも「危機」であるにちがいありませんが、「こころ」の問題に限ってみても、この時期はかなりやっかいな時期のようなのです。

私自身のカウンセリングの経験から言っても、この時期はけっこう大変な時期のように思えます。

自分の仕事の意味について疑問を持ちやすい時期で、場合によっては、転職につながることもあります。たとえば四〇代半ばの学校の先生で、「このままこの仕事を続けていって、それでどうなるのだろう……」と考え、突然辞職願いを出して、アメリカの大学に留学された方もおられます。

また、管理職になって仕事の内容が大幅に変わることにとまどいを覚える方も多いようです。特に技術者の場合、それまで自分の技術さえ磨いておけばよかったのが、管理職になって部下の人間関係のトラブルまで処理しなければならなくなり、けれどそんなことに経験のない彼はどうしてよいかわからず、パニックになり、うつ病になってしまうことすらあるようです。

さらに、教育相談の場に見えられるお父さん方を見て感じることですが、この時期のお父さんには当然ながら、中学、高校と最も多感な思春期のお子さんがいる場合が多く、それまで一見、何の問題もない「よい子」に思えていた自分の子どもが、次々と難題をつきつけてくるのに直面して、自分自身のこれまでの生き方を考えさせられたりするのです。

また、子育ての問題に直面することを通して、それまで見てみないフリをしていた夫婦関係の問題に直面せざるをえなくなる場合も多く、場合によっては「この子が学校に行けるようになったら、離婚しましょう」などといったことになって、そうした夫婦関係の亀裂がますます子どもを追い詰めていってしまう場合もあります。

このように、仕事の面でも家庭の面でも、中年期というのは、いろいろとやっかいな問題を抱えやすい時期なのですが、これも考えようによっては、それまでの生き方を見直し、これからの生き方を考える「よい機会」だと言えます。

中年期に突きつけられる問い

先にとりあげた河合隼雄の『中年クライシス』には、ユングの次のようなエピソードがとりあげられています。

ユング自身、中年期に統合失調症と思われるほどの病的体験をして、それを克服しようと自分の内界を探索し、そこで明らかになったことをもとに自分の理論をつくりあげていったというのです。まさに「創造の病」（エレンベルガー）と呼ばれるに相応（ふさわ）しい体験ですが、ユングはこのような自分の体験を踏まえ、また多くの中年のクライエント（ユングのところに相談に来る人には、中年以後の人が多かったそうです）と会っていくうちに、「人は中年において、人生の大切な転換点を経験する」と考えるようになっていきました。ユングは、人生を前半と後半に分けて、人生の前半は自我を確立し社会的な地位を得て、結婚して子どもを育てるといった課題をなしとげるための時期と考えました。そして人生の後半は、そのような一般的な尺度によって自分を位置づけた後に、自分の本来的なものは何か、自分は「どこから来て、どこに行くのか」という根源的な問いに答えを出そうと努めることによって、来たるべき「死」をどう受け入れるのかという課題に取り組むべき時期である。そう考えたのです。

太陽が上昇から下降に向かうように中年には転回点があるが、こうした課題に取り組むことによって、下降することによって上昇するという逆説を体験できる。しかしそのような大きな転回を経験するためには、相当な危機を経なければならないと河合は独特の比喩を使ってこれを説明しています。

　また興味深いことに、ユングのところに相談にきた多くの中年の人のうち、実に約三分の一の人は一般的な意味では何の問題もない人で、むしろ財産、地位、家族などについては恵まれた状態にある人だったといいます。しかし彼らは総じて、「何かが足りない」と感じたり、「不可解な不安」に悩まされたりしてユングのところを訪れたのです。

　私のカウンセリングの経験でも、中年以降の人でこころの「むなしさ」に捕らわれて悩む人には、社会的にもある程度の地位があり、経済的にもそれなりに恵まれている人が多いように思えます。

　彼らは若い頃から、「社会的に認められること」「地位を得ること」ができれば、安定した幸福な生活がやってくると信じて頑張ってきたのでしょう。けれどもそれを手に入れてしまった今、自分の人生には大切な「何か」が欠けていると認めざるをえない。「自分はこれまでたしかに頑張ってきたし、社会的な地位も名声も得ることができた。けれど、しかし、その先は——？　これからいったい、どうなるというんだ？　後は今の地位を維持することに汲々(きゅうきゅう)としながら、老いを迎え、そして死んでいくだけなのだろうか」。このような問いを自問することになるのです。

　これは、社会的な地位や名声を得ることのみに汲々としてきた人だけに限りません。若い頃から自分の「夢」や「願望」を自覚し、その実現に取り組んできた人、いわば「自己実現した人」も、中年期にはこのような問いに苛まれます。

彼らはたしかにこれまで、単に外見上ではなく、その内容においても充実した人生を生きてきました。人生において大切なのは社会的な地位やお金ではなく、その内容であることを知って、自分らしく生き自分の「夢」を実現してきたのです。

しかし若い時から、このような充実した人生を生きてきた彼らも、いわば中年期という「人生の曲がり角」においては、次のように自問せざるをえなくなります。

「自分はたしかに、やりたいことは一通りやってきた。夢も一応は実現した。今死ぬとすれば、悔いのないいい人生だったと言えそうだ。

けれどこれから数十年の人生を、この調子でやっていけるかというと、どこか違う気がする。何か、生き方を変える必要がある感じがする」。

このように、中年期において人は、それまでの人生の点検と、これからの人生の方向確認とを迫られます。若い頃から社会的地位を得ることに汲々としてきた「守りの人生」を歩んできた人も、自分の夢の実現に邁進してきた「攻めの人生」を歩んできた人も、しばしば生き方の変更を余儀無くされるのです。

若い人には、次のような問いを考えることが役に立ちます。

「自分がほんとうにしたいことは何か。自分の人生の夢（目標）とは何か」

「どんなふうに生きれば、自分の可能性を生かすことができるだろう」

これは言わば「自己実現」の問い、自分の希望や願望を明確にする問いです。けれども中年の人には、もはやこのような問いは役に立ちません。

人生の「折り返し地点」に達し、いよいよ人生の終着点に向かって歩み始めた中年の人に有効な問いは、むしろ次のような問いです。

「自分は何をする必要があるだろう。私は残された人生で、何をすることを求められているのだろう」

「自分の人生を意味あるものとして完成させるために、私は残りの人生を何に使いどう生きるべきだろう」

人生に目覚めた中年の人は、自分がそこへ向かっている人生のゴール、つまり「死」の向こうから、自分にこのような問いが発せられてきているのを感じるはずです。

この問いは、もはや「自己」実現の問いではなく「意味」実現の問い、まさにフランクル心理学の問いなのです。

ここでは、人生の諸問題を考えるにあたっての「立脚点の変更」そのものが求められます。

「自分が何をしたいか」ではなく、「人生で自分は何を求められているか」を考えるフランクル心理学。それは、中年期以降にますますその必要性を増してきます。

キャリア・コンサルティングの視点——人生を「意味ある作品」として完成させ、「使命・天命」に出会いまっとうする道として、「人生後半」を捉え直す

フランクル心理学では、「私は人生で何がしたいのか」とは考えません。「立脚点」を変更し、「人生は私に何を求めているか」「人生は、私に何を問いかけ、呼びかけているか」「その呼びかけ、問いかけに私はどう応えることができるか」と考えます。

こうした視点は中高年が人生後半の生き方を探っていくキャリア・コンサルティングにおいて大変有益な視点を与えてくれます。

自分のこれまでの人生のすべての出来事を、つらく苦しかった出来事も含めて、人生からの問いかけや呼びかけに応えて「使命・天命」に出会っていく上で必要な出来事だったのだ、人生を意味あるものとして完成させていく上で必要なことだったのだ、と意味づけし捉え直す機会を与えてくれます。それは、「使命・天命に出会うために必要な道」「人生を意味あるものとして完成させる上で必要な道」としてクライアント本人が「オルタナティブ・ストーリー」を編み上げていく視点を与えてくれるのです。

それはまた、クライアントに、人生の残り後半を、「自分の人生という意味ある作品」を完成させ、「使命・天命をまっとうしていく一つの道」を完遂していくための時間として捉え直す視点を与えてくれます。自分の「使命・天命」をまっとうし、「人生という意味ある作品を完成させる」ために「残りの人生の時間をどう使うか」

れるのです。

――そうしたオルタナティブな視点で人生後半のキャリアを見直す視点を提供してくれるのです。

「老い」とフランクル心理学――「過去の絶対肯定」の哲学

高齢化社会の到来に伴い、我が国でも「老い」の問題に対する心理学的アプローチの必要性が増してきています。日本人の平均寿命は二〇二〇年の時点で、男性八一・六歳、女性八七・七歳ですから当然です。

よく「生・老・病・死」の四つが人生の四苦としてとりあげられますが、よく考えれば「老いる」ことは同時に病むことでもあり、死にゆくことでもあります。また自分の人生に決着を付けなくてはならなくなることでもあります。こう考えると「老い」の問題には、「生・老・病・死」の四つがすべてかかわっていることがわかります。「どう老いるか」はまた「どう死ぬか」「病とどうつきあうか」という問題でもあり、同時に「どう生きるか」という問題でもあるのです。

けれど、うまく「老いること」はなかなか難しい問題のようです。ボーヴォワールは『老い』のあとがきに「人間は早死にするか老いるかそれ以外に道はない。青壮年期にはこれを真剣に考えるものはほとんどなく、老人とは自分に関係のないものと考えている。それゆえに、老いに直面すると愕然（がくぜん）とし、やり場のない憤懣（ふんまん）にいらだち、あるいは怨念を秘めた諦めの中に閉じこもるようになる。……大多数の老人は貧困と疾病、無為と孤独と絶望に追い込まれている」となかなか辛辣な言葉を連ねています。実際、高齢化に伴い、「過去に生きる傾向」や「保守的・懐疑的態度」「興味の狭小化」「活動性の低下」「不充足感や孤独感、不安感の増大」といった情緒的変化が見られると言われています。特に高齢で独り暮らしをされている方はかなり不安で寂しい毎日を送っておられるようです。また、高齢化に伴って「健康の喪失」「家族や親しい人との死別や別離」「収入の低下による経済的自立の喪失」「社会とのつながりの喪失」などのさまざまな喪失体験が重なるため、うつ病ないしうつ状態を呈する頻度が高くなると言われています。うつ病の発現率はＷＨＯの調査で人口の約三％とされていますが、六五歳以上では二〇％とも五〇％とも言われています。抑うつ感はあまり目立たないのですが、睡眠障害や頭痛、食欲不振、疲労感、不安感、焦燥感、意欲の低下といった症状が見られます。

こうした「老い」の問題をフランクル心理学から考えると、社会的な「生きがい」の問題がポイントになります。老人は社会的活動から離れることが多いため、孤立して、「自分はこの世で必要とされていない」「自分なんかいてもいなくても同じだ」と感じてしまいやすいのです。そしてそれがますます老化を速めることは周知のとおりです。

だからフランクルは「職業生活から無理に身を引かせられている老人にとっては、精神衛生の意味から、ぶらぶら遊んでぼけるのでなく、何か別の形で働くチャンスを与えることが緊急の問題だ」と言います。そして、老人が仕事をすることで寿命が延びたり病気を予防できたりすることに触れて、しかしそれは仕事が有給かどうかとか名誉職か否かといったことにはかかわりがない。重要なのはただ、自分がまだ「役に立つ」という気持ちを持てるかどうか、「あるもののために、もしくはある人のために生きているという感情を目覚めさせるかどうか」だと言います（TTN）。

「自分はまだ役に立てる」

「誰かが（何かが）自分を必要としてくれる」

老人にとってこのような感覚を持つことが、生きる力を活性化し、病から身を守ることに役に立つとフランクルは言うのです。こうした思いが老人の生命に張りを与えるのです。だからフランクルが言うように、何らかの社会的活動にかかわっていた方がいいのは確かでしょう。

また、老いていく人にとっては、自分の「過去」をどう捉えるかというのもかなり重要な問題です。

ロバート・バトラーという人が考えたライフ・レビュー・インタビューという方法があります。これは高齢者に、自分の過去を振り返ってもらい、溢れ出す思いと共にそれを語ってもらうという方法です。自分が家族や職場や地域などにおいて、どんな役割を果たしてきたか、何をすることができたか、またこれからできることは何かなどを、思う存分語ってもらうのです。

それを聴く人は、カウンセラーでなくても、家族や知り合いの方でかまいません。とにかく受容的な態度で、ひたすら話を聴いていきます。特にそこから肯定的な意味を取り出すことができるような内容に注意して聴きます。直接話を聴く方法以外に、まずメモか何かで記録してもらい、それを家族や知り合いの方が読んであげるという方法もあります。

これに加えてフランクル心理学では、高齢者に、「過ぎ去った過去」を無条件に「絶対肯定」する姿勢を促していきます。「過ぎ去った過去」を、「時間の座標軸に永遠に刻まれ続けるもの」「誰によっても消し去れないもの、何よりも確かなもの」として捉える「過去の絶対肯定の哲学」によってリフレーム（再枠づけ）していこうとするのです。

フランクル心理学では、「過去」とはその人が「なしたこと」の一切が何ら失われることなく、そのままの形で永久に保存され続ける「貯蔵庫」のようなものだと考えます。過去になされたこと、体験したことは、それが過去のものであるからこそ、何ものにも邪魔されることなく確実にそこに刻まれ、永遠にとって置かれる。フランクルはそのように考えるのです。

「過去」についてのこのような考えは、老いていく人の精神的な支えとなります。これは、フランクルが自らの「老い」について語った八六歳の時点でのインタビューにもよく現れています。

私には老いていくことに対するあがきはありません。私はおそらく、今も成長しつつあると言えると思います。年をとると、記憶も失われていきますし、ものを考えたり話したりするスピードも落ちていきますが、そんなものはどれも、何十年もの人生で得た経験で補うことができるものです。

死や人生のはかなさは、私にとっては何の妨げでもありません。何も失われはしないし壊されもしない、というのが私の確信です。過去から何かを奪える人などいないのです。私たちがおこなってきたこと、私たちがなしとげてきた仕事、私たちが作ってきたもの、私たちが経験したこと、私たちが愛した人、これらのものから――そして、私たちが受けてきた苦しみからでさえ――何かを取り除ける人などいないのです。私たちが勇気と尊厳をもって耐えてきたその苦しみからでさえ。

私たちの過去は、言わば、私たちの人生の収穫物がそこで確実にとっておかれる穀物畑のようなものです。私はいつもヨブ記の次の言葉に心をひかれてきました。「お前が年老いて死にいくまさにその時に、収穫がもたらされる。まさにその時に」。(HFML)

過去でなしとげたこと、経験したことは、そこで確実にとっておかれる。過去を無条件に肯定的なまなざしで捉えようとするフランクルの以前からの考えが、ここで、晩年のフランクル自身を支えている様子が伝わってきます。そして、フランクルの時間論の中軸となるこの考えが、実はヨブ記の影響下に育まれてきたものであることがわかります。フランクルの思想に旧約聖書の考えが大きな影響をもたらしていることを改めて確認できて興味深いのですが、ここで重要なのは、フランクルのこうした過去の捉え方が、老いていく人々の心を支える上でかなり有効な考えになりうるということです。

「老い」に対する態度を変えるカウンセリング——高齢者ケアのロゴセラピー

エディス・ウェイスコップ・ジョルソンは「このような過去に対する肯定的評価は、老いと死の恐怖に対してある程度の防波堤になる。若者の価値を強調しがちな米国の文化圏において、中年や老年の人々が感じる不安にバランスを取り戻してくれるだろう。特に更年期障害の治療にあたって、こうした考えは大いに助けとなるはずだ」と述べています。

フランクル自身も、「老い」の問題に苦しむクライエントとの面接において、しばしばこの観点を提示し、それをめぐって実存的対話をおこなっていたようです。フランクルが高齢者とおこなった興味深い面接の記録が残っています（WM）。ロゴセラピーの臨床に関する内容を扱ったある大学の講義で、多くの学生の前でデモンストレーションとしておこなったものです。

クライエントは、治療しても成功する見込みのない八九歳のガンの患者です。担当医に「自分は単なる無用の存在だという不安を拭（ぬぐ）いされない」と訴えています。長くなりますが、以下にその逐語記録の一部を引用しましょう。

フランクル　あなたの人生を振り返ってみて、どうですか。人生は、生きるに値するものでしたか。

患者　そうですね、先生。私はよい人生を過ごしてきた、と言っていいと思います。人生はすばらしいものでした。本当に。私は、人生が私に与えてくれたものについて神に感謝しています。劇場に行ったり、コンサートに行ったりしました。先生も御存知のように、何十年も家政婦として働いた方の家族と一緒に行ったのです。プラハとウィーンとで。こんな素晴らしい経験を与えてくれた神に感謝しています。

一見、何の問題もなく、自分の人生を肯定しているクライエントのように思えます。しかしフランクルはこれを疑い、挑発していきます。彼女がほんとうに人生を肯定できているのか疑問を抱いたフランクルは、このクライエントが無意識のうちに絶望を潜ませていると感じ、それを意識化させ、意識レヴェルで人生の意味を問わせていこうと仕掛けていくのです。

面接の続きを見ましょう。

フランクル　あなたは御自分のすばらしかった経験について語っておられますが、それらの経験もすべて終わってしまうのですね。

患者　ええ、すべてが終わります。

フランクル　では、あなたの人生の素晴らしいことはすべて滅びてしまうとお考えですか。

患者　すべての素晴らしいこと……。

フランクル　いかがでしょう。あなたがこれまでに経験してきた幸福を誰かがぶち壊してしまうことはできますか。誰かが消し去ってしまえますか。

患者　いいえ。誰も消し去ることなどできません！

フランクル　あなたが人生で出会ったよいことを、誰かが消し去ってしまえますか。

患者　（感情的に）誰もそれを消し去ることなどできません！

フランクル　あなたが勇敢に正直に悩んだことを、誰かがとり除くことはできますか。あなたはそのことを過去にいわば蓄えているのですが、それをとり除くことはできますか。

患者　（涙を流しながら）誰もそれを取り除くことはできません！　たしかに私はとても悩みました。でも勇気をもって、耐えなければならないことを耐えていこうとしたのです。先生、私は自分の苦しみを罰だと思っています。私は神を信じているのです。

多少しつこいと思われた方もいるかもしれません。けれどもフランクルは、このようにして、「あなたはほんとうに自分の過去をかけがえのない大切なものとして肯定することができるのか」と迫っているわけです。

こんなふうにフランクルには、「ここが勝負」と決めたらクライエントに徹底的に迫っていく押しの強さのようなところがあります。

ところで既に述べたように、フランクル心理学は、宗教と直結するものではありません。だからカウンセラーの方から、宗教の問題を持ちだしたりはしません。けれども、この場面のようにクライエントが自分のほうから「神」について語り始めた場合には、ためらうことなく、その宗教的な信仰心に働きかけ、それを活用してクライエントの精神的な力を引き出そうとします。フランクルには、そんな柔軟性があります。

続きを見ましょう。

フランクル　しかし苦悩は時には挑戦的なものではないですか。神は、アナスタシア・コテク（注・患者の名前）がそれにどのように耐えているかを見たがってはいないでしょうか。神はおそらく「そうだ、彼女はとても勇敢にやってのけた」と認めるに違いありません。どうですか。そのような成就や達成を誰かが取り除いてしまうことはできるでしょうか、コテクさん。

患者　たしかに、誰もそんなこと、できません！

フランクル　それは残り続けるのではありませんか。

患者　そうです。残り続けます。

フランクル　ところで、あなたにはお子さんがおられませんでしたね。

患者　ひとりもいません。

フランクル　人生に意味があるのは、子どもがいる時だけだとお考えですか。

患者　もしよい子どもがいれば、どんなに嬉しいだろうとは思いますが。

フランクル　それはそうでしょう。けれども、史上最大の哲学者と言われるカントでさえ、子どもがいなかったのです。しかしカントの人生に意味がなかった、などと考える人はいないでしょう。

またこう考えてみてください。もし子どもが人生のただ一つの意味だとすると、人生は結局無意味だということになってしまいます。なぜなら、もともと無意味なものを生むことは、やはり無意味でしかありえないからです。

人生において大切なのは、何かをなしとげることです。そしてそれは、まさにあなたがおこなってきたことなのです。あなたは苦しみにもかかわらず、ベストを尽くしてきました。あなたは自分の苦しみを引き受けて、私たちの患者の模範になったのです。私は、あなたがなしとげたことを祝福します。私はまた、あなたという模範を見ることができた他の患者のことも祝福します。

（学生たちに）この人を見たまえ。（学生たちは大きな拍手を始める。）この拍手はあなたへのものです、コテクさん。（彼女は泣いている。）偉大な業績だったあなたの人生に対する拍手です。あなたはそれを誇っていいのです、コテクさん。

自分の人生を誇りに思える人のどんなに少ないことか。あなたの人生は不朽の業績です。誰もそれを取り除くことはできないのです。

患者　フランクル先生、あなたが話してくださったことは、慰めになります。私を楽にしてくれます。このようなことを聞く機会は、ほんとうに初めてのことです……（ゆっくり、静かに彼女は教室を後にした）。

この面接の一週間後、このクライエントは亡くなったといいます。しかも確信と誇りに満ちた態度で。かつて「自分は単なる無用の存在だ」と訴えていたこのクライエントは、人生には意味があり、自分の苦しみさえ無駄ではなかったという確信を持って死を迎えることができたのです。死の直前に彼女は「私の人生は不朽の業績だ、とフランクル先生が学生たちに言ってくれました。私の人生は無駄ではなかったのです」と語ったといいます。

「生きられた人生」を「不朽の業績」と捉えるフランクルの時間論は、言わば、「過去の絶対肯定の哲学」です。

「生きられた時間」「生きられた過去」は、時間の座標軸に永遠に刻まれ続ける。それは、誰によっても奪い取られることもない、消し去られることもない「不朽の業績」なのだ、とフランクルは言うのです。

フランクルの時間論、「過去の絶対肯定の哲学」は老いていく人に自分の過去を肯定的に捉える視点を与えてくれます。

これは、老いていく人自身にとってばかりでなく、高齢者のケアに当たっている多くの人にとって有益な視点を与えてくれます。

第4章　フランクルの人間観

還元主義批判と人間中心主義批判

他の多くの思想家と同じように、フランクルも自らの人間観を他の思想の批判という形をとって展開しています。

では、フランクルがその攻撃の的にした思想とは何でしょう。「還元主義」およびその帰結としての「虚無主義（ニヒリズム）」が一つの攻撃対象。そしてもう一つの攻撃対象が「人間中心主義（悪しきヒューマニズム）」です。

フランクルがその基本思想の全体を最も体系的に示した著作は『苦悩する人間――苦悩の弁護論の試み』（HP）ですが、その本の構成が、やはり上述の二つの「主義」に対する批判を中心としたものになっています。

この本の前半には「自動から実存へ――ニヒリズム批判」というタイトルが付けられていて、還元主義およびその帰結としてのニヒリズムを批判することにより、人間の「主体性」の回復が目指されています。

後半のタイトルは「自律から超越へ――ヒューマニズムの危機」というもので、内容的にはヒューマニズムが人間中心主義に傾くことの危険を警告することを通して、人間と絶対的超越者とのかかわりを改めて見直すべきだと主張されています。

本章では、『苦悩する人間』のこの構成を基本軸としながら、ほかの著作からも関連部分を拾いながら、フランクルの基本的な人間観を概観していきます。

還元主義とニヒリズム

まず、還元主義の批判から見ていきましょう。

フランクルによれば、還元主義の本質は、人間存在のある層を絶対化し、他の存在層を無視するところにあります。たとえば「生物学主義」であれば、本来多くの存在層の一つにすぎない「生物学的存在層」を取り出してそれを絶対化し、他のすべての存在層を無視してしまうのです。こうして還元主義は、「あるものの持つある層を、とりわけ人間存在の持つある層を切り離して、それを絶対化し」さらに「自らを絶対化するというその一つの例外を除いては、他のすべてを相対化してしまう」ところに成り立つ（HP）とフランクルは考えます。

フランクルによれば還元主義は、人間存在をそのどの存在層に還元するかによって主に三つのタイプに分かれます。人間存在のすべてをその「生物学的」な存在層に還元する生物学主義、人間存在のすべてをその「心理学的」な存在層に還元する心理学主義、人間存在のすべてをその「社会学的」な存在層に還元する社会学主義の三つです。

さてこの三つの主義においては、人間はもはや人間以下の何ものかに「すぎない」ものへ変造されてしまう、とフランクルは考えます。すなわち、生物学的な存在層に還元されてしまった人間は、条件反射に支配されている生物学的メカニズムにすぎなくなってしまう。心理学的な存在層に還元されてしまった人間は、衝動の束（エス）に支配されている心理学的メカニズムにすぎなくなってしまう。社会学的な存在層に還元されてしまった人間は、権力に突き動かされるボールにすぎなくなってしまう。「三つの主な人間模型主義――生物学主義、心理学主義、そして社会学主義――にしたがえば、人間とは、反射の自動機械装置、衝動の束、心的機構あるいは経済環境の産物のいずれかに『すぎない』ことになってしまう」（PE）とフランクルは言うのです。

ここで「人間模型主義」という言葉が使われているように、還元主義において人間は、人間に似てはいるけれど人間ではない何ものかに変造されてしまいます。別の箇所でフランクルは「ある限定された層のあり方に基づく人造人間、人工物、芸術作品」と呼び、さらに別の箇所では「内部の針金で動かされる人形劇の人形」と呼んでいます（HP）。いずれも、一面的な見方を過度に誇張する還元主義の人間像を皮肉った言葉です。

人間存在のある存在層を絶対化して「〜にすぎない」とみなす還元主義。フランクルによれば、ニヒリズムはここから生まれるのです。ニヒリズムの本質は「意味」を否定するところにある（HP）のですが、「結局〜にすぎない」という還元主義のものの見方は、まさにあるものの「意味」を否定する考え方だからです。

さらにフランクルは、それが何主義であれ、およそ「〜主義（イズム）」と呼ばれるものの背後には、実はニヒリズムが潜んでいると言います。というのは「〜主義」という言葉そのものが、ある一面的なものの見方の絶対化を前提しており、したがってそれは不可避的に還元主義となり、ニヒリズムたらざるをえないからです。フランクルは言います。

もろもろの主義は相争う。もろもろの主義のそれぞれは、実はいずれも自分の偏った一面的な見方でもって、一つの存在の層だけを見ている。にもかかわらず、それぞれの主義は、それを現実全体へと投影してしまうのである。……すると、その次元だけが本来的なものということになり、残りのすべては非本来的なもの、つまり見かけだけのものということになってしまう。これが舞台裏である。……

そして結局、すべては見かけだけであり、すべては虚無ということになってしまう。だから我々は言うのだ。あらゆるイズム（主義）の背後には、つまるところまったく同じ一つのイズムが、つまりニヒリズムというイズムが存在するのであると。（ＨＰ）

フランクルは決して、生物学主義、心理学主義、社会学主義といった「〜主義」を、生物学や心理学、社会学そのものと同一視しているわけではありません。問題はこれらの学問そのものにあるのではありません。そうではなく、それぞれの学問が自らの視野に不可避的に伴う相対性と特殊性とを忘れて、それを過度に絶対化し普遍化する時、自らの分野の研究成果だけを特権視し始める危険があるとフランクルは言うのです。人間存在全体の一存在層についての像がその一面性を忘れて自らを全体像へ転化する時、「〜主義（イズム）」が生まれるのです。

人間存在の本質特徴「実存」

「人間は結局〜にすぎない」とみなす還元主義の人間理解。その問題は、それが人間存在の意味を剝奪し、ニヒリズムを導くということばかりではありません。

そこでは、人間存在の本質特徴である「実存」が見失われてしまうのです。

ここで「実存」というのは、自分に与えられた現実や運命に対して「自らある態度を取ることができる」（ÄS）ということです。

「〜にすぎない」という還元主義の人間像において人間は、「身体的、心理的、社会的状態や状況によって支配されたロボット」（HP）であるかのように見なされます。つまり自分に与えられた事実や条件に操られるがままの存在のようにみなされています。けれどもフランクルによれば、「人間は決して生命の力や社会の力によって一義的に決定されてはおらず、むしろそれらの力からは自由であって、自己決定に対する責任を持っている」（HP）。人間は「生物学的なもの（たとえば民族）、社会学的なもの（たとえば階級）、心理学的なもの（たとえば性格類型）の制約につながれてはいても、それに盲従することをやめる」（ÄS）ことのできる存在なのです。

フランクルは次のように考えます。生物学的なものと心理学的なものとは、人間の生命的素質（die vitale Anlage）を構成しており、そしてこの生命的素質はその人の置かれた社会的状態と共に人間の「自然的地位（die naturale Stellung des Menschen）」を構成している。しかし人間は、この自然的地位から身を引き離して、それに対して「人格的態度決定」をおこなうことのできる存在である、と。こうしてフランクルは、「生物学的事実、心理学的事実、社会学的事実を超えた人間の実存」（HP）へと注意を喚起していくのです。

このことを「生物学的事実」「心理学的事実」「社会学的事実」それぞれとのかかわりについて見ていきましょう。

まず、生物学的事実である「遺伝」に関して。これに対して人間がいかに多くの自由を持っているかは、双生児についての次の研究が示している、とフランクルは言います。「私はランゲによって報告されたある一卵性双生児を思い出すのだが、一人は抜け目のない犯罪者になり、もう一人は……やはり抜け目のない犯罪学者になったのである。生来の特性である『抜け目なさ』は両者において同じであり、それ自体は価値的に中立であった。すなわち罪でもなければ徳でもなかったのである」(TTN)。一卵性双生児であり、類似した性格傾向(抜け目なさ)を持ちながら一方は犯罪者になりもう一方は犯罪学者になったという事実。これは、私たち人間が自らに与えられた生物学的事実に対して、ある態度を取りうることを示している、とフランクルは言うのです。

次に、心理学的事実である衝動(die Triebe)に関して。これについてフランクルは、動物は衝動そのもので「ある」のに対し、人間は衝動を「持っている」。したがって人間は衝動に反対することもできる、と言います。「人間は衝動に対して、いつでもノーと言うことができるのであり、決していつも衝動にイエスと言わなければならないわけではない」。さらに人間は衝動を肯定する時でさえ、動物のように衝動そのものになってしまうわけでなく、「人間はその都度衝動と自らを同一視しなくてはならない」（TTN）。つまり衝動を拒否するにせよ、受け入れるにせよ、人間は自らの衝動に対してその都度ある態度をとっている、とフランクルは言うのです。

最後に、社会学的事実である「環境」に関して。フランクルは次のように言います。たしかに環境は人間に大いに影響を与えはする。しかし、より重要なのは環境に対して人間のとる態度、つまり「人間が環境から何を作るか」である、と（TTN）。

この点に関する重要な証拠としてフランクルが提示するのは、彼自ら体験した強制収容所における囚人の行動です。既に述べたように強制収容所においては、ある悲惨な「同一の状況に直面して、ある人間はそれこそ豚のようになったのに対して、ある人間はそこの生活において反対にまさに聖者の如き様相」を示し始めました。はげしい飢餓においては、「あらゆる個人的な相違は消失し、充たされない衝動の画一的な表現が現れるだろう」というフロイトの予測とは反対に、「収容所のバラックを通り、点呼場を横切り、こちらでは優しい言葉を、あちらでは一片のパンを与えていた人々」が存在するという事実を、フランクルは目の当たりにしたのです（TTN）。

このように、人間は自らに与えられた生物学的事実、心理学的事実、社会学的事実のそれぞれから自分を引き離し、それに対して「ある態度をとることができる」自由を持った存在です。フランクルが「実存」という言葉で言わんとしたのは、まさにこのことです。

　英語で書いた後期の著作では、フランクルはこれと同じことを少し違った言葉で表現しようとしています。「そしてその上には新しい次元が開かれている。すなわち人間は、身体的および心理的な現象と明確に区別される精神的（noëtic）な現象の次元に入っていく。人間は世界に対してばかりでなく、自分自身に対しても立ち向かうことができるのである」（PE）。

　ここでフランクルは、「実存」という手垢の付いた言葉を捨てて、代わりに「精神的」という新たな言葉を使っています。一応「精神的」と訳しましたが、もとの言葉は「スピリチュアル（spiritual）」ではなく、「ノエティック（noëtic）」とか「ノオロジカル（精神学的 noölogical）」といった耳慣れない言葉です。

　これについてフランクルは、「英語でスピリチュアルというと一般に、宗教的な意味まで含んでしまうので、混同を避けるため」にこの言葉（ノエティック）を使った、という説明を付しています（PE）。

　つまりフランクルの「精神的（ノエティック）」という言葉には、ユング心理学やトランスパーソナル心理学で強調される神秘主義的な意味あいは含まれていません。

　フランクルがこの言葉で言おうとしたことは、「自分の置かれた事実や自分自身に対して、ある態度を取りうること」、つまり一般に「実存」という言葉で意味されていることに近いもののようです。ただ先にも言ったように、「実存」という言葉はかなり手垢の付いた言葉で、多くの思想家によってさまざまな意味が与えられ多義的になってしまっています。そこでフランクルはこの曖昧さを避けるため、あえて「精神的（ノエティック）」という耳慣れない言葉を使ったのです。

むしろ先の引用文で注意を要するのは、フランクルが「心理的な現象」と「精神的な現象」とを明確に区別しているということです。

数ある心理療法家の中でも、フランクルは「心理」と「精神」の区別を最もハッキリと強調しています。ここにフランクルの人間理解の特徴の一つがあるのです。

フランクルが言う「心理的な現象」とは、私たちの中に自然と起こってくる心理反応のことです。たとえば、きれいな女の人と話していると緊張してしまうとか、高い所に登ると怖くてたまらなくなるといった反応。これが「心理的な現象」です。

これに対して、「精神」という言葉でフランクルが言おうとするのは、自動的に生じてくるこのような「心理的な現象」に逆らうか従うかを決める本人の主体的な決断です。たとえば、女性の隣にいるだけでひどく緊張する人がいるとします。こうした「心理現象」が生じた時に、そこから逃げ出そうとすることもできますし、あえてそれに直面しよう（どんなに緊張しても、女性と話そう）とすることもできます。これは自動的に生じてくる心理的な反応ではなく、本人の決断です。

フランクルは、このような本人の決断や選択を、自動的に生じてくる心理的な反応とハッキリ区別するため、「精神」という言葉を使います。そしてこの「精神的（ノエティック）」な次元にこそ、まさに人間の本質特徴があると言うのです。

次の章で紹介しますが、ロゴセラピーには「逆説志向」と「脱内省」という二つの技法があります。そしてこのいずれも、人間の「精神」が持つ「心理反応」に対する抵抗力に着目して、その力を利用しようとするものです。人間は、自らにとって不都合な「心理反応」が生じても、あえてそれに立ち向かうことができるのです。フランクルは、心理反応に対するこの精神の反発力を「心理―精神拮抗作用（psychonoëtic antagonism）」と呼んで、それをセラピーに活用していくのです。

このように、フランクル心理学にとって「精神」と「心理」の区別は、実践の上でもきわめて大きな意義を持っています。「ロゴセラピーは、人間の精神と心理の本質的な相違を認識し、その相違を実際に使っていく」（PE）のです。

次元的存在論

これまで見てきたようにフランクルは、人間には自らに与えられた生物学的事実、心理学的事実、社会学的事実に対して「ある態度をとる」力があるということを、たいへん強調します。人間存在の「精神的（ノエティック）」な側面を重要視するのです。

けれども、ただこの「精神的」側面ばかりを強調しすぎるわけにもいきません。もしそれをおこなえば、つまり人間の精神的側面の相対性と特殊性を忘れて、それを絶対化し、人間を専ら「精神的」側面だけから捉えるようになれば、そこで再び還元主義の罠に陥ってしまうからです。

ではフランクルは、この罠を防ぐためにいかなる方策をとったのでしょうか。言い換えると、人間存在の持つ各々の側面にそれぞれ相応しい位置を与えつつ、同時にまた、人間をあくまでその全体性において捉えるために、いかなる仕方で人間を把握しようとしたのでしょうか。

そこでフランクルが提示するのが、「次元的存在論（die Dimensionalontologie）」と呼ばれる独自の人間理解の方法です。

フランクルは、「次元的存在論」を発案するに当たって、マックス・シェーラーやニコライ・ハルトマン（Nicolai Hartmann）の哲学的人間学を手がかりに、独自の思考を展開していきます。

シェーラーやハルトマンは、人間存在における「身体的なもの」「心理的なもの」「精神的なもの」をそれぞれ区別し、三者が「層構造」あるいは「段階構造」を成すものと考えていました。フランクルは、彼らがこの三者の違いを、単に量的なものとは考えず、質的な違いであるとみなした点では評価します（先に見たように、フランクルの人間観の特色の一つは、人間の「心理」と「精神」とをハッキリ区別した点にあります。フランクルはこの区別を、シェーラーとハルトマンのこの考えから取り入れたと考えられます)。

けれどその一方でこの二人においては、「身体」「心理」「精神」の間の違いばかりが強調されていて、逆にそれらの違いにもかかわらず人間が統一された存在である点が軽視されてしまっている。その点でシェーラーやハルトマンの見解は不充分だ、とフランクルは批判します。そしてこの欠陥を埋めるためにフランクルは、「層」や「段階」といった考えに代わるものとして、「次元（Dimension）」という考えを提示します。

フランクルは言います。

〔シェーラーの層構造説やハルトマンの段階構造説よりも〕身体的なもの（das Physiologische）、心理的なもの（das Psychologische）、精神的なもの（das Noologische）を統一的、全体的人間存在のそれぞれの次元とみる次元的な考察様式のほうが優っているように思われる。なぜならこの三つの契機は根本的に異なっており、したがって存在論的に区別されうるが、同時に人間存在においてそれらは原則的に相互に従属しており、したがって人間学的には互いに分離すること

ができないからである。（TTN（　）内引用者）

人間には「身体的なもの」「心理的なもの」「精神的なもの」がそれぞれ存在しています。これらの間には質的な違いがあって、それをとり除くことはできません。しかし同時に、人間はやはり統一された存在でもあり、幾つかの部分に分割してしまうことはできません。つまり人間は「多様であるにもかかわらず統一されている」存在なのです。このような人間把握を可能とするために、フランクルは「次元的存在論」、すなわち「次元」という観点での人間把握の試みを提案するのです。

次元的存在論では、「構造の統一性を壊さずに、質的な相違を示すためのアナロジーとして」幾何学的な次元の概念を用います。次頁の図を見てください。

図1（次元的存在論の第一法則）に明らかなように、三次元で初めて表すことのできるコップが水平及び垂直の二次元的平面に投影されると、水平方向では長方形が、垂直方向では円が映し出されます。この二つの像がまったく異なるものであることから明らかなように、「一つの同じ現象がそれ自身の次元からより低次の別の諸次元に投影された時には、個々の像は互いに相いれないような形で」描かれます。また逆に、二次元的平面においては長方形と円という全く異なる像が映し出されている場合でも、三次元の立体はもちろん同一のもの（コップ）ですし、しかもそれは長方形や円よりも高

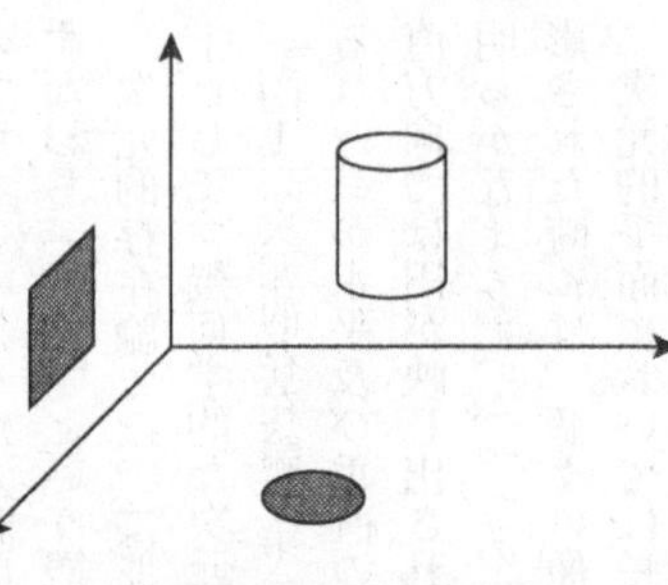

図１　次元的存在論の第一法則

次なものなのです。

このイメージを人間にあてはめるとどうなるでしょうか。人間が、三次元的な空間において初めて正確に捉えられうるもの、つまりコップのようなものだとすると、それが二次元的な平面に投影されると、そこに映し出されるのはもはや人間以下の一面的な人造人間の像にすぎません。

たとえば、生物学的な平面に投影されると、人間は単なる生物学的有機体にすぎなくなってしまいます。また、心理学的平面に投影されると、今度は単なる心的機構にすぎなくなってしまうのです。

先に見たさまざまな「主義」においては、ちょうどこんなやり方で人間を捉えようとしているのだ、とフランクルは言います。

しかも、水平方向に映る像（長方形）と垂直方向に映る像（円）とがまったく異なるにもかかわらず、もとの物体は同一（コップ）であるのと同じように、人間存在も、心理学的な次元に映し出される像と、生物学的な次元に映し出される像とが異なっているにもかかわらず、それ自体は同一の、統一された、しかもよりも高次な存在でありうると言うのです。

もう一度図1に戻りましょう。ここで注意すべきことは、二次元的平面に映し出された二つの像（長方形と円）がどちらも閉じた像であるのと反対に、もとの三次元的空間におけるコップは開かれた器だということです。言い換えると、もとのコップが開かれたものであるにもかかわらず、それが二次元的平面に投影されると、長方形や円になってしまう。つまりその開放性は失われ、閉じられたものになってしまうのです。

これを人間にあてはめると、次のようなことが言えるとフランクルは言います。人間を生物学的平面及び心理学的平面に投影した結果である生物学的有機体や心的機構は、それぞれ、人間を刺激に対して生理学的反射や心理学的反応をおこなうものとみなしています。これらはどちらも閉じられた体系です。しかしこの見かけの上での閉鎖性にもかかわらず、もとの人間存在は開かれた存在、自らの意志によって自由に決断することのできる存在です。自己を超えて意味を志向することのできる存在なのです。

図1のコップの図はこのことのアナロジーになっている、とフランクルは言います。

次に図2（次元的存在論の第二法則）を見てください。この図を見ると、もとはまったく異なった立体である円柱、球、円錐（えんすい）が同一平面上に投影されると、いずれも同じ

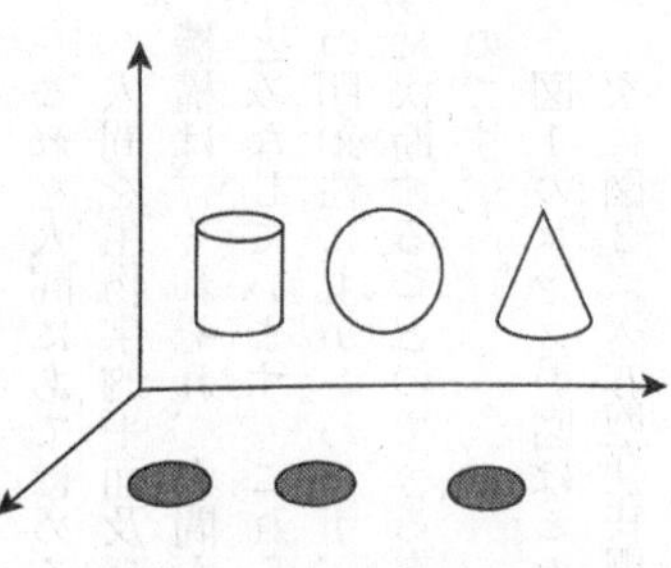

図２　次元的存在論の第二法則

円になってしまうことがわかります。これらは交換可能で、この円だけでは、それのもとになっている立体が円柱なのか、円錐なのか、それとも球なのか、まったく判別できません。すなわち、異なる諸現象がそれ自身の次元からより低次の次元へ投影されると、そこに描きだされる像は多義的になってしまうのです。

これを人間存在にあてはめると、次のように言うことができます。大切な仕事をして得られた充実感も、恋人とのデートで得られた幸福感も、薬物を使って得られた快感も、それが同じ心理学的な平面の上に映し出されると、どれも変わらない単なる「快」という心的状態に変質されてしまいます。そこでは、その快が何によってもたらされたのか、つまり志向性の向けられた対象の違いが、まったく無視されてしまうのです。そして、心理学的平面に投影されてしまえば、このようにまったく同じもの（快）に映ってしまうにもかかわらず、もともとの経験の内容や志向の対象は、まったく違ったものでありうるのです。

フランクルの次元的存在論は、人間存在が自由な決断をする存在、すなわち「実存」であることや、意味や価値への「志向性」を持つ開かれた存在であることそれ自体を、証明しうるものではありません。つまり人間がいかなる存在であるか、それ自体を示しうるものではありません。

しかし少なくとも、たとえ見かけの上では「～にすぎない」存在のように見えても、実はそれ以上の存在で「ありうる」という可能性を示唆することはできます。個々の学問が捉えた人間像「以上のもの」で「ありうる」というその可能性に道を開くことはできるのです。還元主義による一面的な人間把握に対する批判としては、かなり明快でかつ有効な批判であると言えるでしょう。

人間中心主義批判

これまで見てきたようにフランクルは、人間は「～にすぎない」存在であると断じる還元主義の人間観に異議を唱えました。生物学や心理学や社会学が明らかにしたさまざまな事実にそれぞれ相対的な真理があることは認めつつも、いずれか一つを絶対視し、そこにすべてを還元していく考え方の危険性を指摘したのです。

同じ原理でフランクルは、人間をそれ自体で完結した存在であるかのようにみなす人間観にも異議を唱えます。人間こそがすべてであり、万物の中心であるかのようにみなす人間中心主義に対しても反論を展開するのです。

フランクルは言います。「ニヒリズムの危険は人間を無にしてしまうことにある。一方ヒューマニズムの危機は、人間がすべてになってしまったことにある」(HP)。

ここでヒューマニズムの「危機」という言い方をしていることからもわかるように、フランクルはヒューマニズムそれ自体を否定しているわけではありません。人間こそがすべてとみなす考えによって、その本来あるべき姿を見失ったヒューマニズム、人間の自己絶対化の思想的支えとなるような、堕落した、悪しきヒューマニズムを批判しているのです。ヒューマニズムは危機的な状態にある、と警鐘を鳴らしているわけです。そしてヒューマニズムを真のヒューマニズムたらしめるためにも、人間中心主義を退けなければならないというのです。

「人間中心主義」に傾きがちな学問として、フランクルは「人間学」をとり上げて次のようにその危険性を指摘します。人間学は、人間の本質学である。つまり「人間とは何か」という問いに答えを出すのが、人間学の使命である。その際人間学がおこなってはならないことは、人間自身を絶対化することである。既に見たように、生物学は人間の生物学的側面を絶対視することによって「生物学主義」に、心理学は人間の心理学的側面を絶対視することによって「心理学主義」に、社会学は人間の社会学的側面を絶対視することによって「社会学主義」に、それぞれ転落してしまった。それぞれの学問が研究の光を当てる各存在層を全体から切り離し、それを絶対化した時に

「〜主義」へと変質してしまった。これと同じように、人間学が「もし人間を人間自身の側から解釈し、人間を自らの尺度とするならば」（HP）、つまり人間そのものを絶対視するならば、人間学もまた、かの「主義」へ、つまり人間中心主義へと転落してしまう。そこで人間学は、人間を万物の尺度として絶対化するという過ちを侵してしまうのである。

こんなふうにフランクルは、学問としての人間学が人間中心主義の思想的な支えとなる危険を感じて、警鐘を鳴らしているわけです。

ではなぜ、このような人間中心主義が生まれたのでしょうか。フランクルによればそれは、天動説から地動説へのコペルニクス的転回と軌を一にしています。世界の中心が地球から太陽へと移ったことにより、人間は一種の「惑星コンプレックス」を抱き始めた。そしてこの劣等感を補償するために、それまで神が占めていた地位を人間が奪い取り始めたのが人間中心主義のはじまりだと、フランクルは言うわけです。「地球が世界の中心ではないということを知ったまさにその時に、人間が道徳的に中心の位置を占め、さらには神の位置を占め始めた」（HP）のだと。

このフランクルの言葉は、文字通りに受け取るよりむしろ、科学的世界観の前で自らの地位の相対的な低下に対して無意識に脅えつつも、意識的には、神を自らの原動力及び鎮静剤として内在化し、自己を絶対化して、世界を自己意識拡張の舞台とみなし始めた近代人の姿をアイロニカルに表現したものと考えたほうがいいでしょう。

いずれにせよ、フランクルはこうして、近代の人間中心主義に対してさまざまな角度から警告を与えます。そして次のように言います。「本質に適った人間像は内在の範囲を超えており」、「十全な人間像を内在の範囲で描くことはできない」。だから「その人間像において、人間の超越性という特徴が刻み込まれている限りで、その正当性が認められるような人間像」（ＨＰ）を描き出す必要があると。

人間の自己超越性

人間中心主義に対する批判の中で、フランクルはこう言っていました。内在の範囲だけで人間の本質を捉えきることはできない、と。

では、人間の本質を捉える際に欠かせない視点とは何でしょうか。

フランクルがベースに据えるのは、人間の「自己超越性」です。

フランクルによればまず、人間は、動物と異なり、種に固有の環境に閉じ込められていません。「環境に閉じ込められた動物と違って、人間は『世界』を『持って』いる。いずれの環境をも突き破って、世界そのものへと向かっている」（ＨＰ）。

人間存在の「世界開放性（Weltoffenheit）」というこの考えを最初に提示したのは、フランクルにとって哲学の実質的な師にあたるマックス・シェーラーの哲学的人間学でした。シェーラーは、動物がその環境世界に完全に閉鎖的に適合しているのに対して、人間は環境世界を独自の仕方で遠ざけ距離を取ることのできる存在、もっと広大で自由な世界に開かれている存在だと考えたのです。

フランクルはしかし、このシェーラーの考えにも満足しません。「人間は、この世界をも突破し、それによって超世界へと超越するのである」(HP)。人間は単に世界に開かれているばかりでなく、さらにその世界をも突破して、超世界へ向かう存在だと考えたのです。

このような人間観に立てば、人間の本質学、つまり「人間とは何か」の解明に向かう学問である人間学においても、当然、このことを基盤に据えなくてはならなくなります。

「人間の本質学は開かれていなければならない——世界と超世界とに向かって開かれていなければならない。人間の本質学は超越への扉を開いたままにしておかなくてはならない」。「人間学は内在主義的考察様式を突破して、超越を含み入れることにより、人間の本質そのものと、もっとよくとり組むことができる」(HP)。

人間学は、世界と超世界とに開かれ、そこへ向かっていく存在として人間を捉えて初めて、人間の本質を正しく解明できるとフランクルは言うわけです。

ここで「超世界」という耳慣れない言葉が出てきますが、ここでは単に「世界を超えた向こうの次元」のことだと押さえておきましょう。端的に言えば、超越的な次元のことなのですが、フランクルはできるだけ「神」とか「超越者」というストレートな表現を避けて、このようなニュートラルなニュアンスの言葉を使おうとするのです。

さて世界に開かれ、超世界へ向かうところに人間の本質はある、とフランクルは言っていました。だから人間は「自己超越性」をその本来の性質としているのだと。

「実存の本質は自己超越にある。実存は、それがそれ以外の何かを指し示す程度において真の実存となる。……逆説的ではあるが、人は何ものかのため、誰かのため、すなわち大義のため、友人のため、神のために、自分を失う地点に達してはじめて、真の自分を発見するのである」（PE）。

このようにどこまでも自分を超え出て、自分以外の何かに向かっていくところ、つまり「自己超越性」にフランクルは人間の本質を見出します。「人間の本質には、あるものに向けられているということが属している。……そしてこのように志向的である程度にだけ、われわれは実存的なのである。……人間は自分自身を観察し、自分自身を鏡に映すために存在しているのではない。自分を引き渡し、自分を放棄し、認識しつつかつ愛しつつ自己を捧げるために、人間は存在するのである」（TTN）。

この「自己超越性」を説明するためにフランクルは、古代インドの『ブリハド・アーラニヤカ・ウパニシャッド』の中から一節を引用し、自我の本質であるアートマンについて、それは決して自らを反省の対象としえないことに言及しています。

またこれとは逆に、人間の自己超越的な本性に逆らっているものとしてフランクルがとりあげるのが、デカルトの「コギト・エルゴ・スム（我思うゆえに我あり）」です。

「自分自身への道は、外の世界へと続いている。すなわち人間は自分自身を他ならない他者のうちに見出すのである。このように考えると、われわれはデカルトの『コギト・エルゴ・スム』というテーゼは誤っていると思わざるをえない。なぜなら私は本来、『我思う、故に我あり』と言うことはできず、単に『我思う、故にあるものあり』とだけ言いうるからである。すなわち思考するということは常にあることを思考するということなのである」（TTN）。

デカルトを批判し、ウパニシャッドを引用して自説を展開するフランクル。

フランクルの「自己超越性」の考えは、平たく言えば「忘我」を説いているわけで、この点に限って言えば、西欧近代の思考様式より東洋思想の考えにずっと近いものがあります。

しかしまた、フランクルの「忘我」は、単に自己を忘れるということではなく、自分以外の何かや誰かに「向かって」の、さらには世界や超世界へ「向かって」の忘我です。

ここからフランクルは、人間の「自由」を徹底的かつ一面的に説くものとして、サルトルの「実存主義」をも批判します。「われわれはただ単に自由であるという通常の実存主義の考えを退ける。なぜなら自由であることのうちには、まだ何に対して自由であるかということは少しも含まれていないからである。……一方、決断のうちにはすでに充分に、何のためにとか、何に対してということが含まれている。それはすなわち意味と価値の客観的世界に対する決断であり、まさにコスモスというべき秩序ある世界に対する決断なのである」(TTN)。

私たちの「自由な決断」は、単なる虚無の中でおこなわれるのではない。私たちは「意味と価値の客観的世界」「コスモスという秩序ある世界」に向かって決断しながら生きているのだ。フランクルはそのように言うわけです。

私はここに、フランクルの次のメッセージを読み取れるように思います。

私たちは何をしてもいいし、しなくてもいい、そんな意味での「単なる自由」を与えられた存在ではない。私たちはたしかに自由であるけれど、その自由には「何のために」「何に対して」ということが既に暗に含まれている。私たちは、この秩序ある世界、このコスモスの中に、その一部として今・ここに置かれているわけで、だから自分たちに与えられた「自由」も、この「秩序あるコスモス」に向けて、そのために使われるべきものだ……。

フランクルがそんなふうに言っているように読み取れるのです。

無意識の神

フランクルの言う「自己超越」は、それ自体では必ずしも宗教的な概念ではありません。我を忘れてある仕事に没頭する、自分のことを忘れて他の誰かを愛し続ける……このような日常的な人間生活の営みを広く含んだ概念です。

けれども、「自己超越」し続ける人間精神の働きは、それを押し進めていくならば、やはりどこかで超越的存在と出会わずにはいられません。

フランクルもこの点はハッキリと自覚していました。「人間は自分自身の尺度にはなりえない。人間が自分のことを測りうるのはむしろ絶対的なもの、一つ絶対的価値、つまり神においてである」。「人間はみずからを神の似姿として理解するか、あるいはそれに失敗して自分自身の戯画になるか、そのどちらかである」(HP)。

ここでフランクルははっきりと、人間は神とのかかわりにおいて自分自身を理解しなければ正しい自己理解に至ることはできない、と言っているわけです。

フランクルの著作の中で、このようなストレートな言い方で「神」という言葉が使われるのは、終戦直後から五〇年代前半あたりまでで、その後徐々に頻度が少なくなり、六〇年代になってフランクル心理学がアメリカで普及し始めた頃になると、ほとんど見られなくなります。おそらく信仰の有無如何(いかん)を問わず自分の学説を普及させるには、ストレートに宗教のことを語るのは控えたほうが賢明だと判断したからでしょう。けれどもそれだけに、前期の著作には、フランクルの宗教観がストレートに表現されていて興味深いものがあります。

ではなぜフランクルは、これほどハッキリと、人間は神とのかかわりを欠いては真の自己理解に至りえないと言ったのでしょうか。フランクル自身の信仰の問題ももちろんあったでしょう。けれど同時に、それればかりでなく、意識的には無神論者であった彼の患者たちが、明らかに宗教的な夢を見ていたという経験的な事実にもよっています。

フランクルは、患者たちがしばしば自分の性生活をギリギリの細部にわたって語り、さらに倒錯的な場面について語るのにも何の躊躇も示さないにもかかわらず、その一方で宗教生活が話題になると途端に黙しがちになるという事実に注目します。

ある女性の患者は、次のような内容の夢を語ったと言います。「私は非常にたくさんの人の中、ちょうど歳の市のような所にいて、私一人が逆の方向に向かおうとしています。私には、自分の進むべき方向がわかっています。なぜなら、私を導いてくれる一つの光が輝いているからです。この光はどんどん強く明るくなって、ついには凝縮して一つのはっきりした姿になります」。フランクルが「その姿とは？」とたずねると、この患者はあわれみを乞うような眼差しで「どうしてもそれを言わなければなりませんか」と尋ね、強く促された後ではじめて次のように語ったといいます。「それはキリストの姿でした」。フランクルは、この夢の中で彼女の良心が、キリストに従うことを彼女に要求したのだと解釈しています。

フランクルはまた、生きている間は宗教的なものの一切を忌み嫌っていたある患者が、死の間際になって被護性（Geborgenheit）を、つまりより高次の何かに護られている感じがすると語ったという事実を引き合いに出して（LSL）、これらは同じ一つのことを指し示していると言います。それは、人間の心に内在する「無意識の超越者との関係」、端的に言えば「無意識の神」が存在するということです。「私たちは、たとえ無意識にであれ、つねに既に神を志向している」（UG）とフランクルは言うわけです。この確信は、フランクルにとっても大きな意味を持つものであるらしく、『無意識の神』というタイトルの本まで書いているくらいです。

このようにフランクルは、意識レヴェルでの信仰の有無・如何にかかわらず、私たちの無意識は常にすでに神とのかかわりの中にある、といいます。人間は「自らの内部にそれと意識することなく天使を秘めている」というわけです（UG）。

さらにフランクルは、「人格（Person）」という語が「響きわたる」を意味するラテン語 personare に由来していることを踏まえて次のように言います。「人間が人格であるのは、彼が超越者によって人格たらしめられている、つまり超越者からの呼びかけが彼に鳴りわたり響きわたるその限りにおいてである」(LE)。

超越者からの呼びかけが響きわたる(personare)場、すなわち人格(Person)としての人間。フランクルの人間観が最も端的に表明されている箇所です。

限りなく遠く、限りなく近くにいる神

人間は、超越者からの呼びかけが響きわたる場、つまり「人格」である。だから人間は、たとえそう気づいていなくても、実は常にすでに超越者と対話しつつあったのだ、とフランクルは言います。「見かけの上では空虚へ、つまり無に向かって『汝』と語りかけていても、実は永遠の汝に向かって語りかけている。……人間のほうがたとえ気づいていなくても、彼はこの汝に向かって話しかけてきていたし、その汝からも常に話しかけられてきていたのだ」(HP)。

ここにうまく描かれているように、フランクルにとっての「神」イメージとは、一言で言うと、「限りなく遠く、限りなく近くにいる神」です。

限りなく遠い。だからそれは、見かけの上では「空虚」であり「無」なのです。

限りなく近い。だから人間は常にそれと対話しつつあるのです。

まず、前者から説明しましょう。

人間にとって神は限りなく遠いと、つまり人間と神の間にはいかにしても取り除く

ことのできない無限の質的な隔たりがあるとフランクルは言います。

そして、人間と神の間のこの質的な隔たりを説明するため、フランクルはしばしば、人間と動物の関係を比喩として使います。人間は動物の世界を理解できるけれど、動物は人間を理解できません。神と人間の関係もこれに似ている、とフランクルは言うわけです（WM。人間が果たして、動物の世界を理解できているのか、筆者には大きな疑問が残りますが、ここではそれは置いておきます）。

最初にあげるのが、ポリオワクチンを開発するために使われている猿の例です。猿は注射される苦しみが何のためのものか、その意味を理解することができません。そしてその意味を理解できる世界、つまり人間の世界に入ることもできません。これと同様に、人間の苦悩の意味を理解できる超越的な世界があっても、人間はその世界に入ることはできないのだとフランクルは言います。

次にあげるのが犬の例です。人間が指で何かを指しても、犬はその指した先を見ずに人間の指のほうを見ます。時には噛みつくことさえあります。これと同様に、人間も自分の苦しみの意味を理解できないがために運命に噛みつくことがあるのだとフランクルは言うわけです。

フランクルはなかなか比喩が得意なようです。さらに、次のようなたとえも使います。病気になった犬を飼い主が病院へ連れていくとします。注射を打たれると犬は苦痛を感じるはずですが、犬は飼い主のほうを見て、安心したような表情で静かに治療を受けています。犬は何のために注射されているのか、その意味を理解してはいないはずですが、それでも飼い主を信頼して、獣医師の治療に身を任せているのです。同様に人間も、無意識のうちに超越者を信頼していて、だからこそ前向きに生きていけるというのです。

これらの例を使ってフランクルは、より高次の存在である神と人間の間には、同様の存在論的な次元の相違があると言います。人間と猿、人間と犬の間に取り払いえない絶対的な隔たりがあって、猿や犬が人間の世界を理解できないのと同じように、神と人間の間にも飛び越えることのできない次元の相違があって、人間は神の世界を理解できないのだとフランクルは言うのです。

別の箇所でもフランクルは、神は人間にとって「無限に遠い」もの、「あらゆる此岸的なもの、現世的なもの、人間的なもの、無常なものとは絶対に比較できないもの」である(HP)。だから「神の認識可能性は極限ゼロ」であり、神は「端的に考えることができないもの、言葉で尽くせないもの」「ただ信じることだけ、愛することだけができるもの」(HP)だと言って、神の絶対的超越性を改めて確認するように読者を促します。

さて、フランクルにおける「神」はこのように、人間の世界を絶対的に超越した神、限りなく遠い神であるわけですが、しかしそれは同時に、無限に親しい神、限りなく近くにいる神でもあります。既に述べたように、孤独の中で神と対話を交わす時、人は神に「汝」「永遠の汝」と呼びかけます。この「汝」という呼び名は、人間同志の間でもかなり親しい間柄でしか使われません。しかし神に対して語る時、私たちはたしかに、「今まで口にした中で最も親しい呼び名である汝という言葉を発する」のです（HP）。

つまりフランクルにとって神とは、絶対的超越性と絶対的親近性を、また無限の遠さと無限の近さを同時に備えた逆説的な神なのです。このことについてフランクルは「両極の緊張が最も大きなところでは、両極端はお互いに接触する」のだから、そこで「神の同時的な絶対的超越性と絶対的親近性という逆説に関する限り、超越から親近という急激な弁証法的転換が生じる」と言います（HP）。

ではこの「弁証法的転換」は何によって生じるのでしょうか。フランクルはここで「祈り」に言及します。「神をして汝と瞬間的に閃かせることのできるもの、それは祈りである。これは汝として神を現前化させることのできる人間精神の唯一の行動である。祈りが神を汝へと現前化し、具体化し、そして人格化するのである」（HP）。

限りなく遠くにありながら、祈りによって限りなく親しい存在へと転換する神。フランクルのこの神イメージは、神人イエスの逆説を強調し、神と人間との絶対的な隔たりを説きながら、単独者としてひたすら祈り信じる道を選んだキルケゴールの神に似ています。

いかがでしょう。フランクルの「神」イメージが幾分か明確になったでしょうか。

最後に、フランクルがかつて『タイム』誌の記者のインタビューに答えた内容を紹介しておきましょう。

「宗派宗教には、一つの真実に向かう動きが見られない」と語ったフランクルに、記者は「では、あなたは普遍宗教を支持しているのですか」と質問しました。フランクルはこれをきっぱり否定した上で、次のように語っています。「深く人格化された宗教に向かう動きがあります。誰であれ、自分自身で究極的存在に自ら語りかける時、そこに自分自身の言語、自分自身の言葉を見出すでしょう」(WM)。

さらに「神は死んだのですか」という記者の問いに対して、フランクルは次のように答えています。「神は死んだのではありません。ただ沈黙しているのです」。

「神があなたの呼びかけに答えてくれると期待してはいけません。……神は無限なのですから、反響が返ってくるのを待っていても無駄になります。あなたに答えが返ってこないという事実そのものが、あなたの呼びかけが受け手に、つまり無限のものに届いたということの証明なのです」(WM)。

フランクルの神はやはり、どこまでも遠く、どこまでも近い神なのです。

第5章　カウンセリング・心理療法としてのフランクル心理学

ロゴセラピーと実存分析の異同

フランクル心理学の臨床的アプローチは、時に「実存分析」と呼ばれ、また時に「ロゴセラピー」と呼ばれています。

果たして両者は同じものなのか、違うものなのか、混乱している方もいるでしょう。

結論から言うと、現在ではどちらも同じ意味で使われています。

最初は、両者はフランクル心理学の異なる側面を指す概念として、文脈に応じて使い分けられていたのですが、一九六〇年代に入り、フランクルがアメリカでポピュラーになった頃から、徐々にその区別が捨てられていったというのが実情です。

もう少し詳しく見てみましょう。

前の章でも述べましたが、最初に考え出されたのは「ロゴセラピー」のほうで（一九二六年）、その基本的な考えは、その前年（一九二五年）に刊行されたアドラーの『国際個人心理学年報』に掲載された論文「心理療法と世界観」において既に発表されていました（ＬＥ）。一方、「実存分析」という言葉は、それに遅れること七年、一九三三年にはじめて使用されています（もっとも両者が初めて活字になったのは、一九三八年の論文「心理療法の精神的問題性について」においてですが）。

それでも、この二つの呼称がいずれも、既に大戦前に（したがって当然、収容所体験以前に）使用されていたことは、注目してよいでしょう。

内容的に見れば両者は最初、既に述べたように同じアプローチの異なる側面を指すものとして使い分けられていたようです。

たとえば、一九五一年の『ロゴスと実存』では、「ロゴセラピーと称する心理療法的治療法と『実存分析』と名付けられた人間学的研究方法」（ＬＥ）といった言い方がされています。また一九五六年の『神経症の理論と治療』でも、「人格的実存の人間学的解明としての実存分析」や「実存分析は心理療法的な人間学の試みであり、ロゴセラピーばかりでなくあらゆる心理療法に先行する人間学の試みなのである」（ＴＮ）といった言い方がされています。

つまり初期の著作では、フランクル心理学の基礎論的側面、人間学の面を指す場合には「実存分析」という名称が、その応用的側面、心理療法の面を指す場合には「ロゴセラピー」という名称が、それぞれ用いられていたようなのです。

ただし、初期の著作におけるこうした使い分けにも、若干の混乱が見られます。たとえばデビュー作（一九四六年）『医師による魂のケア』（ÄS）では、「ロゴセラピーは精神的なものの意識化に努める。そして実存分析としてのその細かな技法において、それは特に責任性を……人間の実存の本質的根拠として……人間に意識化させることに努める」と言われていて、ここでは先とうってかわって「実存分析」も「技法」という実践的・治療的文脈で使われています。また、先の『神経症の理論と治療』の中にも、「実存分析とは、患者をして自らの存在の中に意味の契機を発見させ、価値の可能性を感じとらせるのを助ける心理療法のことである」といった表現が見られますし、また別の箇所では、ロゴセラピーは「精神的なものからの療法」であり実存分析は「精神的なものに向けられた療法」である、といった使い分けがなされています。

つまりこれらの箇所では、先と違って、どちらもフランクルの「心理療法」の名称として使われています。そして「人間を超えた精神的なもの（ロゴス）からの呼びかけ」の面に焦点を当てた場合には「ロゴ」セラピーという名称が、それに呼びかけられる「実存」の面に焦点を当てた場合には「実存」分析という名称が、それぞれ用いられているわけです。

このように若干の混乱が見られはしますが、初期のフランクルの著作（一九五〇年代半ばくらいまで）においては、「実存分析」という名称と「ロゴセラピー」という名称を何らかの観点で使い分けている点では、一致しています。

ところが、一九六〇年代に入り、いわばアメリカ進出を果たしたフランクルは、ある困難に直面しました。自らの実存分析（Existenzanalyse）とルードヴィッヒ・ビンスワンガーやメダルト・ボスの現存在分析（Daseinsanalyse）とが、英語圏でどちらも existential analysis と訳されてしまい、そのためしばしば両者が混同されるようになってしまったのです。

この混乱を避けるため、フランクルは以降、実存分析という言葉を使うのは極力避けて、もっぱらロゴセラピーという言葉を使うようになります。

このあたりの事情について、一九六九年の『意味への意志』では次のように述べられています（WM）。

一九三〇年代に私は、一九二〇年代に使用していたロゴセラピーの別名としてExistenzanalyse（実存分析）という語を使った。その後アメリカの学者たちが、ロゴセラピーの本を出版しはじめたとき、Existenzanalyse の訳語としてexistential analysis という語を使った。ところがまずいことに、他の学者たちがDaseinsanalyse（現存在分析）のほうも同じに訳してしまった。この言葉は一九四〇年代にスイスの精神医学者故ビンスワンガーが、自分の理論の名称として選んだものだった。それ以来、existential analysis という言葉はきわめて曖昧なものになってしまったのである。このような状況によって引き起こされた混乱に、さらに油を注ぐようなことをしないために、私は英語で出版する場合には、実存分析ということばはできるだけ避けようと決心した。厳密にいえば治療という意味が含まれていない文脈においても、私はしばしばロゴセラピーという名称を使っている。

こうして、最初はフランクル心理学の人間学的側面を「実存分析」、治療的側面を「ロゴセラピー」と呼び分けていたその区別は、一九六〇年代に入って捨てられ、どちらの場合でも「ロゴセラピー」という言葉が好んで使われるようになりました。だから結局、以上のような経過さえ踏まえておけば、「実存分析」も「ロゴセラピー」も同じものと考えておいて、さして問題はないわけです。

ロゴセラピーの適用領域

では、中身に入りましょう。

まずロゴセラピーの適用領域をはっきりさせておかなくてはなりません。

フランクルの最も体系的な治療論（TTN）をもとにすると、ロゴセラピーの適用領域は、次の五つであると考えていいようです。

①実存的空虚の「癒し」として

「何か大きな悩みを抱えているわけではないのだけれど、どこかむなしい」

「このままずっと生きていって、それでどうなるというのだろう」

「私の人生の意味っていったい何？」

第2章で取り扱ったこのような「人生の意味についての問い」は、それ自体では決して病理ではありません。むしろそれは、人間の持ちうる悩みのうち「最も人間的な悩み」「最も人間的なものの表現」であるとフランクルは言います。人がこの苦しみや迷いを誤魔化したり、素通りしたりすることなく、きちんとそれに取り組むなら、それは人間としての飛躍的な成長をなしとげる好機となるのです。

ロゴセラピーの最も大きな役割は、多くの人が抱えるこの苦しみへの取り組みを側面から支えてやることにあります。その人が、自分なりの仕方で、「生きる意味」の問題に悩み苦しみ、それに対する答えを出していくプロセスを、しっかりとなしとげることができるよう、ロゴセラピストは側面から援助するのです。

それればかりかフランクルは、もしその人がこの苦しみを避けて通ろうとするようなことがあれば「彼をあえて実存的危機に追い込んでいかなくてはならない」（ＨＰ）とさえ言います。実存的な苦しみは、人間として成長すべき「時」の到来を意味するのに、その「時」を逸してしまうのを放置しておいてはいけないと言うのです。

②精神因性神経症の特殊療法として

フランクルは、一般の心因性の神経症の他に「精神因性神経症（noogene Neurose）」が存在すると考えます。これは、「道徳的な葛藤、良心の葛藤」や「精神的問題の圧迫」や「実存的危機」にさらされていることが原因となって生じる神経症です。

既に述べたようにフランクルは、「心理」次元と「精神」次元をハッキリ区別し、この区別を神経症にもあてはめて、「心理」次元に発する神経症と「精神」次元に発する神経症とは異なる仕方で取り扱う必要があると指摘するのです。

精神因性神経症とは、具体的にはどのようなものでしょうか。フランクルは、次のようなケースを例示しています。「ある女性患者は神経質、涙もろさ、吃音（きつおん）、発汗、振戦、眼瞼痙攣（がんけんけいれん）および四ヶ月間に七キロの体重減少のため、私たちのところに送られてきました。これらすべての根底には、結婚と信仰との葛藤が存在していて、どちらか一方を犠牲にしなくてはならないという悩みがありました。すなわち彼女は、子どもたちの宗教教育に最大の価値を置いていたのですが、彼女の夫は無神論者で、断固としてそれに反対していたのです。この葛藤はそれ自体では人間的なものであり、病的なものではありません。ただその結果、疾患である神経症が生じているのです。人生の意味や価値の問題に立ち入らなくては、彼女を治療することは不可能でした」（ＴＴＮ）。

こうした価値観の葛藤のほかに、深刻な実存的空虚から精神因性神経症になる場合もあります。そしてこれらの神経症の場合、一般の神経症とは異なる仕方での治療が、すなわち、人生の意味をめぐっての対話が必要となるのです。

ところで、先に述べたように、実存的空虚はそれ自体では病的なものではありません。ではこれと精神因性神経症との区別は、どこで一線を引かれるのでしょうか。

「いったい何時、実存的欲求不満は病因的になるのでしょうか。……ある心身の異常な興奮状態が生じて、それが実存的欲求不満に付け加わる場合です。……疾患になりうるのは心身の有機体の領域のみであって、精神的人格の領域では起こりません。精神的人格は疾患になりえないのです。……精神因性神経症は『精神からの』疾患ではありますが、『精神の内部の』疾患ではありません。ある精神的なものはそれ自体では、またそれ自体としては、何ら病的なものでなく、したがってまた神経症的なものでもないのです」（ＴＴＮ）。

フランクルは実存的フラストレーションという言葉は使っても「実存的神経症」という言葉は使いません。それは、フラストレーションは実存的でありえますが、神経症（という疾患それ自体）が実存的であるなどということはありえないからです。

③一般の神経症の非特殊療法として

ロゴセラピーは精神因性の神経症ばかりでなく、一般の心因性の神経症、たとえば強迫神経症、不安神経症、性神経症、恐怖症といった神経症にも適用されます。すなわち、「多量の汗をかいてしまうのではないか」「店の窓ガラスをたたきわってしまうのではないか」という不安や「上手にセックスができない不安」に由来するインポテンツなどの症状にも適用されるのです。ただしこの場合、先の①②のケースとは違った方法が、すなわちこの後説明する「逆説志向」とか「脱内省」といった独特の技法が用いられます。

④医学的精神指導の方法として

これは、回復不可能、治療不可能な病を抱えて絶望に陥っている患者に対して、あらゆる医師がおこなう必要のあるものです。たとえば、身体障害や手術不可能な患者と接する外科医、感覚障害者と接する神経科医、不妊症の患者と接する婦人科医、ガンや白血病にかかった患者や長期療養を必要とする老人と接する内科医などに必要となるのです。

このような状況に置かれた患者は、当然、自分の運命を恨み、自暴自棄になってしまいがちです。そこでその患者が、自分の置かれた状況、自分に与えられた「病」という運命にいかなる態度をとるかが重要となります。こうした状況では、そうした絶望的な状況や自らの苦悩そのものに「意味」を見出すことが必要となるのです。

ここで、第2章で述べた三つの価値領域の一つ、「態度価値」の考えが大きな指針となります。フランクルは、自分の置かれた運命、変更不可能な状況に対していかなる態度をとりうるかにこそ、人間の最大の尊厳がかかっていると考えたのです。この考えに基づいて、患者が自分の置かれた運命に対して態度決定するのを支えてやるのが、「医学的精神指導」です。

⑤その他の応用領域

フランクル心理学の応用領域としては、その他にも、「どこかむなしい」という実存的な空虚感を抱いている人と接する機会のあるあらゆる領域が含まれます。

(1)第3章で述べたように、教育は最も重要な応用領域の一つです。子どもや若者の「むなしさ」や「ストレス」が深刻な問題になってきているからです。

なぜ頑張らなくてはならないのか、なぜ勉強しなくてはならないのか、その「意味」を実感できないまま頑張ることを強いられるため、多大なストレスを蓄積している子どもたち。子どもや若者が、頑張ることの「意味」を実感できる教育を実践していく上で、フランクル心理学は大きなヒントを与えてくれます。

　また、多忙さの中で「燃え尽き」てしまったり、仕事に生きがいを見出せなくなった教師の精神的危機も、大きな問題になってきています。教師のメンタル・ヘルスも、フランクル心理学が扱うべき問題です。

(2)会社員のメンタル・ヘルスや、中高年のキャリア・コンサルティングもフランクル心理学の重要な応用領域です。

　仕事でくたくたになった帰りの通勤電車の中で、「俺、何やってるんだろう」とつぶやいて、心がむなしくなってしまう社員は、どこの会社にもたくさんいるはずです。自分の仕事の「意味」を実感できないまま働き続けると、当然ながら精神の抵抗力が低下し、ストレスがたまって、仕事の能率も低くなります。場合によっては、それが離職や転職のきっかけにもなるはずです。このような事態を防ぐには、自分の仕事の「意味」を見つめ直すフランクル心理学が有効となります。

　すべての社員が「自分はこの会社で必要とされている」という使命感と充実感をもって働ける会社集団をどう作るか。こんな現実的問題にも、フランクル心理学はヒントを与えてくれます。

　また、中高年が、自分の人生後半を「自分の人生という意味ある作品」を完成させるための時間、「使命・天命」と出会いまっとうしていくために必要な時間として捉え直すキャリア・コンサルティングのツールとしてもフランクル心理学は有益です。それは「意味」「使命・天命」という視点から人生全体を捉え直すオルタナティブな視点を提供してくれるのです。

(3)高齢化の問題に対するアプローチとしてもフランクル心理学、特にその「過去の絶対肯定の哲学」は有益です。したがって、老人福祉の領域もフランクル心理学の重要な応用領域と言えます。

フランクル心理学では、「過去」を無条件に肯定的に捉えます。ある人が過去におこなってきたことのすべては、決して消え去ってしまうのではなく、過去という貯蔵庫の中で誰にも妨げられることなく永遠にとっておかれる、と考えるのです。このような観点で過去を捉え直すことは、高齢者に自己肯定的な態度を育む上で有効だと思います。

これまで、五つの適用領域について見てきました。それぞれの領域に適用される方法の面から言うと、①②④⑤は「生きる意味」をめぐる対話によって、③は「脱内省」と「逆説志向」という二つの技法によって取り組まれます。

次に、この三つの方法について説明しましょう。

実存的対話で「心のむなしさ」を癒す

フランクル心理学、そしてその治療的側面であるロゴセラピーにとって最も中心となる対象は、「心のむなしさ」を抱えながら日々を生きている一般の人々です。専門用語で言えば、「実存的空虚」や「実存的フラストレーション」を抱えて、正体のよくわからない不安を感じながら生きてる人ということになります。

中には、こうした不安を募らせてカウンセリングのオフィスや精神科クリニックを訪れる人もいます。

心の中で「空虚感」がパックリ口を開けて待っている。自分でもそのことに薄々気づいてはいるけれど、それを直視できない。そのためそれから目を逸らそうとして、仕事や遊びでとにかく自分を忙しくしようとする。……フランクル心理学の中心となる対象は、このような慢性的な空虚感を抱いて苦しんでいるケースです。

このような苦しみを抱えた人との実存的対話とは、どのようなものでしょうか。

まず重要なのは、これはフランクル心理学に限ったことではありませんが、相手を一人の人間として心から大切にしようとする「誠実さ」と、それに支えられてはじめて可能になる「出会い」です。

これを説明するため、フランクルはしばしば次の場面を引用します。

ある日、午前三時にある見知らぬ女性がフランクルに電話をかけてきました。話を聴くと、自分はこれから死ぬつもりでいるのだが、その前にあのフランクルという精神科医だったら何と言うか聞いてみたくなったといいます。

並みの精神科医だったら怒り出しそうな話ですが、フランクルはこの女性に、生きていくべきであることをあらゆる手を尽くして語ったといいます。

約三〇分話すと、その女性は「今日は死ぬのをやめました。とにかく明日、先生に会いに病院に行きます」と言って、電話をきりました。

翌日フランクルは、なぜ死ぬのをやめてくれたのか、その女性にたずねました。するとと彼女はこう言いました。「先生の話してくれたどの話も、正直に言うと少しも心を打ちませんでした。けれどフランクル先生、あなたが深夜見も知らない人間にたたき起こされたにもかかわらず、怒りもせず辛抱強く話を聞いてくれたことが、『こんなことが起こる世界は生きるに値するかもしれない』という思いを私に起こしてくれたのです」。

人間の心を動かすのは、結局、ある人の心からの「誠意」であり、それに支えられた「出会い」であるということを思い起こさせてくれるエピソードです。けれどフランクルは、ただ手放しで誠意を込めて相手と出会え、と言っているわけではありません。フランクル心理学の実存的対話には、一定の方法があります。

その方法は、「ロゴセラピー」という名称そのものに端的に示されています。「ロゴセラピー」の文字通りの意味は、「意味療法」です。「ロゴス」という語は「意味」を表すギリシア語で、したがって「ロゴセラピー」には「意味による治療(therapy through meaning)」とか「意味による癒し(healing through meaning)」といった意味があるわけです。

「生きていることの意味」を実感させ、心に蓄積された「むなしさ」を癒す。それがロゴセラピーだというわけです。

では、この「意味による癒し」は、実際にはどのようにおこなわれるのでしょう。

ここで思い出してほしいのが、第2章で述べたフランクル心理学の基本的な問いです。フランクル心理学では、「あなたは何をしたいのですか」「あなたの本当の望みは何ですか」といった問い方はしません。「自分のしたいこと」(欲求)や「目標」や「願望」を問い、それを明確化させる。これは通常の自己実現を促す問いです。

フランクル心理学では、人生と捉える「立脚点」を変更します。問いを逆さにし、「自己」の実現ではなく「意味」(使命)の実現を促します。

平たく言えば、人生でその人が「なすべきこと」「求められていること」を問い、それを明確にするよう促すわけです。

具体的には、次のように問うていきます。

「あなたは人生から何を求められていると思いますか」

「誰かあなたを必要としている人はいませんか」

「何かあなたのなすべきことはありませんか」
「その誰かや何かのために、あなたにできることは、何かありませんか」
「あなたの人生でまっとうすべき使命・天命は、あるでしょうか。もしあるとするならば、それは何でしょうか」

そして、第2章で述べた三つの価値領域、「創造価値」「体験価値」「態度価値」を手がかりとして、クライエントが人生で「求められていること」「必要とされていること」「できること」を見つけていけるよう助けるのです。

その結果、クライエントが「あの人は、自分のことを必要としてくれている」「あの人のために、私にはこんなことができる」「あの仕事は俺がやらなければ」といったことに気づいてくれればいいのです。

場合によっては、「私の人生はこんなふうに完成されるのを待っている」とか、「私には、人生をこんなふうにつくりあげる使命がある」といった気づきがもたらされるかもしれません。

このような「気づき」が生まれるように、クライエントの話にじっくり耳を傾けながらさまざまな問いを投げかけていくのが、ロゴセラピーなのです。

一連の問いを投げかけていくことで、クライエントを挑発し、その魂を鼓舞していくのです。問いかけによって、クライエントを目覚めさせるのです。

セラピーの過程で、「自分は何をなすべきか」「何を求められているか」に気づくことができれば、クライエントの「いのちの働き」が活性化され、「生きる意欲」が喚起されていきます。そうすれば自ずと「心のむなしさ」は克服されていく、というわけです。

具体的な事例として、まず既に紹介した次のケースを思い出してください。

収容所の被収容者二人が、「もうこのまま生きていても仕方ないんじゃないか」と生きる意欲を喪失してフランクルのもとを訪れた時、フランクルは一連の問いかけをおこないました。その結果、一人は「未完のままになっているある学問上の著作」が、もう一人は「外国に住んでいる子ども」が、それぞれ自分を「必要」とし「待っていること」に気づいて、生きる意欲を取り戻していったのです。前者は、自分を待っている「創造価値」、後者は「体験価値」の存在に、それぞれ気づくことができたわけです。

次にもう一つの価値、すなわち「態度価値」への気づきをもたらすことに成功した一つのケースを紹介します。

このケースは、フランクルが著書や講演の中で最も好んで用いる事例で、ロゴセラピーの典型的なケースの一つとみなしていいと思います（ＰＥ）。

ある時、年老いた開業医が抑うつ状態に悩まされるといってフランクルのところに診察を受けにきました。彼は二年前に妻を亡くしたのですが、その痛手からずっと立ち直れずにいたのです。フランクルはただ、次のような質問を投げかけていったといいます。

「先生、もしあなたのほうが先に亡くなられていたら、どうなったでしょう。つまり奥様のほうが、あなたよりも長く生き長らえていたとしたら」

その老いた医師は言いました。

「もちろん妻はたいへん苦しんだにちがいありません」

フランクルは答えます。

「おわかりでしょう、先生。奥様はその苦しみを免れることができたのです。そしてそうした苦しみから奥様を救ったのは、先生、ほかならないあなたなのです。ですから今、奥様を失った悲しみにあなたが打ちひしがれていることには意味があります。奥様が受けたかもしれなかった苦しみを、あなたが代わって苦しんでいるという意味があるのです」。

この老いた医師は、何も言わずにフランクルの手を握り、去っていったといいます。自分の今の苦しみには「妻の犠牲」という意味がある。そのような見方ができれば苦しみは耐えるに値するものに変わっていくはずだ。フランクルはそうコメントしています。

このケースでは、「妻に先立たれた」という事実そのものは変えることができません。

それは、この老医師にとっては言わば、避けえない「運命」だったわけで、この「運命」そのものはもちろん変えることができません。奥様は生き返らないわけです。ただし、変更不可能な「運命」に対する「態度」、運命に対する「意味づけ」であれば変えることができます。

それまでは「自分にとってこの上ない大切な妻を失った」「もうあの幸せな日々は返ってこない」という「否定的な意味づけ」しかできずにうちひしがれていたこの医師は、フランクルとの対話の中で、別の「肯定的な意味づけ」を見出します。それは「自分のこの苦しみ、この喪失感は、妻を同じ苦しみから免れさせるためのものである」という意味づけ、つまり「妻の犠牲」という意味づけだったわけです。

これは、家族療法で「リフレーミング（reframing）」と呼ばれているものと同じです。事実そのものを変えるのでなく、その「意味づけ」を変えるのです。

日本の代表的なロゴセラピストだった高島博も、かなり以前からこのような見方を提示していました。「従病（しょうびょう）主義」という考えを提示し、治療不可能な病を抱えた患者にその病と闘わず、むしろその病に従って、「病と共に生きる」ことを勧めたのです。

高島の「従病」は、病気を追い払おうとしてそれと闘う「闘病」と対になるものとして提示されました。一般には、病気に打ち勝とうとしてそれと闘う姿勢はもちろん必要なものですが、中高年の慢性化した病気、動脈硬化、糖尿病、慢性リュウマチ様関節炎などの場合は別です。これらの場合、闘病に終始すれば患者の余生が陰惨な闘いと化するか、患者が消耗しきって病気をさらに悪化させてしまうのがおちだからです。

慢性リュウマチ様関節炎と診断され、両膝の痛みを訴えて訪れた七三歳の患者に、高島は次のように助言しています。「それなら足を優しく扱っておやりなさい。車にお乗りなさい。エレベーターを使って階段は上らないことです。お気の毒ですが、あなたの病気は完治しません。私にはあなたの病気を和らげることしかできません。しかし放っておいても病気がひどくなることはないでしょう。つまるところ、あなたはお年を召しておられる。足が少々痛くとも、何も不思議なことはありません」(『実存心身医学入門』丸善)。

この助言によって患者は、自分の病を受け入れる気持ちになり、しばらくして次のように語ったと言います。「これを治そうと思うのが間違いなのでしょう。そうではなくて、この年とった膝小僧と友だちのように付き合います。七〇年間もこの膝のやつに重荷を負わせてきたのですから、このへんでいたわってやらなくてはなりません」。

高島が「従病」と呼ぶのは、病気と闘うのをやめ、それを受け入れて自分自身を病気に適合させて「病と共に生きる」そういう態度のことです。

ところで、フランクルの提示するケースには、「収容所の話」とか「妻に先立たれた」といった、いわゆる重い話が多いように思います。高島の場合も、「不治の病」

とのつきあい方の話です。こんな例ばかり紹介したものですから、フランクル心理学

は、そのような悲劇的な状況にのみ適用されるもののように受け取られた方もいるか

もしれません。

決してそうではないのです。既に述べたようにフランクル心理学は、心に「むなし

さ」を抱えた一般の人々のためのものです。

このような誤解を解くためでしょうか。フランクルは、前に述べた「私はどうすれ

ば人生を意味あるものにできるのか」と質問してきた「一介の洋服屋の店員」に答え

る形で、次のように言っています。

活動範囲の大きさは大切ではありません。大切なのは、その活動範囲において

最善を尽くしているか、生活がどれだけ『まっとうされて』いるかだけです。具

体的な活動範囲内では、ひとりひとりの人間がかけがえなく代理不可能なのです。

誰もがそうです。人生が与えた仕事は、その人だけが果たすべきものであり、そ

の人だけに求められているものです。（TJLS）

たしかに私たちは、自分にとっても社会にとっても意味があることがはっきりわか

る「大きな仕事」をしていると有意義な人生を送れるように考えがちです。そして、逆の立場にある時は、「自分にはこんなちっぽけな、誰にでもできる仕事しか与えられない。自分にできることはそんなことくらいしかない」などと思ってしまいがちです。けれどフランクルは、人生の意味の問題に関しては、その人がどんな仕事をしているか、職業が何であるかは、重要でないと言います。むしろその仕事で、自分の「なすべきこと」「求められていること」に、どれだけベストを尽くして取り組んでいるかが重要だと言うのです。

一見大きな仕事、世間的に重要な仕事をしていても、それにふさわしい「なすべきこと」をおこなわず、「求められていること」を果たさずにいるなら、その人の人生もやはりまっとうされているとは言えない。逆に、たとえ世間的にはちっぽけな仕事であっても、そこで「求められていること」をきっちり果たしているならば、その人生は意味に満ちたものになる、とフランクルは言います。つまり一人ひとりの人間には、その人が満たすべき「使命圏」なるものが与えられていて、「その使命圏をどれほど満たしえているか」が重要なのだとフランクルは言うのです（TJLS）。

どんな仕事でも、その仕事において人は何かを「求められて」いて、「なすべきこと」を与えられているというフランクルの考えに、どこかプロテスタントの職業観に近いものを感じた方もおられるでしょう。たしかに、職業が昔から「コーリング

(calling)」とか「ベルーフ(Beruf)」と呼ばれたことの背景には、職業はすなわち「神の召命」として与えられたもの、という考えがあります。日本でも「天職」などと言う言葉がありますが、フランクルにもそれに近い職業観があることはたしかでしょう。

いずれにせよ、フランクル心理学は「収容所」とか「不治の病」といった特別な状況下にある人ばかりでなく、「ふつうの生活を送っているふつうの人」にとっても十分意味のあるものです。

ごくふつうの人が、ごくふつうの仕事をし、ごくふつうの生活を送っている。その中に、どんな小さなことでもいいから、自分が「求められていること」「できること」を見出して、それをまっとうせよ。そうすれば、きっと充実感のある有意義な人生が送れるはずだと言っているのです。

さて、ここまで読んできて、フランクル心理学では何か一定の考えを押しつけているかのように感じられた方もおられるかもしれません。

たしかに、フランクル心理学はある人生観を前提にしています。

それは、人はそれぞれの置かれた状況において、自分が「求められていること」「なすべきこと」「できること」を見出してそれをまっとうしていくべきだ、という人生観です。また、そのような構えで生きるなら、ただ「自分の幸せ」を追い求めている時に比べると、ずっと安定して確実な、ほんとうの「心の充足」を得ることができるはずだ、という「こころ」についての仮説です。

ここまでは前提にするのですが、そこから先の具体的な内容、つまりその人がその状況で「何を」求められていて「何を」なすべきで「何が」できるのか、といったことについては、まったくの白紙です。それらはすべてクライエントの自己決定に委ねます。

だからロゴセラピストは、「その状況で、あなたに求められていることは何ですか。あなたのなすべきこと、あなたにできることは何でしょうか」と問いかけてはいきますが、それに対する「答え」は出しません。それを見つけ出すのは、クライエントの仕事なのです。もしカウンセラーが「答え」を出してしまうと、それは「世界観的逆転移」と呼ばれて戒めの対象となります。「個人的な世界観や価値観が患者に『転移』されるようなことがあってはならない」のです（TTN）。

ロゴセラピストは、さまざまな問いかけによってクライエントを挑発し、その人の「なすべきこと」「求められていること」に彼の意識を向け変えて、それができたらすぐに身を引かなくてはなりません。なぜなら、その問いかけで魂を鼓舞されたクライエントは、自分の「なすべきこと」「実現すべき意味」に向かって、「自立して突き進まねばならない」からです（TTN）。もしここでロゴセラピストが「世界観的逆転移」をおこし、クライエントに「答え」を与えてしまうことでもあれば、相手の「自立」を損ねることになりかねないのです。

ロゴセラピーの技法①　逆説志向

フランクルとか実存心理学というと、テクニカルなものとは無縁と思われている方が多いかもしれません。けれど、ここまで読んでいただいた方にはおわかりいただけたと思いますが、ことフランクルに限っては、それは当てはまりません。

実存的対話においても一定の観点をはっきり持って対話にのぞみますし、オリジナルな二つの技法も駆使していきます。「逆説志向（paradoxical intention）」と「脱内省（dereflexion）」の二つの技法です。

まず「逆説志向」から説明しましょう。フランクルが一九三九年に開発したこの技法は、強迫神経症、恐怖症や不眠症などを主な適用対象とします。

この技法は、平たく言ってしまえば、「こんなことが起こったら……」とか「またこんなことをしてしまったら……」とクライエントが恐れている、まさにそのことを実際におこなわせたり、それが起こるように望ませたりする方法です。

たとえば、「店の窓ガラスをたたきわってしまうのでは……」と恐れているクライエントには、「『窓ガラスをたたきわってやるぞ』と思いながら窓のところに歩いていってください」と指示を与えます。

不眠のクライエントであれば、「『できるだけ起きていてやろう。今日は意地でも眠らないぞ』と思ってください」と指示を与えるのです。

まさに「逆説」療法であり、その逆説的なことを「志向」させる療法です。

では、何のためにこんなことをさせるのでしょうか。

強迫神経症や恐怖症の人の多くは、自分の症状（例：何度も手を洗わないと気がすまない）に過度に注意を向けてそれと闘ったり、予期不安のためにそれから逃れようとして、さらに症状を悪化させるという悪循環に陥ってしまっています。「恐怖症と強迫神経症の病因の少なくとも一部は、患者がそれから逃れようとしたり、それと闘おうとすることによって起こる不安や強迫観念の増大にある。恐怖症の患者は不安が起きるような状態を常に避けようとする。一方、強迫観念を持つ人は、その強迫観念を打ち負かしそれと闘おうとする。どちらの場合も、症状を増大させるばかりである」（PE）。

このような考えから逆説志向では、クライエントに、結果的に症状を悪化させてしまっている彼の「態度」を変えさせようとします。症状から「逃れよう」、おそるべき結果を「避けよう」とする態度を、まさにそれを「望もう」とする態度へと変えるのです。

ここで注意してほしいのは、逆説志向が求めているのは、ただ単に「恐れていることをおこなう」という行動レヴェルのことではなく、自分が恐れている症状に対する「態度の変更」「こころの構えの変更」だということです。そしてこれはフランクルの理論によれば、「精神」次元の働きなのです。

フランクルが人間を「身体」「心理」「精神」の三次元で捉えていることについては、既に説明しました。彼は、「心理」次元と「精神」次元をハッキリ区別するのです。

強迫神経症や恐怖症、不眠症などは、「心理」次元の病理に「精神」が飲み込まれてしまっている状態です。「眠りたいけど眠れない」という心理次元の病に、その人そのもの（精神次元）が引きずられ、巻き込まれてしまっているのです。そこでフランクルは、精神次元を心理次元からはっきり離脱させるべきだと考えます。そしてそのためにとられるのが、「まさに恐れていることを望ませる」という逆説志向のアプローチなのです。

自分自身（精神次元）をその心理次元の病から離脱させるというこの働きを、フランクルは「心理—精神拮抗作用」と呼びます。それは、精神的な存在としての自分自身を、自らの心理状態から突き放し離脱させるという「自己離脱」の力によるものなのです。

では、逆説志向の実際がどのようにおこなわれるかを見ていきましょう。

H婦人は、一四年間、化粧台の引き出しがちゃんと整理されているか、また鍵がしっかりかかっているかを調べる強迫観念に苦しんでいました。彼女は、引き出しの中身を絶えず調べ、引き出しをしめておいて指の関節で更に強く、何度も鍵を回していました。そのため彼女の関節は傷つき、出血し、またタンスの鍵は何度も壊れたといいます。

H婦人は後に、彼女が五歳の時、とても大切にしていた人形を兄が壊してしまい、それをきっかけに玩具(おもちゃ)を化粧台にしまいこんで鍵をかけ始めたことを思い出しました。また彼女が一六歳の時、妹が無断で彼女の一番大切なパーティー衣装を着ているのを見つけ、それから衣装ダンスに注意深く鍵をかけるようになったことを思い出しました。けれども彼女を強迫行為から解放したのは、このような内省ではなく、逆説志向だったのです。セラピストは彼女に、「化粧台や衣装ダンスに無造作にものを投げ込むこと。しかもできる限り乱雑にすること」と指示を与え、彼女自身も引き出しをできるだけ散らかしておくように努めました。すると入院して四日目以降、彼女は化粧台を整理するのを忘れるようになり、次第に鍵をかけるのさえ忘れるようになっていったのです。

彼女が、強迫観念なしに毎日の雑用をすることができるようになったのは、入院後一六日目でした。さらに退院後彼女は、時折、強迫観念が戻ってくるのを認めはしましたが、今ではそれを無視することができるようになったと報告していたといいます。

フランクルは他にも、逆説志向による次のような成功事例を紹介しています。

- 四年間、激しい発汗恐怖に苦しんでいたある内科医の例。自分はまたひどく汗をかくのではないかと恐れ、この恐れがさらに発汗をひどくするという悪循環に苦しんでいた彼は、面接の後、次のように自分に言い聞かせた。「私はまだ一リットルしか汗をかいていないので、せめて十リットルはかいてやろう」。その結果彼は、たった一回の面接で発汗恐怖から解放されていった。
- 何年もの間、書痙(しょけい)に苦しみ、職を失いかけている帳簿係の例。彼女は、綺麗(きれい)な文字を書こうとする代わりに、次のように自分に言い聞かせるよう指示された。「さて、私は自分がどれ位悪筆家であるかをみんなに示してやろう!」。ところが彼女は、どんなにでたらめに書こうとしてもそれができず、治療開始後四八時間以内に書痙から解放されていった。
- 人前に出ると胃がごろごろ鳴るのに困っていた学生の例。この学生は胃が鳴るのは自分に終生つきまとうことだと諦め、他の人と一緒に自分の胃が鳴るのを笑い始めた。すると間もなく、胃は鳴らなくなった。
- 吃音で悩んでいたある中学生の例。クラスで劇を演じることになり、そこで彼が

「吃音」役をうまく演じようとしたところ、まったくどもれなくなった。

逆説志向がどんなものか、だいたい理解していただけたでしょうか。

日本での実践例も紹介しておきましょう。

事務所の中を歩くと左足が膝関節のところで引っかかってうまく歩けないと訴えた四二歳の男性の事例です。話を聴くと、そうなるのは会社の事務所の中だけで、階段を上る時も、走る時も、野球をする時も普通に歩けると言います。彼の症状は、彼が上司に呼ばれてある失敗を叱られた後から始まったことも明らかになりました。取るに足らない小さなミスを大げさに注意され、すごすごと自分の椅子に戻る時、左足を椅子の脚にひっかけて、転びそうになったのだそうです。この出来事が原因とわかり、心理療法、催眠療法、自律訓練法などさまざまな治療を受けても効果は見られなかったそうです。

高島博は、まず彼に自分の目の前で歩かせてみせ、その様子を確認した後、「今度は右足を引きずって歩くように」と命じました。すると彼は右足を引きずって歩いてみせたのですが、その時彼の左足は普通に歩いていたのでした。高島がそれを指摘すると彼は怪訝そうにしましたが、それを認めました。次に高島が「今度は両足を引きずって歩いてごらんなさい」と促すと、彼は「先生、冗談はやめてください」と言いながら、両足とも引きずらずにまともに歩いたと言います。さらに高島は「もっと目立つように左足を引きずって歩くように」と促しましたが、やはりそうできなかったそうです。

高島は彼に「近いうちに出勤して事務所の中で、月水金は右足を引きずって、火木は両足を引きずって歩くように」と宿題を出したのですが、彼は笑って診療所を去った後、すっかり普通にしか歩けなくなったそうです。逆説志向が見事に効を奏した事例と言えます（『実存心身医学入門』前掲書）。

この高島の事例は、さわやかなユーモアに満ちています。

フランクル自身も逆説志向について、「ユーモアのセンスに含まれる自己離脱という能力」を使った技法であると説明しています。逆説志向の目指すところは、「患者に自分のノイローゼを笑い飛ばさせることによって、自分のノイローゼに対して距離をおく感覚を発展させること」にある、と言うのです（PE）。

最後に紹介するのは、一年間、「自分は突然死んでしまうのではないか」という強い不安と、期待不安を伴った発作的な心悸亢進（しんきこうしん）に悩んでいる女性のケースです（PE）。彼女は、最初の発作が起きた後、また発作が起きるのではないかと恐れ、その恐れのために発作を起こしていたといいます。彼女は、自分は恐れの感情を持つと必ず心悸亢進におそわれるのだ、いつか街の中で倒れてしまうのではないか、と恐れていたのです。

フランクルの助手コクレックは、そんな時には次のように自分に言い聞かせるようにと指示を与えました。「私の心臓はもっと早く打つだろう！　私はこの道の上で、今すぐにでも倒れてしまおう！」。さらに、何か危険を感じる場所があったら、そこを避けるのでなく、あえてその場所に行くように指示しました。

二週間後、彼女は自分の心悸亢進が起こらなくなり、不安が消えていったことを報告しにきました。さらにその数週間後には、次のような報告があったといいます。「時々、ちょっとした心悸亢進が起こることはあります。けれどその時私は、次のように自分に言い聞かせるのです。『私の心臓よ、もっと早く打て！』と。するとすぐに、心悸亢進はおさまるのです」。

フランクルの病院では他にも、それまで六〇年間も洗浄強迫に苦しんだ六五歳の女性に逆説志向を適用して成功したケースがあるそうです（ＷＭ）。

逆説志向はこのように、慢性的な神経症の治療に役立つ場合もあります。けれどもフランクルは、逆説志向は決して万能薬ではないことに注意を払う必要があると呼びかけています。フランクルによれば、逆説志向による恐怖症及び強迫状態に対する治癒率は八八％ですが、一般には、特に数週間から数ヶ月の「急性のケースの短期治療」に適しているということです（ＷＭ）。

さらにフランクルは、人間の自己離脱の力には個人差があるので、逆説志向はむやみに用いられるべきでないこと、個々の患者の状態に応じて慎重に用いられるべきことを指摘しています（PE）。

特に「うつ病」の患者に逆説志向を用いることは厳しく禁忌とされています。ところで、「本人の恐れていることを敢えてしようと欲させる」この荒療治を、フランクルはいったいどこから思いついたのでしょうか。

どうやら、フランクルの趣味であるロック・クライミングの経験かららしいのです。フランクルは、霧と雨の中でロック・クライミングをしていて、登山仲間が転落するのを目の当たりにしたことがあります。その仲間は、運よく六〇〇フィートも下で生きていたのですが、この事件で心理的ショックを受けたフランクルは、にもかかわらずその二週間後に、あえて同じ岩壁にチャレンジしにいきました。しかも、前と同じ霧と雨の日に。そうすることで、そのショックを克服しようとしたのです。

フランクルは学会発表などでよく、人生を山登りにたとえるといいます。

フランクルにとっては逆説志向も、単なる心理治療技法でなく、自らの生き様そのものの反映にほかならないのです。

ロゴセラピーのもう一つの技法② 脱内省

これは、その名の示す通り、自分や自分の行為についての、あるいはその行為の結果についての過剰な「内省」を「やめる」「とり除く」という方法です。

脱内省の主たる適用対象の一つ、性神経症を例にとって具体的に説明しましょう。

性神経症とは、インポテンツとか不感症といったものです。これらの場合、男性が自分の性交能力を示そうとしすぎてかえってその目的を達成できなくなっているか、あるいは女性がそのオルガズムの能力を示そうとしすぎてかえってその目的が達成できなくなっているか、そのどちらかである場合が多いとフランクルは言います。一般に、人間の快楽には、それを追い求めれば追い求めるほどそれを獲得できなくなるという法則があるのですが、性的快楽の場合にも、この法則が当てはまるのです。

なぜそうなってしまうのでしょうか。

男性であれ女性であれ「うまくセックスしなければ……」と考え始めると、愛しているはずの相手にでなく、自分自身に注意が向き始めます。セックスの間、実は相手ではなく、自分のことを見つめているわけです。これでは、セックスを楽しめるはずがありません。その結果、インポテンツとか不感症といった症状が生まれてきます。

ここには自分自身についての「内省過剰」という病があります。現代人はとかく自分を見つめ、自分に注意を注ぐ余り、本来の目的を見失ってしまいがちです。セックスの場合であれば、自分がうまくできるかどうかに注意を注ぐ余り、その本来の目的である「愛する人とのふれあい」を忘れてしまうのです。フランクルはこのことを、どんな順序で足を動かすのかたずねられたムカデが、そのことを考え始めた途端足を動かすことができなくなって、飢えて死んでしまったという話にたとえて痛烈に皮肉っています（WM）。

では、どうすればいいのかと言えば、話は簡単。セックスをしている間、自分のことは忘れて、愛する人とのふれあいに気持ちを向けていけばいいのです。フランクルはそれが「自己離脱」と「自己超越」という人間の本性にかなった自然な行為だと言います。

反省除去はもちろん、セックスの悩みだけにかかわるものではありません。「過度の自己内省」や「過度の自己観察」のために、本来持っている自然な力が発揮されないでいるすべての状態に、この方法は適用できます。

次に示すのは、過剰な意識のために、本来の力を発揮できずに苦しんでいるある女性画家の事例です。彼女は、その日記に次のように記していました。

「スケッチを始めたが、うまくいかない。少しもインスピレーションがわかない。興味深い色彩が浮かぶのだが、全体の構図がしっくりしない。夜になる。私は描くのをやめて台所の仕事をしなければならない。台所に入るや否や、私には見えてくる。お椀にならんでのし棒がある。曲線と直線の心をわき立たせる関係、この数日間私が探し求めていた線の組合せ。いったいなぜ私には描けないのだろう。多分それを私が意図しているから」。

このケースでは明らかに、「過度の自己観察」によって、彼女の自然な創造性が損なわれています。フランクルは彼女に「脱内省」を教え、この「過度の自己観察」を取り除きました。彼女も、自分が意図していたものを無視し、それを打ち捨てて、別の何かに向かって行動しようと努めました。すると次のように変わったと言います。

「ひっきりなしにわいてくる数々のイメージ。私はお客を迎え電話にとびつかなくてはならない。沢山の仕事に忙殺されてしまっている。しかしその合間にも、二枚の風景画を描いた。これは私の最高作品だ！しかもそれらは一気呵成に『ひとりでに』出来上がっていたのだ……」（*Die Psychotherapie in der Praxis*）。

脱内省の適用領域について、フランクルは次のように言います。「ことにノイローゼや統合失調症の兆候を示す心理次元内における病的事象に対して、この自己離脱という独特な人間の能力が動員されるのである」。「人間であることの本質特徴として責任性を強調するとはいえ、ロゴセラピーはノイローゼや統合失調症の兆候に対してまで人が責任を負うべきだと言っているのではない。しかしロゴセラピーは、このような病的兆候に対して、どんな態度をとりうるかを本人に考えさせるのである」(PE)。

つまりフランクルは、統合失調症やノイローゼの兆候そのものはもちろん本人の責任ではないにしても、①自分の統合失調症やノイローゼの兆候を見つめて、それに飲みこまれていくのに身を任せるか、それとも②それらの病的兆候から距離を取って自分自身を切り離すか、このいずれかをとるかは、クライエント本人の選択の問題だというのです。

そして②の選択肢を提示し、それを促すのが「脱内省」なのです。

フランクルがおこなった実際のケースを見てみましょう。

一九歳の統合失調症の少女との治療面接の事例です(WM)。

彼女は、自分の無感動と内的な「混乱」を訴えて援助を求めてきたそうです。

面接記録の一部を引用しましょう。

患者　私を当惑させているのは、私の内部で起こっているのは何なのかということなんです。

フランクル　考え込まないことです。あなたの根源を探ろうとしないことです。それは私たち医者にまかせればいいのです。私たちは、あなたがその危機を通り抜けられるように導きます。あなたを待っている目標はありませんか。たとえば、芸術の仕事など(引用者註・患者はウィーン芸術アカデミーの学生)。あなたの中で醗酵している多くのもの——まだ形にならない芸術作品、創造を待っている未完成の絵など、あなたによって生み出されるのを待っているものが何かありませんか。そういったことを考えてください。

患者　でも、この内部の混乱が……。

フランクル　あなたの内部の混乱を見つめないで、あなたを待っているものに目を向けてください。大切なのは、心の中に潜んでいるものではなく、未来であなたを待っているもの、あなたによって表現されるのを待っているものなのです。精神的な危機があなたを悩ませているのはわかっています。でもその悩みの波は私たちに静めさせてください。それは私たち医者の仕事です。精神科医にまかせてください。

とにかく、自分自身に目を向けないでください。あなたの内側でおこっていることを見つめないで、あなたになされるのを待っていることを探してください。だから症状のことを話し合うのはやめましょう。不安障害とか強迫症とか。それがどんなものでも、あなたがアンナであるという事実、何かがアンナを待っているという事実を考えましょう。あなた自身について考えないで、あなたが創造しなければならない作品、まだ生まれていないその作品に目を向けてくださいあなたがどんな人かは、あなたがその作品を創ることではじめてわかることなのです。

神経症者や統合失調症者は、自分の症状と闘うことで、それをさらに悪化させている場合があります。脱内省は、この悪循環を断ち切ろうとするのです。

脱内省の原理は、日本生まれの神経症の治療法である森田療法と似ています。森田療法では患者の不安や症状に関する訴えには取り合いません。神経症者が自分の症状に目を向けると、意識はますますそこに固着していくからです。不安や心配事は無理に消し去ろうとせず、それを感じながら「あるがままに、なすべきことをなせ」と教えます。

脱内省も、患者に、自分の内部の混乱や症状に目を向けるのをやめて、なすべき仕事や愛する人へ意識を向け変えよと説きます。どちらも、症状や不安と闘うことでさらにそれを悪化させている悪循環から、患者の意識を解き放つことをねらっているのです。

ＰＩＬ（人生の目的テスト）

フランクル心理学にも、心理検査があります。人生の目的について今の自分はどう感じているか、それを調べ、数量化するのです。

「人生の目的意識」を数量化するということに、何となく抵抗感を覚える方も少なくないでしょう。かくいう私もそうで、私自身は、あまりこれを使っていません。

しかし当のフランクルはこのテストの開発をたいへん喜んでいますし、数量化の好きな日本では、このテストの原産国であるアメリカでは自由記述だった箇所も数量化可能な形式にして、臨床的にもそれなりに有効なデータとなっているようですので、やはり紹介しておく必要はあるでしょう。

PIL（人生の目的テスト：Purpose in Life Test）というのがそれで、フランクルの提示した「実存的フラストレーション」「実存的空虚」「精神因性神経症」などの実存的諸概念について数量的に測定することを目指して、アメリカの心理学者クランボウとマホーリック（L. Maholick）が作成したものです。

フランクル心理学の心理検査としては、他にもドイツ人のエリザベス・ルーカスという人が作ったロゴテスト（Logo Test）というのがありますが、今のところ、欧米でも日本でもPILのほうが有名で、よく使われてもいるようです。

クランボウらによるリサーチの結果、精神因性神経症は従来の神経症とは別のものであることや、人生の意味を求めることは性差、知能水準、教育水準などに左右されないことなどが判明しています。

PILの内容について説明しましょう。

PILはA、B、Cの三つの部分から構成されています。

Aは「態度スケール」と呼ばれていて、どの程度「人生の意味、目的」を体験しているかを問う二〇の質問項目からなっています。各項目の回答欄の両端には、測定しようとする態度の両極を表す文句が記されています。

たとえば、次のようにです。

・①私はふだん退屈しきっている——⑦非常に元気一杯ではりきっている

・①生きていくうえで私にはなんの目標も計画もない——⑦非常にはっきりした目標や計画がある

態度の両極のどこに位置するかによって、項目はすべて七段階尺度で評定されます。

Bは文章完成法で、以下のような一三項目からなっています。

・私にとって最も絶望的に感ずることは——

・私の最高の望みは——

・私の人生の本当の目的は——

・私が今、成しとげつつあるのは——

この後に、今の自分のことを率直に記して、文章を完成するのです。

Cは自由記述形式で、人生の意味や目的について、またそれをどのように経験し達成しつつあるかについて記述を求めています。

クランボウらのオリジナル版では、BとCは臨床的に使用するためのものとして数量化はおこなっていません。しかし、佐藤文子らが作成した日本版PILではそれを、①人生に対する態度、②人生の意味・目的意識、③実存的空虚感、④態度価値の四つの局面ごとに七段階評定して、数量的に評価するようになっています。

このようにPILは、人生の目的意識を調べる心理検査となっています。

しかし私は——詳しくは〈付論・その1〉で述べますが——ここで測定しているのは、正確にはフランクルの言う「人生の意味」とは異なるものであることに注意を払う必要があると思います。

私はここで、PILの不備を指摘しているのではありません。

フランクルの言う「人生の意味」は、原理的に、その実現の成否を確かめうる性質のものではないと言っているのです。

フランクルの言う「人生の意味」とは、私を超えた「向こう」から——つまり超人間的な次元から――送り届けられてくるものです。ですからそれを実現しえたか否かは、本人にさえ、わかりません。フランクル自身、次のように言っています。「最後の一瞬まで、最後の息をひきとるまで、人間は、自分がほんとうに人生の意味を実現できたかどうかを知ることはできないのです」（ＬＳＬ）。

フランクルの言う「人生の意味」がこのようなものである以上、それはＰＩＬで――というより、いかなる心理検査を使っても――測定しうるものではありません。測定しうるのは、せいぜい、それを「実現したような気がする」という主観の状態どまりです。

この問題は、ＰＩＬにとってというより、フランクル理論にとってきわめて重要な問題を含んでいます。ＰＩＬのほうに引きつけられて理解されると、フランクル理論は、単に主観的な「生きがい」や「目的」意識を持つことの大切さを説いている理論と誤解されてしまうおそれがあるのです（そしてそうなれば、フランクル心理学はもはや、死んだも同然です）。

にもかかわらず、フランクル自身は自分の理論とＰＩＬの関係について、何の注意も警告も述べておらず、むしろＰＩＬの普及をおおいに喜んでいるふうなので、私にははなはだ不可解です。自分の理論が多少の誤解を被りながらでも普及していくことに喜びを感じているのでしょうか。もしそうならば、学者としては堕落にほかなりません。

かなり辛辣なことを述べてしまいました。けれどももちろん、この点にさえこだわらなければ、PILはおおいに意味があるし、また有効に活用できるものだと私は考えています。

たとえば学校教育では、これを単に心理検査として使うだけでなく、生徒に自分の目的意識を明確にさせる実習へと発展させていくこともできると思います。記述後小グループで話しあいをさせれば、ちょっとした構成的エンカウンターのエクササイズになります。

また教師にとっては、B・C欄の記述内容は生徒理解の豊富な手がかりとなるでしょう。生徒が何を望み、どんな目的を持っているかを知る上で、貴重な資料となるのです。

日本版PILに関心のある方は、次の本をご覧になってください。岡堂哲雄監修PIL研究会編『PILテスト日本版マニュアル』システムパブリカ一九九三年。

宗教との違い

ロゴセラピーと宗教はどのような関係にあるのでしょう。

ここでは、セラピーの実践の文脈に限って、ロゴセラピーと宗教の関係を整理しておきましょう。

比較的初期の著作では、フランクルは両者をかなり直接的に関係づけていました。たとえば、一九五〇年の『苦悩する人間』（ＨＰ）では、次のように書かれています。

心理療法の適用領域の範囲内で実存分析とロゴセラピーは必然的に宗教的な問題につき当たる。無意識の宗教性に関する私たちの研究から明らかなように、実存分析は宗教性の無意識への抑圧を取り除かなければならない。一方ロゴセラピーは、いつか宗教性が意識されることに対する抵抗を取り除かなければならない。〔…〕実存分析の対象は無意識の信仰である。ロゴセラピーの対象は意識された不信仰である。

これではあたかも、こう言っているかのようです。すべての人間は本来、無意識にであれ信仰心を抱いている。けれどもそれを意識的には認められない人がいる――つまり抑圧しているのだ。だからロゴセラピーではこの抑圧を取り除き、抵抗を除去して、無意識に押し込められていた信仰心を意識化させなくてはならない、と。

いずれにせよ、かなり宗教色の濃い心理療法であると受け取られても仕方のない表現であることはたしかです。

すべての人間は無意識には信仰心を持っている、というフランクルのこの確信は、意識的には無神論者である患者が、知らず知らずのうちに信仰心を示しはじめたという セラピー中の経験から生まれてきたものです。フランクルには『無意識の神』という著作があり、そこではたとえば、無神論者の患者が宗教的な内容の夢を見たとか、自分のことを無神論者で唯物論者だと言いきっていた患者が、自分の精力減退について「私はその時神が復讐（ふくしゅう）しているのかもしれないという強迫観念を抱きました」と言ったとか、そういった事例がいくつも報告されています（UG）。

フランクルのこうした論証にどれだけ説得力があるか、正直なところ私にはかなり疑問が残ります。キリスト教文化圏で生まれ育ったクライエントなら、夢の中にそうした内容が現れてくるのは当然で、単なる文化的条件づけにすぎないのではないかとか、フランクル自身の信仰心を強く投影しているだけではないか、といった疑問が湧いてくるのです。

ともあれここでは、初期（四〇代半ばまで）のフランクルが、ロゴセラピーと宗教の間に、かなり直接的で強いかかわりあいを認めるのにためらいがなかったということを確認しておくにとどめましょう。

しかしフランクル心理学がその後世に広まり、普及するにつれて、キリスト教関係者が彼を絶賛する一方で、他の立場の精神医学者たちはむしろ彼を敬遠するようになっていきました。こうした現実を目の当たりにして、フランクルは、ロゴセラピーと宗教の間の区別をしきりに強調するようになっていきます。

自分のアプローチは信仰の有無如何にかかわらず、誰にでも使えるし、どの患者にも適用可能なものですよと主張し始めたのです。

一九六九年（フランクル六四歳）刊行の本には、次のように書いています（WM）。

次のように質問されることがあります。「ロゴセラピーのどこに恩寵があるのですか」と。私は次のように答えています。「処方を書き、手術をする医者は、できる限り注意深く書いたり手術したりすべきであって、恩寵をひょいと放ってやるべきではありません」。

ロゴセラピーはプロテスタントの、カトリックの、あるいはユダヤ教の心理療法ではありません。宗教的心理療法というものは、正しい意味では考えられません。なぜなら、心理療法と宗教の間には本質的相違、次元的相違があるからです。はじめから両者の目的は異なっています。心理療法は精神的健康を目指していますし、宗教は救済を目的としているのです。

まことにもっともな指摘で、ロゴセラピーを宗教とはっきり区別しようとするフランクルの強い意志が伝わってきます。たしかにキリスト教は神の栄光に対して賛美歌を歌うのであって、不眠症の治療のために賛美歌を歌うわけではありません。

フランクルはさらに、次のように話を展開します。「心理療法家は患者の宗教生活にかかわってはいけません。ただし意図しない副次的な結果として、患者の宗教生活に貢献することがあってもかまいませんが」。「ロゴセラピーは心理療法と宗教の境界線を横切るものではありません。けれどロゴセラピーは宗教にドアを開いたままにしておきますし、そのドアを通るかどうかは、あくまで患者にまかせます」(WM)。

ロゴセラピーは患者の信仰に直接かかわるものではもちろんない。けれど純粋な信仰心が結果的に精神的健康をもたらすことがあるのと同じように、心理療法としておこなわれたロゴセラピーが、やはり結果的に患者の信仰心を目覚めさせることもある。このような可能性は認めておくべきだ、というのがフランクルの考えです。

こうしてフランクルの初期の著作ではかなり直接的に結び付けられていたロゴセラピー(実存分析)と宗教は、後期の著作においてはハッキリと区別され、両者はただ意図せざる結果としてだけ、間接的にのみ、かかわりあうものとして位置づけし直されています。

第６章　主要著作とその概要
――もっとフランクルを知りたい人のために

最終章であるこの章では、「もっとフランクルを知りたい」「フランクル自身の書物を読んでみたい」と思われた方のために、主要著作の概要を紹介します。

翻訳されているものも少なくありませんが、率直に言って、それらはかなり似た内容のものが多いのです。したがって、どの本を読むかの選択を誤ると「何だどれもほとんど同じじゃないか」ということになってしまいます。

そこで本章では、できるだけ翻訳のあるものを中心としつつも（翻訳のないものも含めて）、「この本にはオリジナルな内容がある」と思われる著作をピックアップしていきたいと思います。この章を読めば、賢く無駄なくフランクルを読めること間違いなし、というわけです。

「哲学と心理療法――実存分析の基礎づけのために」

Philosophie und Psychotherapie:Zur Grundlegung einer Existenzanalyse, In:*Schweizerische medizinische*

Wochenschrift, 69, 1939, SS. 707-709, 諸富祥彦「哲学と心理療法——実存分析の基礎づけのために」『教育と教育思想』12集教育思想研究会　一九九二

フランクルは戦前に四本の論文を発表しています。

①高校生の時フロイトに私信として送り、翌年『国際精神分析雑誌』に掲載された「身振りの肯定と否定の成立について」（一九二四年）

②その翌年（フランクル二〇歳）に今度はアドラーが創始者である『国際個人心理学年報』に掲載された「心理療法と世界観」（一九二五年）

③実に一三年にわたる沈黙の後、「ロゴセラピー」と「実存分析」の語を初めて文字にした「心理療法の精神的問題性について」（一九三八年、フランクル三三歳）

④そしてその翌年（一九三九年）、フランクル三四歳の時に発表された本論文です。

つまりこの論文は、フランクルが戦前に書いた最後の論文です。四つの論文の中では最も体系的に書かれていて、フランクル思想の原点がくっきりと描かれた論文になっています。これまでフランクルの思想や方法は「アウシュビッツにおける収容所体験から生まれてきた」という通念が邪魔してか、一部の専門家による研究は除いて、彼の戦前の論文は最近まであまり着目されてきませんでした。

しかしこの論文の内容を読めば、フランクルの理論や方法の骨格が既にこの時点でほぼ完成されていたことが明白ですし、その意味でも資料的価値の高いものです。

論文のタイトルからも明白なように、この論文は「哲学と心理療法の境界領域」に踏み込むことを目的としています。具体的には、次の四つの内容が含まれています。

①哲学によって心理療法を批判的に検討する。

②心理療法によって哲学（世界観）を批判的に検討する。

③心理療法を哲学（倫理学）の手段として利用する。

④哲学を心理療法の手段として用いる。

いささか大味な感じのする課題設定ですが、読み進めるうちに、フランクルの意図が④に、つまり「哲学を手段として使う心理療法」の提唱にあることがわかってきます。

まず、①においては精神分析と個人心理学が批判され、人間存在の本質を「意識存在」と「責任存在」とに求める実存分析の基本テーゼが提示されます。これは、後に彼のデビュー作にして主著となる『医師による魂のケア』の基本仮説として、そのまま引き継がれていくことになります。人間は「身体―心理―精神」の統一体であるという、後に「次元的存在論」として体系化される考えの萌芽（ほうが）もここで示されています。②においては、患者の〈哲学する〉営みを心理学主義の枠内でコンプレックスや劣等感に「還元」してはならないこと（つまり心理療法によって哲学を批判的に検討することなどできないこと）、たとえば患者の計算間違いに対しては心理学的に解釈することは必要でなくただ間違いを指摘してやればそれですむのと同じように、「哲学する患者（der philosophierende Patient）」に対して私たちは世界観の地平にとどまって真向から答えなくてはならないということが指摘されます。そして、そのために心理療法を補完するものとして、ロゴセラピーが提唱されています。

③においては、心理療法が倫理的な人間感化の技術的な道具となってよいか、という問題がとりあげられています。医師は常に患者の世界観的な決断と個人的な価値評価の問題に直面するがそれを無視してはならないこと、その際医師は価値評価することは避けられないが、しかしだからといって決して自分の価値観を患者に注入してはならないことが指摘されています（後にこれは、「世界観的逆転移」の戒めとして強調されていきます）。

この「価値評価の不可避性」と「価値観の注入の禁止」のディレンマに直面して医師がとるべき態度は何でしょうか。フランクルは、その解決のポイントを「責任性」という「形式的な倫理的価値」に求めます。自らの「責任性」を深く意識するということ。「まさにここまでは、心理療法は暗黙にも明らかにも価値評価する行為として進んでいいし、またそうすべきである。心理療法によって実存の本質特徴としての責任性を深く意識するに至った患者は自ずと、ひとりでに、自らの人格が唯一のものであり、またその運命がただ一度きりのものであることに相応しい価値評価をするようになるだろう」と言うのです。

④においては、患者に自分が責任存在であることを意識させることの治療的意義が説かれます。その際、単に責任性一般を意識させるにとどまらず、「特殊な課題に対する特殊な責任」を意識させなくてはならないこと、漠然とした責任の意識ではなく「特殊な使命意識（Missionsbewußtsein）」を意識させることの必要性が説かれます。

この時この意識は「まったく特定の個人的な課題と共に世界の中に置かれているという体験になる。個人的な責任性の意識、すなわち、自分だけに固有な使命の体験ほど、人間をして自らの精神を高く引き上げさせるものはない。この体験ほど人に活力を与え、苦難と困難とを克服せしめうるものは何ひとつない。ここに、現存在を責任存在として分析することの、すなわち、人間存在をその本質特徴である責任存在へと分析することの、心理療法的に見て際立った利用価値が存在する」。

このような見地から「心理療法の中に倫理学を取り入れること」、すなわち、責任存在であり使命を持つ（Mission-haben）存在であるという人間存在の本質を心理療法の中核に据えること、それによって患者にその特殊な責任と課題とを示すことの必要性がこの論文の結論として説かれています。

ここで着目すべきは、「自分だけに固有な使命の体験」について、この体験ほど「人間を自らを超えて高く引き上げるものはない」この体験ほど「人に活力を与え、苦悩と困難とを克服せしめるものは何ひとつない」としている点です。一九四〇年代半ばの初期文献において、フランクルは「使命」を「意味」とほぼ同義で互換可能なものとして使っています。フランクル初期文献に用いられている「自分だけに固有な使命の体験」の治癒力は、もっと注目されてよいでしょう。

『医師による魂のケア――ロゴセラピーと実存分析の基礎づけ』
Ärztliche Seelsorge: Grundlagen der Logotherapie und Existenzanalyse 1946 霜山徳爾訳『フランクル著作集2 死と愛 実存分析入門』みすず書房 一九五七／山田邦男監訳 岡本哲雄・雨宮徹・今井伸和訳『人間とは何か――実存的精神療法』春秋社 二〇一一

フランクルのデビュー作であり、主著でもあります。日本では『死と愛』という書名で『夜と霧』と並ぶフランクルの代表的著作として親しまれています。

フランクルが戦前から温めていたロゴセラピーと実存分析の体系を、一冊の書物として初めて世に問うたのが本書なのです。

フランクルがこの本にいかに懸けていたかは、既に紹介した次のエピソード、すなわち彼が強制収容所に送還される際、この本の原稿を外套の裏地に縫い合わせて、それだけは何とか奪い取られまいとしたというエピソードにも示されています。またその際、あるふるい囚人に次のように懇願したことも記されています。

「ねえ君、聞いてくれ。ここに私の学術書の原稿がある。……生命が助かること、それが全部であり、運命から願える最大のことだということも知っている。だけど私はどうしても我慢できない。……実は私はこの原稿をとっておきたい。何とかしてとっておきたいのだ。これは私のライフワークなんだ……」

また、一九四五年の冬から春にかけてほかの囚人と同様に発疹チフスにかかったフランクルが、それでもなお小さな紙片に速記用の記号を綴りながら、この本の原稿の再生にとりくんだというエピソードも残されています。

それにしても、何たる執念！　フランクルがこの本にかけた執念は、まさに筆舌に尽くし難いものがあります。

内容についてはこれまで述べてきたことと重なりますのでごく簡単にしか触れません。第一章「心理療法からロゴセラピーへ」では、従来の心理療法を補完するものとしてロゴセラピーが提唱されます。人間実存の本質特徴が「責任性」にあることを踏まえた上で、ロゴセラピーは「精神的なものから」の呼びかけによって、「責任性」を意識化させるのだと言われています。

この本の中心をなす第二章「精神分析から実存分析へ」は、その名のとおり、精神分析を批判しながら実存分析の基本的な考えを提示する内容になっています。第二節「特殊実存分析」においては精神病や神経症の問題が論じられますが、本書の中心は何と言っても第一節の「一般的実存分析」です。そこでは「生命の意味」「苦悩の意味」「労働の意味」「愛の意味」といった問題が論じられます。人生にはいかなる状況にあっても必ず何らかの意味がある、そればかりか苦悩そのものにもやはり意味があるというフランクルの基本主張が展開されています。

人間は人生の意味を求めて問いを発するべきでなく、むしろ「人生から問いかけられている存在」、人生からの問いに責任を持って答えなければならない存在なのだというフランクル心理学の基本命題も、ここで初めて本格的に披瀝されています。

『ある心理学者の強制収容所体験』

Ein Psycholog erlebt das Konzentrationslager 1946　霜山徳爾訳『フランクル著作集1　夜と霧』みすず書房　一九六一／池田香代子訳『夜と霧　新版』みすず書房　二〇〇二

フランクルの名前を世界に轟かせた一冊。日本では『夜と霧』の書名で知られています。既に六〇年にわたって読み継がれ、ロングセラーとなっています。

米国では最初（一九五九年）『強制収容所から実存主義へ——ある精神科医の新しいセラピーへの道』(*From Death-Camp to Existentialism:A Psychiatrist's Path to a New Therapy*)の書名で刊行されましたが、その四年後（一九六三年）『意味を求めて——ロゴセラピー入門』(*Man's Search for Meaning:An Introduction to Logotherapy*)と書名を変更。やはり長きにわたって読み継がれ、既に十年以上前（一九八五年）の時点で実に七四版を重ねています。アメリカ図書館協議会の発表によれば、この本は、歴史上これまで最も多く読まれた一〇冊の書物のうちの一つに数えられます。

実存哲学のカール・ヤスパースはこの本を「今世紀（二〇世紀）の最も重要な書物の一つである」と絶賛しましたし、来談者中心療法のカール・ロジャーズも「この本は、ここ半世紀における心理学的思考のうち、最も際立った貢献の一つである」と言っています。

この本がこれほどまでに読まれた一つの理由は、もちろん、それがナチスによる人類史上空前の大量虐殺についての生きた証言であることにあるでしょう。殊に日本語版の『夜と霧』には、原著にはない客観的な解説文がかなりのページにわたって加えられていて、さらに大量の写真や図版も付けられていることから、ナチスの強制収容所に関する資料としての価値がいっそう高まっています。

しかしこの本の人気は、そのような資料的価値のみによるのではありません。この本は、強制収容所という限界状況にあってなおも人間の尊厳を失わず、生きる希望や理想を抱き続けた人間がいたことについての生きた証言になっているのです。

また、強制収容所という地獄の体験の報告は、ともすれば読者に陰惨な印象ばかりを残すものになりがちですが、いかなる苦難に対しても前向きな姿勢を貫くフランクル特有のオプティミズム――この本の中で彼自身述べているように、それは彼をして「常に繰り返し最も困難な状況にも耐えさせた」ものでもあります――が、同時にまた、読者に救いを与えるものにもなっています。

中でも最も感動的なシーンの一つは、早朝、疲れきった体で、過酷な労働を強いられる作業場へ行進しながら、フランクルが妻の面影を思い浮かべる次の場面でしょう。

私と並んで進んでいた一人の仲間が突然呟いた。

「なあ君、もしわれわれの女房が今われわれを見たとしたら！　多分彼女の収容所はもっといいだろう。彼女が今われわれの状態を少しも知らないといいんだが」。

すると私の前には私の妻の面影が浮かんできた。そしてそれから、われわれが何キロメートルも雪の中をわたったり、凍った場所を滑ったり、何度も支えあったり転んだりひっくり返ったりしながらよろめき進んでいる間、もはや何の言葉も語られなかった。しかしわれわれはその時一人ひとりが、自分の妻のことを考えているのを知っていた。時々私は空を見上げた。そこでは星の光が薄れて暗い雲の後ろから朝焼けが始まっていた。そして私の精神は、以前の正常な生活では経験したことのなかった驚くべき生き生きとした想像の中でつくり上げた面影によって満たされていたのである。私は妻と語った。私は彼女が答えるのを聞き、彼女が微笑するのを見た。私は彼女の励まし勇気づける眼差しを見た。そして、たとえそこにいなくても、彼女の眼差しは今昇りつつある太陽よりも、もっと私を照らすのであった。その時私は、多くの思想家が叡知(えいち)の極みとして生み出し、多くの詩人がそれについて歌ったあの真理を、生まれて初めてつくづくと味わっていたのである。すなわち、愛こそが結局人間の実存が高く翔(かけ)り得る最後のものであり、最高のものであるというあの真理をである。私は今や、人間の詩と思想とそして信仰とが表現すべき究極の極みであるものの意味を把握したのであった。愛による、そして愛の中の被造物の救い、これである。たとえもはやこの地上に何も残っていなくても、人間は、たとえ一瞬にすぎなくても、愛する人間の像に心の底深く身を捧げることによって浄福になりうるのだということがわかったのである。収容所という、考えうる限り最も悲惨な状態、また自らを形成するための何の活動もできず、ただできることと言えばこの上ないその苦悩に耐えることだけであるような状態――このような状態においても人間は愛する眼差しの中に、彼が自分の中にもっている愛する人間の精神的な像を想像して、自らを充たすことができるのである。天使は無限の栄光を絶えず愛しつつ観て浄福である、と言われていることの意味を、私は生まれてはじめて理解しえたのであった。

フランクルと妻ティリーの結婚式

この本が、単に収容所の体験報告としてだけでなく、一つの文学作品としても高く評価されていることの理由が、よくわかる一節と言えるでしょう。

『それでも人生にイエスと言う』

……*trotzdem Ja zum Leben sagen* 1946　山田邦男・松田美佳訳　春秋社　一九九三

邦訳が出版されたのは一九九三年ですが、もともとは一九四六年、つまり今から半世紀以上も前に書かれた本です。しかも本書はその年、つまりフランクルがナチスの収容所から解放された次の年に、ウィーンの市民大学でおこなった三つの連続講演を収めたものです。つまり本書は、フランクルの最も初期の著作の一つなのです。

とはいえ、フランクルの思想は、本質的には今日に至るまでそれほど大きく変わってはいません。ですから、訳者の山田（やまだ）氏が言うように本書には「彼の思想の全体像が萌芽的にあらわれている」と言うことはできます。また、終戦後間もない時期におこなわれたこの講演からは、荒削りながら、そこに込められた特有の熱情が伝わってきます。

さらに、次のエピソードを知れば、この著作の価値はいっそう高まるでしょう。

フランクルは、収容所に捕らえられていた時、自分が「強制収容所の心理学」というタイトルでウィーン市民を前に講演している姿を何度も思い浮かべて、それを生きることにしていたというのです。それが現実になったのが、ウィーンの市民大学でおこなったこの講演だったわけです。大戦後の荒廃したウィーンでフランクルが熱く語りかけている姿が浮かんできます。ちなみにその時の聴衆は、わずか一四人だったということです。

内容を見ましょう。第一講演「生きる意味と価値」では、人生にはいかなる状況下でも意味があることが、第二講演「病を超えて」では、たとえ身体的心理的な病の下にあってもその意味を奪うことはできないことが、第三講演「人生にイエスと言う」では、同様にたとえ強制収容所の被収容者という運命にあっても、人生から意味を奪うことはできないことが、それぞれ説かれています。

つまり書名の通り、人はいかなる状況に置かれても自分の人生に「イエスと言うことができる」という無条件の人生肯定の立場が説かれるのです。

講演の時期からもわかるように、講演の内容は先に紹介した二つの著作のエッセンスを語ったものになっています。すなわち、第一講演と第二講演は『医師による魂のケア』、第三講演は『ある心理学者の強制収容所体験』のエッセンスをそれぞれ語ったものになっているのです。

『それでも人生にイエスと言う』というタイトルといい、講演録である点といい、非常にわかりやすい内容を期待してしまいますが、さすがに半世紀以上も前の本となると、そうはいきません。翻訳もわかりやすさを心がけているようですが、限界があります。初期の著作であるため、ロゴセラピーの現在の姿を知ることもできません。しかしそれを補っているのが、訳者によって付された五〇ページに及ぶ「解説」です。フランクルの著作からの引用を中心に、思想の全体像がかなり詳しく説明されています。

ところで、この書のタイトル『それでも人生にイエスと言う』は、ブーヘンヴェルト強制収容所の囚人だったヘルマン・レオポルトとフリッツ・ベーダレーナが作詩・作曲し、この収容所の囚人たちが歌った歌の一節からとったものだということです。

『時間と責任』

Zeit und Verantwortung 1947　山田邦男監訳　今井伸和・高根雅啓・岡村哲雄・松田美佳・雨宮徹訳『意味への意志』所収　春秋社　二〇〇二

フランクルにとって五冊めになるこの本は、人間存在の本質をその「時間性」という観点から解き明かしたものです。

タイトルからして、何だかハイデッガーの『存在と時間』のモノ真似のような印象を受けるかもしれません。しかし、本書をここまで読んでくださった読者には、決してそうではないことがすでにおわかりでしょう。フランクルの思想とその実践にとって、「時間」という観点は不可欠なものなのです。

しかし、この本『時間と責任』は日本ではまだ訳されておらず、そのためフランクルの時間論もほとんど知られていません。

したがってここで、多少長くなりますが、『時間と責任』の時間論のエッセンスを紹介しておきましょう。中心となるのは「現存在のはかなさ」という章です。

フランクルは言います。

未来は(まだ)ない。そして過去もまたない(もうない)。実際にあるのは、本来ただ、現在だけである。

あるいは、こう言ってもいいだろう。未来は無であり、過去もまた無であると。

つまり人間は、無から来たりて無へと行く存在(ein Wesen, das aus dem Nichts kommt und ins Nichts geht)である。無から生まれ、存在へ投げ入れられ、無から脅かされている存在である。

人間の崇高なる本質は、まさにこの「〜から〜へ」という点に、「無から無へ」という点にある。

人間は、「無から無へ」という根なし草のような存在だとフランクルは言うわけですが、ここまではまぁ、ありがちな話です。実存哲学の常套(じょうとう)手段です。フランクルの時間論のユニークさが発揮されるのはここからで、実存主義の洗礼を受けた多くの心理学者が専ら「今ここ」を強調するのと違って、フランクルは「過去」を重視します。本論でも触れた独特の時間論を展開するのです。

フランクルはその時間論を砂時計にたとえて説明します。砂時計の上の部分にまだ残っている砂は未来を、下の部分に落ちてたまっている砂は過去を、そして真ん中の窪みのところを今まさに落ちていきつつある砂は現在を表していると言うのです。そしていわゆる実存主義者は、上下の砂（過去と未来）を共に無であるとみなし、真ん中の部分を落下している砂（現在）だけを専ら強調するのだと言って批判します。

これに対してフランクルは、未来はたしかに無であるけれど、過去は本来、現実性なのだと言います。砂時計であれば、ひっくり返せばやり直すことができますが、ほんものの時間は――これは時間の本質に属することですが――砂時計とは違ってひっくり返すことができません。やり直しがきかないのです。つまり未来は自由に使うことができるのに対して、過去は固定されてしまう――現在を通過するや否や、過去となった時間は固定されてしまうのだと言うのです。

ここから実存分析は、すべてのものがはかないという考えに反論して、次のように主張します。

「本来、はかないものは、ただ可能性（価値実現のチャンス、機会）だけである。……（中略）……しかし私たちが、この可能性を実現するや否や、それはもはや《はかない》ものではなくなる。それはむしろ、過ぎ去っている（*sind* vergangen）のであり、それはまさに過去において《存在している（sind）》。まさに過去においてそれは保存されているのである」。

「終わってしまったことは決定的に（endgültig）終わってしまっているのであり、だからこそそれはまさに価値がある（end-*gultig*）。既に終わってしまっているからこそ、それは価値があり続けるし、その限りでそれは、とどまっているのである」。

過去は既に過ぎ去っている。ペシミストは、だから過去ははかないと言うのですが、フランクルによれば、まさにこの同じ理由によって、つまり既に実現してしまっているという理由で、過去は不動の確かさを持っています。既に実現された可能性（過去）は、その意味で、ほかと比べようもないほど確かなものなのです。

フランクルの思想と実践は、過去に対するこのような見方、一刻一刻過ぎ去りつつある時間に対するこのような感受の仕方に支えられています。フランクルによれば、一刻一刻過ぎ去りつつある時間は、それで消え去ってしまうのではありません。一刻一刻の「時」の要請が充たされ実現されると、その「時」は現実のものとなり、永遠に保存され続けるのです。

逆にもし私たちが、それをぼんやり見過ごしてしまうなら、その「時」は永遠に失われてしまうことになります。つまり私たちがこの一刻一刻をどう生きたか、一刻一刻発せられてくる「人生の問い」にどう答えたかは、永遠に刻まれることになるのです。

フランクルはこのような自らの立場を「過去のオプティミズム」と呼びます。この「過去の絶対肯定の哲学」は、高齢者が自分の人生を捉え直す上で大変有益です。また、高齢者のケアにあたる人にとっても重要な視点を与えてくれるでしょう。

しかしこれは、見方によっては、なかなか厳しい考えです。

一刻一刻過ぎ去りつつある「時」は、人間に対して絶えず要請を発してきている。その「時の要請」を実現する機会は、今・この時をおいて他にないし、それを実現しえたか否かは永遠に刻まれ続ける……。

フランクルはこうして、一刻一刻の時間を言わば「挑発する時間」として捉えます。このような時間把握が基盤にあるからこそ、フランクルの思想は読者の魂を鼓舞し揺さぶる力を持つのです。

『無意識の神』

Der unbewußte Gott 1948　佐野利勝・木村敏訳『フランクル著作集7　識られざる神』所収　みすず書房　一九六二

フランクル心理学がユダヤ・キリスト教的な伝統の上に成立したものであること、フランクル自身が熱心なユダヤ教徒であることはよく知られています。しかし、彼の著作の中で「神」という語をタイトルに含み、それをストレートに語った本は一冊しかありません。そしてその貴重な一冊が、『無意識の神』なのです。

タイトルからすぐ連想されるように、この本では実存分析的な夢解釈の実例が示されます。自由連想法という古典的な方法を用いる中で、非宗教的な人間が多くの明らかに宗教的な夢を見たこと、しかもその場合彼らは覚醒時にはいまだ経験したことのない程の恍惚とした幸福感を感じていたことが、事実として報告されています。

このような経験に基づいてフランクルは、無意識の内部に宗教性がある、と確信していきます。そしてそれを「無意識の神」と呼ぶのです。

それを意識しているかいないかにかかわらず、またそれを望むか望まないかにかかわらず、私たち人間は、無意識にであれ、神との志向的な関係を「つねにすでに」有している。そうフランクルは言うわけです。

「まず神とのつながりありき」というこの考えに基づいてフランクルは、フロイトの精神分析が神を父親の心像とみなすのとは反対に、父親こそ神の像なのだ、という興味深い考えを示します。

「われわれにとって父親はあらゆる神的なものの原像なのではない。むしろこれとは全く逆の関係が正しいのであって、神こそあらゆる父親的なものの原像なのである」と言うのです。

またこの他にも、フランクルの筋金入りの信仰者ぶりが伝わってきます。フランクルは本書中で「無意識の宗教性」をめぐってユング批判を展開し、またそれとのかかわりで「決断する無意識」「実存する無意識」といったユニークな概念を提示しています（この点に関しては〈付論・その2〉で詳しく論じます）。

フロイトやアドラーとの対比において自説を展開することの多いフランクルがユング批判を展開している本書は、その意味でも異彩を放つ一冊と言っていいでしょう。

『制約されざる人間——超臨床的講義』

Der unbedingte Mensch:Metaklinische Vorlesungen 1949　山田邦男監訳『制約されざる人間』春秋社　二〇〇〇

『医師による魂のケア』『苦悩する人間』と並ぶ、フランクル人間学の主要三部作の一つです。三部作の第二弾である本書は、一九四九年の夏学期に「心身研究と臨床的研究に照らしてみた意志の自由の問題」というタイトルでウィーン大学においておこなわれた講義をもとに書かれたものです。

四章構成の本書は、第一章で「心身問題」、第二章で「精神の問題」、第三章で「死の不可避性の問題」、第四章で「意志の自由の問題」をそれぞれ扱っていますが、全体としては「生理学主義（Physiologosmus）」の批判に向けられています。条件反射をはじめとする生理学的法則に支配された存在として人間を見る見方を批判しているわけです。

もし人間が、生理学的なメカニズムに動かされるだけの存在であるとすると、人間学は動物学の一つ、つまり直立歩行する一種の哺乳動物についての学にすぎなくなってしまう。けれども人間には、そのような生理学的メカニズムに逆らって決断をおこなう意志の自由が備わっているはずだ……。このような考察を展開している本書は、後に「次元的存在論」として結実するフランクル存在論の基礎を準備したものとなっています。

しかし、ほかの著作に見られない本書のオリジナリティは、むしろ第二章「精神の問題」において展開されたフランクルの認識論にある、と言っていいでしょう。主に存在論や人間学の構築に関心があったフランクルが認識論を本格的に展開したのは本書だけですし、そこでは山田邦男氏も指摘するように、Bei-sein という独自な概念において、西田幾多郎の純粋経験の哲学にも通じる独自な考察が展開されているからです（「Bei-sein と「純粋経験」——フランクル哲学と西田哲学との対比の試み（その一）」大阪府立大学『人間科学論集』一八号 一九八六）。

ではその認識論とは、どのようなものでしょう。認識論の根本問題である「主観―客観」問題にフランクルはいかなる答えを出したのでしょうか。

フランクルによれば、従来の認識論の最大の問題は、「主観と客観の分裂」を前提していることにあります。両者の分裂を前提して、主観はいかにして客観に接近しうるかという問題設定をおこなう限り、認識はどこまで行っても相対的な認識にとどまることになってしまうというのです。だから「私たちが、絶対的認識と徹底的現実主義の可能性に道を開くために、この宿命的な主観―客観の分裂から逃れようとするのなら、現存在が主観と客観に分裂する以前のところまでどうしても戻らなければならない」とフランクルは言います。主―客の分裂を前提し、その分裂をどう超えるかと考えるのでなく、「主―客の分裂以前に戻る」という方向で考えるところに、フランクルの考えの独創性があります。またここが、「自己の意識状態を直下に経験した時、未だ主もなく客もない」（『善の研究』）という西田の考えに通じるところでもあります。

ではフランクルはこの「主―客未分」の状態をどのように捉えたのでしょうか。その鍵となるのが、「もとにあること（Bei-sein）」という概念です。「精神的な存在者は実際に、他の存在者の『もとにある』。これが私たちの命題である」とフランクルは言います。精神的な存在者にとって、認識の対象は自らの外にあるのでもなければ内にあるのでもない。むしろ精神的な存在者は、自らを超えて、脱自的に、他の存在者の「もとにある」。そしてこの精神の働きにおいて、他の存在者はただ端的にそこにある。反省的思考以前の「主―客未分」の意識状態の特徴は、この「もとにある」という精神の働きにあるとフランクルは言うのです。

この脱自的な精神の働きは、やはり西田が「花を見た時は即ち自己が花となって居るのである」と言ったことに通じるものがあります。花を見ている時、「私は今花を見ている」という自己意識はありません。ただ端的に私は「花となっている」のです。「私」と「花」の区別は、後で反省を加える時になって、はじめて意識に現れてきます。

そしてそこでは「たんに世界が意識のうちにあるだけでなく……意識もまた世界のうちにある。世界の内に『含まれている』。意識のようなものが『与えられている』。つまりこのような独特な仕方で、主観と客観は相互に徹底的に交錯しあっているのではない。意識と世界とは、一方が他方の内にある、という単純な包含関係にあるのではない。どちらも他方のうちに含まれていると言えば言えるし、含まれていないと言えばそうも言える。現実の精神の働きにおいては、両者は未分化なものとして、ただ端的にそこにある。このような両者の関係作用が先にあり、この働きが後から反省を加えられた時、そこではじめて両者の区別が生まれる。フランクルはそう考えるのです。

そしてこの「もとにある」という精神の働きは、フランクルによれば、知覚や思考といった諸々の精神の働きの暗黙の条件をなすものであり、それらの根拠ともなる「根源的能力」にほかなりません。他の存在者の「もとにある」という精神の働きがあるからこそ、それについて知覚することも思考することも可能になる、とフランクルは言うのです。

フランクルはさらに「もとにあること」について、それは精神の志向性にほかならず、とは言っても同じく精神の志向性を強調するフッサール現象学とは異なって、単なる対象の本質の認識（本質的認識）ではなく、認識する者自身が現に他の存在者のもとにあるという「実存的認識」なのだと言います。「エッセンチアは――精神的な存在者によって本質的に認識されて――エクシステンシアに『接してある』。そしてエクシステンシアは――他の存在者を実存的に認識しつつ――他の存在者の『もとにある』』」。

そしてフッサール現象学における本質の認識が、結局のところ、単に対象の本質の認識にかかわる「対象的認識」にすぎない（それゆえまた、対象の本質をどれだけ捉えたかという相対的認識にすぎない）のに対して、他の存在者の「もとにある」という実存的認識は、またそれだけが、さまざまな対象的認識に先立ち、その条件としてそれを可能にする「絶対的認識」であると言うのです。

「主観が客観に接近する」という西欧哲学の伝統的な図式を踏襲せず、「他の存在者に脱自的かつ忘我的に向かっている」という主客未分の素朴な意識状態を、そのあるがままに見つめるところから精神の本質を捉えようとするフランクル。その発想は、東洋思想のそれにきわめて近いものがあると言えます。

『苦悩する人間――苦悩の弁護論の試み』

Homo patiens: Versuch einer Pathodizee 1950　真行寺功訳『苦悩の存在論　ニヒリズムの根本問題』新泉社　一九七二／山田邦男・松田美佳訳『苦悩する人間』春秋社　二〇〇四

『医師による魂のケア』『制約されざる人間』に続く主要三部作の完結編です。一九四九年から一九五〇年にかけての冬学期に「苦悩する人間の存在論」と題してウィーン大学でおこなった講義、また同じく一九五〇年の夏学期に「心理療法の体系と問題」と題して同大学でおこなった講義がこの本のもとになっています。

本書の冒頭には、「苦悩そのものが問題なのではない。そうではなく、『何のために苦しむか』という問いに対する答えがないことが問題なのだ」というニーチェの言葉が掲げられています。苦悩の超臨床的意味の解明、つまり苦悩そのものにも意味があるというフランクルの主張を哲学的に基礎づけることが本書のテーマなのです。けれど同時に本書は、前著と並んで、フランクルの哲学的思考の成果が集約されている本でもあります。

この本の内容については、既に第4章で詳しくとりあげましたので、ここでは構成のみを紹介しておきます。

本書は三章構成で、第一章「自動から実存へ――ニヒリズム批判」では、前著『制約されざる人間』における生理学主義批判に続いて、心理学主義批判と社会学主義批判がおこなわれています。この三つの還元主義（～にすぎない）とその帰結であるニヒリズムの克服が試みられているのです。

第二章「意味の否定から意味の解明へ」では、苦悩の意味についての考察がおこなわれています。その結論は、人は「何か」のため、もしくは「誰か」のために苦悩する時、つまり「～のために」苦悩する時にのみ、意味豊かに苦悩することができる、というものです。ここでは、自ら不必要な苦悩を求めるマゾヒズムとの慎重な区別がなされています。

第三章「自律から超越者へ――ヒューマニズムの危機」では、人間をすべての中心において絶対化してしまう人間中心主義に批判の矢が放たれます。

また本書は、『無意識の神』と並んでフランクルが神や宗教について最もストレートに論じたものとなっています。『無意識の神』では心理学的な角度から神の問題を論じていましたが、本書『苦悩する人間』では存在論的な角度から神の問題を論じているのです。

しかしここでも、フランクルは「神」という語をできるだけ避け、それに代わる「超意味」という概念を使おうとしています。「神への信仰」は「隠れた超意味への信頼」という言葉で置き換えられています。そして、私たちはこの「超意味」を信じるだけであり、それがどのような意味を持つか、どのような意味においてすべては超意味を持つかといったことについては、如何も知ることができないと説かれています。

『ロゴスと実存——三つの講演』

Logos und Existenz:Drei Vorträge 1951 佐野利勝・木村敏訳『フランクル著作集7 識られざる神』所収 みすず書房 一九六二

この本は、三つの講演記録を集めた小冊子です。一九四六年におこなわれた「実存分析と現代の諸問題」、一九五〇年の「人格についての十の命題」「心理療法について」の三つの講演がそれで、いずれもそれぞれの講演がおこなわれた時期に書かれた三つの著作、すなわち『医師による魂のケア』『制約されざる人間』『苦悩する人間』の命題を総括したものとなっています。そして、この三つの講演がいずれも「ロゴセラピー」と呼ばれる心理療法的治療法と実存分析と呼ばれる人間学的な研究方法という二つの軸点のまわりをめぐるものである」ことから、『ロゴスと実存』というタイトルが付けられています。

そのようなわけでこの本では、他の本にない独自の主張が展開されているわけではありません。ではなぜここでこの本をセレクトしたかというと、第二講演「人格についての十の命題」が、フランクルの人間観を要領よく知る上で恰好の材料だからです。だからでしょうか、この部分だけ『苦悩の存在論』という訳本の後半部分にも収められています。

ここでフランクルが提示するのは、次の十の命題です。

①人格は個（Individuum）であって、それ以上分割できないものである。
②人格は、単に分割できないばかりか、また総合できないものでもある。
③個々の人格は、すべて絶対的に新たなものである。
④人格は精神的なものであり、その道具として有機体を利用する。
また精神そのものは、決して病になりえない。
⑤人格は実存的なものである。事実的なものではなく、選択的なものである。
⑥人格は自我的なもの（ichhaft）であってエス的なものではない。
⑦人格は、一にして全体であるばかりでなく、その統一性と全体性を成り立たせるものである。
⑧人格は力動的なものである。

⑨動物は人格ではない。動物は世界を持っておらずただ環境を持っているにすぎない。

⑩人格は、ただ神の似姿としてのみ理解されうる。人間が人間であるのは、ただ彼が自らを神の側から理解する程度に応じてである。人間は、超越者からの呼びかけが彼のうちで鳴りわたり響きわたるその程度に応じて、人格となる。

この十の命題を見わたすと、フランクルが人間を動物などの他の生命体と異なったより高次の存在、特権的な存在とみなしていたこと、また人間だけが神の似姿として理解されうると考えていたこと、一言で言えば伝統的なキリスト教人間観に立っていたことがわかります。

この点に限って言えば、たとえば同じ心理学第三勢力（ヒューマニスティック心理学）に属しているとみなされているカール・ロジャーズが、人間を他のあらゆる生命と同一の地平で捉えているのと対照的です。

面白いことに、フランクルもロジャーズも同様に、ドリューシュによるウニの分割卵の実験を引きあいに出して自らの人間観を説明しています。しかしその観点が正反対なのです。フランクルがウニと人間の違いを強調することで（人格は分割不可能かつ総合不可能であるという先の①②の）人間の本質特徴を照らし出しているのに対して、ロジャーズは分割卵でさえ完全な個体として成長していくというウニの卵の成長力に着眼して、ウニとの共通点から人間の本質を説いているのです（*On Personal Power*）。少なくともこの点に限っては、同世代のロジャーズに比べて、フランクルの思考はずっと、古典的な近代主義の枠内にあったと言わなくてはなりません。

『時代精神の病理学』

Pathologie des Zeitgeistes 1955　宮本忠雄訳『フランクル著作集3　時代精神の病理学』みすず書房　一九六一

一九五一年から一九五五年の五年間にわたって、フランクルはウィーン放送で一般向けのラジオ講演を毎月おこない、好評を博していました。まず最初の七回分が『日常生活の心理療法』という書名で一九五二年に出版されましたが、これがかなりの反響を呼んだため、その後おこなった講演からも一九回分をセレクトし、合計二六本のラジオ講演を集めて順序を入れ換え編集されたのが本書です。

つまり、五年間にわたるフランクル・ラジオ講演集の集大成が本書なのです。

さてこのようにして完成された本書は、フランクルの数ある著作の中でも私が最もお勧めしたいものの一つです。特にフランクル心理学を自分の人生の智恵とし、セルフ・ヘルプの方法として利用しようとされている一般の方には、本書をお勧めしたいと思います。

その理由は、「まえおき」に記されたフランクルの次の言葉が端的に示しています。


ところで私がねらったのは、精神衛生的な効果だった。というのも、私がこの講演でしようとしたことは、心理療法を論じることではなく、むしろ心理療法をおこなうこと、マイクの前の心理療法の実践だったからである。その上ラジオは集団的な心理療法の役に立つはずだったし、集団的神経症を防ぐのに都合がよいと思われた。


ラジオを聴いている一人ひとりのリスナーを自分のクライエントとみなし、ラジオを通して語りかけることで、彼らにセラピーをおこなうこと。セラピーの解説ではなく、セラピーの実践が、フランクルのラジオ講演の目的だったのです。

一般に心理療法家の講演には、いわば同業者であるセラピスト、カウンセラー、心理学者らがかけつけるのがふつうです。しかしフランクルの講演の場合、そのような専門家よりもむしろ、自分の悩みを何とかしたいと思っている一般の人が主な聴衆であると言われています。つまりフランクルの語りには、人々の心を癒す力があるのです。

ラジオ講演を集めた本書は、このようなフランクルの魅力が最もストレートに発揮された本になっています。各講演のトピックは次のように実に多岐にわたっています。「宿命論的態度」「仮の生き方」「集団と指導者」「老化の精神衛生」「中年の精神衛生」「催眠術」「不眠について」「愛について」「メランコリー」「自分自身に対する不安」「マネージャー病」「安楽死か集団虐殺か」「精神の反抗力について」「臨床から見た心身問題」「心霊術」「精神科医は現代美術をどう考えるか」「医師と悩み」「人間は遺伝と環境の産物か」……。

この中で、現代を生きる私たちに最も示唆深いと思われるのは、「仮の生き方」に関する章です。将来に設定した目的に向かって自分の生活を組み立て方向づけることをせず、ただ「その時次第」の毎日をくり返す人々。フランクルは彼らに「一種の原爆恐怖症」を見てとります。「もし原爆が落ちてくればすべてはたちまち御破算になってしまう」……終戦間もない時期に書かれたこの本では、このような原爆に対する恐怖が、人々を投げやりな生活態度に向かわせていると分析されています。

しかしどうでしょう。フランクルがここで「仮の生き方」と呼んだその時次第の投げやりな生活態度は、現代にあってもその形こそ違え、しばしば見られるものではないでしょうか。環境破壊、人口問題、社会の高齢化……このような「より見えにくい何か」に対する不安が、私たちの中にどこか投げやりな生活態度を育んではいないでしょうか。

しかしフランクルは、力強く言います。「生きる理由」さえあれば人間は、どんな事態にも耐えられる。「他ならぬ目的意識、ある使命を持つという感情さえあれば……宿命的と映る時代の力に反抗することもできる」はずだ、と。さらに「かりに第三次世界大戦で地球が破滅するようなことになったとしても、その時でさえ、われわれの毎日毎時の努力は決して無駄にはならない」とフランクルは言っています。

このようにフランクルが言う根拠は、やはり彼の時間論、とりわけ「生きぬかれた過去ほどたしかなものはない」という「過去に対する肯定的なまなざし」にあります。くどいようですが、フランクルの力強い言葉が見事なので引用します。

> われわれがおこなったことに対してはめったに記念碑は立てられませんし、また記念碑は決して永遠に立ったままでもいません。けれども実は、あらゆる行為がそれ自体の記念碑なのです！　そしてわれわれがおこなったことはもちろん、われわれがかつて体験したすべてのことは、詩人が言うように、世界のどんな力をもってしてもわれわれから奪い去れないのです。戦争未亡人が味わった束の間（つかま）の幸福も否定することはできません。一度でも起こったことは何一つこの世から拭い去るわけにはいきません。すべてはこの世に持ち込まれたことによってなお

さら重大なのではないでしょうか？　それはどんなにはかなかろうと——まさに過去の中に貯えられ、はかなさから守られ、いつまでも時の作用から守られ、そして過去の中にしまいこまれているのです。つまり過去においては失われるものは何一つなく、それどころかすべてはしまわれていて失いようがないのです。人間は過ぎ去った刈田ばかり見て、過去という豊かな穀倉の方はうっかり見逃してしまいやすいのです。

つまり「ただぼんやりと過ぎ去っていった時間」とは異なり、「生きぬかれた時」「実現された時」は、永遠に失われることなく刻まれ続ける。過ぎ去っていく一刻一刻の「時」をこのような仕方で感受することが、宿命論的でなげやりな生活態度から私たちを立ち直らせる、とフランクルは言うのです。

さすがに、リスナーへの「語り」による直接的な癒しを意図したラジオ講演だけあって、この本のフランクルの言葉は、ほかの著書以上に力強さに満ちています。

こうしたフランクルの考えに対して、あまりに精神主義的だという違和感を持つ方もおられるでしょう。しかしフランクルは、時代の閉塞状況を切り抜けるための現実的な打開策が不要だと言うのではありません。そうではなく、まず私たちは「たとえどれほど頑張っても、もし〜が起これば、どうせ……」という投げやりな態度から脱却しなければならないこと、そうしてはじめて、時代の問題に前向きに対処していく姿勢も生まれてくるということが説かれているのです。

『神経症の理論と治療』

Theorie und Therapie der Neurosen 1956　宮本忠雄・小田晋訳『フランクル著作集4　神経症1』／霜山徳爾訳『フランクル著作集5　神経症2』みすず書房　一九六一

思想家・著作家としてでなく、精神医学者としてのフランクルの主著は何かと言えば、間違いなくこの本『神経症の理論と治療』でしょう。統合失調症の理解で功績をあげたビンスワンガーとの対比で、フランクルの本領は神経症の治療、とりわけその能動性にあると指摘されてきました。本書を見ると、改めて臨床家フランクルにとっての「現場」が神経症者の治療にあったことが確認できます。

内容は、二部構成になっています。第一部「神経症の理論と心理療法」は、体系的な神経症理論「一　神経症論の概要」と、治療技法論「二　逆説志向と反省除去」の二つの章からなっています。第二部は「ロゴセラピーと実存分析」で「一　精神因性神経症の特殊療法としてのロゴセラピー」「二　非特殊療法としてのロゴセラピー」「三　医学的精神指導」「四　人格的実存の人間学的解明としての実存分析」の四章からなっています。

フランクルの神経症論の特徴は、やはり「精神因性」の神経症を認めたことにあります。身体的なものや心理的なものから神経症が発生しうるのと同様に、精神的なものから、つまり道徳的な葛藤やスピリチュアルな問題への苦しみから神経症になる人間もいるとフランクルは考えたのです。

第5章で精神因性神経症の事例として、子どもの宗教教育のことで夫と衝突し、結婚と信仰の間の葛藤に苦しんでいる女性のケースを紹介しました。

この女性自身は、「もし私が夫のほうに合わせることができれば、どんなに平穏な日々が過ごせるでしょう」と言っていたといいます。

しかしフランクルはこの考えを受け入れず、彼女に対する治療の中で、まず次のことを理解させようとしていきました。もし彼女が自分の宗教的信念を放棄してしまったら、今度は自分自身を失ってしまったことに苦しむようになるだろうこと、また彼女の神経症は精神的な凌辱（りょうじょく）を受けた結果生じたものであることを理解させようとしたのです。

そしてその上でフランクルは、まず薬物療法によって身体症状を抑えると共に、「夫に無理に合わせるのはやめて、また宗教的信念のために夫を刺戟（しげき）することも避けながら、夫が彼女の信念をもっとよく理解してくれる方法を探すようすすめていった」のです。

フランクルの治療の実際がよく伝わってくる箇所です。医師としては当然のことですが、フランクルは薬物療法によって身体症状を抑えることをためらってはいません。フランクルは決して「精神主義」者ではないのです。

またフランクルは別の箇所で、健常者の実存的欲求不満と精神因性神経症とをはっきり区別するよう注意を促しています。実存的欲求不満それ自体は、病的なものでなく、人間的苦しみにほかなりません。それが精神因性神経症に転じるのは、「ある心身の異常な興奮状態」が生じてそこに付け加わる場合だけです。

こうした指摘からも、フランクルが人間としての本来的苦悩と「あまりに人間的すぎる苦しみ」である神経症とを区別し、また人間の中の精神的なもの、心理的なもの、身体的なものの各次元を見分けて、それぞれの次元に応じた柔軟な治療的働きかけをおこなっていける臨床家であることが、伝わってきます。

『心理療法と実存主義——ロゴセラピー論文集』

Psychotherapy and Existentialism:Selected Papers on Logotherapy 1967　高島博・長澤順治訳『現代人の病　心理療法と実存哲学』丸善　一九七二

一九六〇年代に入り、アメリカでは西海岸を中心にいわゆる「人間性開発運動(human potential movement)」が展開され、現代のニュー・エイジ運動に連なる大きなうねりを生み出していました。フランクルは、その学問的支柱となったヒューマニスティック心理学の代表的理論家の一人とみなされていたこともあって、ヨーロッパ以上にアメリカで脚光を浴びるようになり、彼の活躍の場も次第にアメリカへと移っていきました。そんな中、カリフォルニア州サンディエゴにある合衆国国際大学に設立されたロゴセラピー研究所の所長として就任したフランクルが、五〇年代後半から六〇年代半ばにかけてアメリカの各地でおこなった講演を集めたのがこの本です。

収められている主な論文のタイトルをあげると「ロゴセラピーの哲学的基礎」「自己実現と自己表現の超越」「心理療法と意味の探究」「逆説志向――ロゴセラピーの技法」「現代の集団ノイローゼ」「実存分析と次元的存在論」といったところです（その中になぜか、一九四九年にウィーンでおこなわれた講演「追悼文」、一九五一年にオランダでおこなわれた講演「強制収容所における集団心理療法の体験」の二本も含まれています）。

また、この本の後半には、ほかの著者による二本の学術論文が収められており、この時期のアメリカにおいてロゴセラピーが単に人生哲学のレヴェルばかりでなく、学術的にも受け入れられはじめていたことがうかがえます。

一本は、ロゴセラピーに立脚した心理検査ＰＩＬ（Purpose in Life Test：人生の目的テスト）についての研究論文「実存主義の実験的研究――フランクルの《精神因性神経症》概念への心理測定学的アプローチ」。著者は、ジェイムズ・Ｃ・クランボウとレナード・T・マホーリック。

もう一本は、逆説志向を用いて不安神経症と強迫神経症の治療に成功した八つのケースをふまえての事例研究論文「ヴィクトール・E・フランクルによる逆説志向を用いての不安神経症および強迫神経症患者の治療」です。著者は、ハンス・O・ゲルツ(Hans O. Gerz)。

フランクルも、クランボウらによる実証的研究やゲルツの事例研究によって、自分の提唱した理論や技法の妥当性が確認されたことを大いに喜んでいるようです。

さて、このような本書の構成からもわかるように、本書に収められているのは、どれもそれぞれ別個に発表された論文や講演記録です。しかもそれらをそのまま再録してあるため、フランクル自身「はしがき」で断っているように、内容的にかなりの重複が見られます。フランクルの入門書としては、次に紹介する『意味への意志』のほうがはるかにまとまりがよく、わかりやすい本になっています。

この本はむしろ、フランクルやロゴセラピーについて卒業論文や修士論文などをまとめようとする方にとって便利な「資料集」であると言っていいでしょう。

『意味への意志——ロゴセラピーの基礎と応用』

The Will to Meaning: Foundations and Applications of Logotherapy 1969　大沢博訳　ブレーン出版　一九七九

フランクルにじっくり取り組むつもりのある方に、まず最初に読むことをお勧めしたいのがこの本です。もちろん、『死と愛』『それでも人生にイエスと言う』(いずれも訳書名)といった初期の著作から読むのも悪くはありません。けれども、収容所での体験記である『夜と霧』を別にすれば、まず『意味への意志』を読んでフランクル心理学の全体像をつかんでおき、その後でこの本をガイドにしながら各論に入っていく、というのが、最も無駄なくフランクル心理学を理解する近道だと思います。

というのも、フランクルの著作、とりわけ後期のそれの大半は、あちこちでおこなった講演や論文、エッセイを集めただけのものが多く、そのためなかなかその全体像がつかみにくいのですが(その典型例が先の『心理療法と実存主義』です)、その中にあって本書『意味への意志』は、唯一といっていいほどスッキリ無駄なく体系的に書かれたものだからです。

このことは、この本の構成にもよくあらわれています。

序論　心理療法の状況とロゴセラピーの位置
第一部　ロゴセラピーの基礎
第二部　ロゴセラピーの適用
結論　意味の次元

特に第一部では、「意志の自由」「意味への意志」「人生の意味」の順序で、ロゴセラピーの基本的な考えが体系的にスッキリ説明されています。

すなわち、まず①「意志の自由」の概念において還元主義や決定論的見地が批判され、生理学的・心理学的・社会学的な制約にもかかわらず、自ら態度決定できる自由が人間にはあることが説かれます。次に、②「意味への意志」の概念において、フロイトやアドラーを批判しながら独自の動機理論が説かれます。その上で、③「人生の意味」の概念において、人生のいかなる状況においても充たすべき意味は必ず存在すること、そしてその充たされるべき意味には「創造価値」「体験価値」「態度価値」の三領域があることが説かれます。

第二部の適用篇でも、「実存的空虚」の問題、逆説志向や反省除去といった技法の説明、医師による魂の癒しの問題、と全体にわたってバランスよく説明されています。

それもそのはず、この本は、単なる講演集ではなく、テキサス州ダラスにある南メソジスト大学パーキンス神学校一九六六年夏期講座に招かれた時、ロゴセラピーを体系的に説明することを意図しておこなわれた講義の記録なのです。その意味で本書は、ロゴセラピーの全体像をまず体系的に理解した上で各論に入っていきたい人のための恰好の入門書になっています。

『聴き届けられることのなかった意味への叫び——心理療法とヒューマニズム』

The Unheard Cry for Meaning:Psychotherapy and Humanism 1978　諸富祥彦監訳　上嶋洋一・松岡世利子訳『〈生きる意味〉を求めて』春秋社　一九九九

一九六七年の『心理療法と実存主義』刊行後、約一〇年間の間に英語でおこなわれたフランクルの講演記録や論文を集めた論文集です。

副題に示されているように、本書では、いわゆる「人間中心主義」としてのヒューマニズムに対する警告が基本テーマの一つとなっています。既に述べたように、フランクルは「自己実現」より「自己超越」を強調し、人間のこころは「自分を超えた何か」とのつながりにおいて初めて本当に充たされうることを繰り返し説きます。そのような観点からなされた「単なるヒューマニズム」の批判が本書のポイントです。

本書の面白いところは、このようなヒューマニズム批判の矛先が、その心理学版であるヒューマニスティック・サイコロジーに向けられていることです。

本書に収められている論文「純粋なエンカウンターについての批判——『ヒューマニスティック・サイコロジー』はどれだけヒューマニスティックか」の中で、フランクルは次のように述べています。

ロゴセラピーはヒューマニスティック・サイコロジーの運動に『加わった』と言われています。けれども私は発見的な理由で、つまりヒューマニスティック・サイコロジーに対して批判的な距離をとり、批判的にコメントするために、ロゴセラピーをヒューマニスティック・サイコロジーから切り離しておいたほうがよいと思います。

フランクルの批判の矛先は、いわゆる「エンカウンター・グループ運動」に向けられます。簡単に言えば、人間を超えた何か(意味や価値)とのかかわりなしで、人間と人間が直に向きあうだけで、ほんとうの出会いなんてものが果たして可能だろうか、というわけです。

私が言いたいのは、ロゴスの次元に入ることとなしに、真の対話なんていうものはありえない、ということです。ロゴスを欠いた対話、志向的対象に向けられることのない対話なんていうものは、実のところ、せいぜい相互的なモノローグ、相互的な自己表出でしかない、と言いたいのです。

エンカウンター・グループでおこなわれているのは、実はせいぜい「相互的なモノローグ」にすぎない、つまりグループでやっている一人言だと言っているわけで、これはなかなか手厳しい批判です。

フランクルは続けて、「真の出会いとは、ロゴスに開かれつつ共に存在すること(coexistence)である。それはパートナーをして自らを超えてロゴスに向かわしめるものであり、そうした相互的な自己超越を促進するものでさえある」と言います。そしてマルティン・ブーバーらが言う伝統的な意味での「出会い」とは違って、ヒューマニスティック・サイコロジーにおける「エンカウンター」は、人間を自己超越的な関係への窓を持たないモナドのようにみなす俗悪な機械主義的概念になってしまっている、と批判を展開していきます。

産業化社会の非人間的な雰囲気、「孤独な群衆」の中にあって、その孤独感を癒そうと人々がエンカウンター・グループに集まってくることは理解できない話ではない。けれどもそこでおこなわれているのは、お互いをロゴスに向けて自己超越せしめるような「真の出会い」ではなく、せいぜい相互的な自己表現の場を提供するだけの「疑似的出会い体験」にすぎない、というのがフランクルの考えです。

私自身、エンカウンター・グループのファシリテーターをやっているせいか、フランクルがエンカウンター・グループをどれほどきちんと理解しているか、疑問の残る点があります。フランクルが実例としてとりあげているグループでは、離婚した夫への怒りを現実の関係において処理しようとせず、その代わり、サンドバッグ代わりのボールに怒りをぶつけさせ解放感を味わえればそれでよしとする、といったことがおこなわれていたようです。「怒りの理由（元の夫との現実の関係）はまだそこにある」、それでは単なる誤魔化しだ、とフランクルは言うわけで、この批判はこの批判で理解できます。けれどそんなのほんとうのエンカウンター・グループじゃない、と言いたくなる方も多いでしょう。

ヒューマニズムやエンカウンターに対するフランクルの批判のポイントは、「自己超越性」の有無にあります。「自己超越性」を欠いたヒューマニズムは真のヒューマニズムたりえないし、「自己超越性」を欠いた出会いは真の出会いたりえない、とフランクルは言うのです。エンカウンター・グループの創始者ロジャーズは、晩年、グループ体験の中で、メンバー全員が一体となって宇宙意識の一部であると感じた体験などを報告していますから、それを知ればエンカウンターに対するフランクルの印象も多少は変わるかもしれません。

とは言っても、日本のヒューマニスティック・サイコロジーがより成熟したものとなる上で、本書におけるフランクルの主張は、充分に耳を傾ける価値があると思います。

本書のタイトル『聴き届けられることのなかった意味への叫び』には、収容所に収容される九ケ月前に結婚したばかりの妻、ティリーとの間に生まれるはずであった

（ナチスによって中絶を余儀なくされた）子どもへの思いが託されています。本書の献辞には「ヘリーまたはマリオン」と記されているのはそのためです。フランクルが子どもにつける予定の名前であったのでしょう。

その他の著作、講演記録、ビデオテープ

最後に、ここでは紹介しきれなかったフランクルのほかの著作や日本でおこなった講演の記録、対談のビデオテープなどについて書いておきましょう。まず、フランクル著作集（みすず書房）の第6巻に『精神医学的人間像』（*Das Menschenbild der Seelenheilkunde* 1959　宮本忠雄・小田晋訳　一九六一）があります。この本は一九五七年にザルツブルクの大学週間におこなわれた三つの招待講演を集めたものです。「力動的心理学主義の批判に寄せる三つの講義」という副題が示すようにこの本は、彼のデビュー作『医師による魂のケア』以来、くりかえしおこなわれてきた精神分析的人間観の批判をさらに展開したものとなっています。またユングに対しても「心理学的内在性の内部にあらゆる超越性を吸収してしまった」と厳しい批判が加えられています。

この訳書のもう一つの魅力は、約三〇ページにわたる解説「訳者あとがき――V・E・フランクルとその周辺」が付けられていることです。同時代の思想との関連でフランクル思想が育まれた背景がよくまとめられています。また一四六ページに示された現存在分析と実存分析の比較はきわめて明瞭でわかりやすく、本書の「付論」でも参考にしました。

日本語で手軽に読める本としてはほかに、『生きる意味喪失の悩み――現代の精神療法』(*Das Leiden am sinnlosen Leben:Psychotherapie für heute*, 1977 中村友太郎訳『生きがい喪失の悩み』エンデルレ書店 一九八二)があります。

「生きる意味喪失の悩み」という書名と同じタイトルの短い講演記録の後、「精神療法を人間的なものとするために」「精神医学者は現代の文学に対してどのように言っているか」などの講演を集めたものです。

ヘルダー双書の書き下ろしの一点として刊行されたもので、コンパクトな書物なのですが、タイトルから連想されるほどにはわかりやすくありません。

けれど、最後に付されている文献リストには、フランクルの本ばかりでなく、日本人の書いた比較的古い文献も紹介されており、フランクル心理学の研究を志す人にとっては、たいへん便利なものとなっています。

フランクルが晩年に刊行した著作としては、次のものがあります。『ロゴセラピーと実存分析』(*Logotherapie und Existenzanalyse*, Piper, 1987: Erweiterte Neuausgabe, Quintessenz, 1995)、『至高体験と意味経験』(*Bergerlebnis und Sinnerfahrung*, Tyrolia, 1992)、『決断の時代』(*Zeiten der Entscheidung*, Herder, 1996)、『究極の意味を求めて』

（前出『無意識の神』に一九八五年にアメリカ精神医学大会でおこなわれた講演「究極の意味を求めて」やロゴセラピーに関するリサーチの成果をあわせたもの）（*Man's Search for Ultimate Meaning*, Insight Books, 1997）。

フランクルが日本でおこなった講演の内容を知りたい方もいることでしょう。

一九六九年一月に國學院大學でおこなった講演「意味喪失の時代における教育の使命」の記録は、同大学の『日本文化研究所紀要』第二四号に収められています。アメリカで『意味への意志』を出版した年におこなわれたこの講演は、この本のダイジェストのような内容になっています。

一九九三年五月に東京医科大学でおこなった講演の記録は、日本実存心身療法研究会『COMPREHENSIVE MEDICINE――全人的医療』の第一号に収められています。フランクル八八歳の時におこなわれたこの講演は、さすがに多少回顧的な内容のもので、フロイト、アドラー、ハイデッガー、ローマ法王などとの関係についての個人的な思い出話が中心となっています。しかしその中でも、「自己実現はそれだけでは意味を持たない。自己超越こそが重要だ」といったポイントはしっかりと主張しています。

ビデオでもフランクルの情報を得ることができます。

一九九〇年にウィーンで高島博とおこなった対談のビデオ、『AN INVITATION TO LOGOTHERAPY　ロゴセラピーへの招待』（六二分　Joint Spot）がそれです。

一九九四年、ＮＨＫの特別番組としてフランクルと野田正彰氏の対談が放映されましたが、内容から言えば、このビデオのほうがずっと充実したものになっています。それも当然で、対談相手の高島博は長く国際ロゴセラピー学会日本支局長をつとめ、フランクルが「日本でたった一人のロゴセラピスト」と呼んでいた方です。フランクルの考えをもとに「従病」など独自の概念を創出し、アメリカでも数冊、著書が刊行されていました。私も丸善の診療所に高島先生を何度もたずね、直接ロゴセラピーのエッセンスを教わりましたが、先生の熱い口調にはしばしば圧倒されていました。その高島先生とフランクルの対談を収めたこのビデオは、個人的エピソードが多く語られており、資料的価値が高い（この本でもこのビデオをかなり参考にしました）ばかりか、ロゴセラピーの理論と臨床のエッセンスをわかりやすく説いた内容になっています。吹き替えはせずに、和訳本が付けられているのも助かります（これだとフランクル本人の肉声が聞けて、しかも内容は日本語で理解できるわけです）。フランクル研究者には、必見の一本と言えるでしょう。

付論　フランクル心理学の批判とその修正

最後に「付論」として、フランクル心理学に対する批判の吟味と、その若干の修正とをおこないます。フランクル心理学に対してなされた批判のうち、内容のあるもの、吟味するに足るものを取り上げてそれを検討し、そこから受け入れるべきものは受け入れ、修正すべき点は修正する、という作業をおこなうのです。

フランクル心理学の修正だなんて、そんな勝手な、傲慢な……と思われた方がいるかもしれません。けれどフランクルとて人間。一九〇五年生まれの彼に、現代人の要請にピッタリあう理論を示せと言っても過酷な要求です。ましてや、日本の書店でよくみるフランクルの訳本（『夜と霧』『死と愛』『それでも人生にイエスと言う』の三冊）がいずれも、一九四〇年代半ば（つまり半世紀以上前！）に書かれた本であることを考えると、古臭くなるなというほうが無理というものです。

重要なのは、私たち一人ひとりが「ポスト・フランクリアン」として、フランクル心理学の批判と修正をおこなう中で、そのエッセンスをより洗練された仕方で引き継いでいくことでしょう。

もちろん、そこには私（諸富）なりの読み込みが入ります。そしてその基本線は、トランスパーソナリズム、さらにはコスミズムの観点からの読み込みになると思います。

これは決してひとりよがりな読み方ではありません。フランクルの理論そのものが自己超越性にこそ人間の本質があるとみなしており、しかも特定の宗派やドグマに偏ることなく普遍的な人間本性として、経験科学的証拠に基づいてそれを主張しているのですから。これを現代的な観点から読み直すとトランスパーソナリズム、もしくはコスミズムへとつながっていくのが、むしろ当然だと私は思います。

〈付論・その1〉では、まず、フランクル心理学に対して日本人がおこなった批判のうち、唯一まともな批判である神学者・滝沢克己（たきざわかつみ）氏によるフランクル批判を検討します。滝沢によるフランクル批判の妥当な部分を踏まえ、さらにフランクル理論の甘い部分を指摘して、「では、こんなふうに考えればいいのではないか」という私流の代案を示します（ちなみにほかの批判は、「フランクルは信じられない。何たって、あのアウシュビッツで生き残ったんだからまともな神経の持ち主ではない……」といった類の、言った人の品性を疑いたくなるような批判ばかりです。しかもそれが、著名な精神医学者によって語られ印刷もされているのですから、あきれるばかりです）。

〈付論・その2〉では、フランクル心理学において、意味の呼びかけに応える心の働きがどのように捉えられているかを検討します。フランクル心理学の主要概念の一つに「意味への意志」がありますが、これは意識的、意志的な働きを連想させる言葉です。では「意味」の呼びかけに呼応するのは、このような意識的、意志的なレヴェルの心に限られるかというとそうではなく、フランクル自身もそのより深い層の心の働きをつかんでおり、それを「実存する無意識」とか「決断する無意識」と呼んでいます。しかし残念ながらそれを充分に自覚化し理論化することはしていないのです。フランクルがこれらの言葉で言おうとした深い層の心の働きとはどんなものか。私なりの考えを示します。

〈付論・その3〉では、フランクルが発した実存の問いとトランスパーソナリズムとの関係について若干の補足をします。

そして〈付論・その4〉では、フランクルの実存分析としばしば混同される現存在分析をとりあげ、両者の違いを明らかにします。

〈付論・その1〉滝沢克己による批判をめぐって

滝沢克己について

まず日本の神学者滝沢克己がフランクルをどう批判したか、それを見ていきたいのですが、その前に滝沢についての説明が必要でしょう。

滝沢克己一九〇九年生まれ。西田幾多郎と弁証法神学のカール・バルトの影響下に、独自の「インマヌエル」哲学を提唱した元九州大学教授の哲学者・神学者です。

私などは学生時代に読んだ滝沢克己、八木誠一、久松真一らの宗教哲学にかなりの影響を受けましたし、人に時折、「人間にとってギリギリのほんとうのことを知りたければ、とにかく滝沢、八木、久松を読め」と勧めたりもしてきました。人間にとって余計なものを一切削ぎ落とした後に残るいわば「究極の真実」を、最も明晰かつリアルにつかみ、かつ表現している思想家と言えば、今でも私には、この三人以上の人は思い浮かびません。

残念ながら滝沢と久松はもう亡くなっており、直接会うことのできる人は八木誠一氏しかいません。心理学に関心のある最近の若い読者には、あまり馴染みのない名前かもしれませんが、是非一度、彼らの本を読んでみることをお勧めします。

ともあれ、滝沢の思想の要点を簡単に説明しましょう。それを知らなければ、滝沢のフランクル批判のポイントもつかめないと思うからです。

滝沢は、カール・バルトの言う「インマヌエル（神われらと共にいます）」の原決定に学んで、次のような独創的な考えを提示しました（『仏教とキリスト教』法蔵館）。

あらゆる人間の実存の根底には、神と人との無条件の原関係が成立している。神が人と共にあり、神の栄光を表現すべく定められているということは、当人がそれに気づくか気づかないかにかかわりなく、ありとあらゆる人のもとに無条件に成り立っている事実なのである——これを滝沢は「神と人との第一義の接触」というのですが、このことは、この一点に滝沢哲学のすべてがかかっていると言っても過言ではないほど大切なことです。それは次のように巧みに表現されています。

この世界に、現実の一人の人が成り立ってそこに在る点には、かれ自身のあらゆる思いに先立ってすでに、絶対に彼自身ではない何か、ふつうにかれが『自分』といっている自分ではない何かとの、切っても切れない結びつきがある。そもそもの始めに、いまここに、かれ自身というその生命の成立の根底に実在するこの結び付きは、人間的主体たるかれが成り立ってきたのちに、他の何か、誰かと、何らかの理由で善しと認めて、あるいは『無意識』の衝動に動かされて、始めて結ぶ縁ではない。いなむしろそれは、その人が成り立ってくるそこに、いわばその人の絶対の背後からその人をしかとつかまえているような結び付きである。かれが自分で自分を支えようとするに先立ってすでに、かれという生命のいちばん奥の処でかれを支えて、即刻起ち上がることを促している真実無限に親密な縁である。……（それは）ただ単純に、無条件にそこにある。これを受けるか受けないとかいう『自由』は人間に全然ない。そこでは、人間の『主体性』は完全にゼロである。（『現代の事としての宗教』法蔵館。以下、滝沢の引用は同書から）

滝沢はこう言います。あらゆる人間の実存の根底には、神と人との原的な関係が無条件に成立していて、そこでは、神と人とは一つ（不可分）でありながら、同時にまた、神が主であり人が客であるという不可侵の区別（不可同）と秩序（不可逆）とがあるのだと。

あらゆる人間は本来、自らの根底に与えられているこのつながりを自覚的に実現すべきように定められていて、そこから逃れる自由など、まったく与えられていないのだと滝沢は言うのです。そして、自らの根底に与えられているこのつながりに目覚めて、それを自覚的に成就すること（滝沢はこれを「第二義の接触」と呼びます）こそ、キリスト教や仏教をはじめとするあらゆる宗教が成立するその根拠だと滝沢は考えます。

つまり、各人の根底に無条件に与えられている「原的なつながり」がまずあって、それに目覚めるということがあらゆる宗教の成立根拠である。どの宗教であれ、このことに変わりはない。けれどもそれに目覚めた時に与えられる「形」の違いが、各宗教の違いとなって現れる。大雑把に言えば、滝沢はこのように理解するのです。

この滝沢の考えがかなり大胆なものであることはすぐに理解していただけるでしょう。何しろ、彼の考えによれば、キリスト教も仏教もイスラム教も、その原点はただ一つ、彼の言う「第一義の接触」「生命の成立の根底に実在する結び付き」であり、その同じものの異なった自覚の形でしかないというのですから。

さらにまた、基本的には神学者である滝沢は、伝統的キリスト教の枠から大きく外れていきます。というのも、伝統的キリスト教はイエスの死と復活という歴史上の出来事をその成立の根拠としているわけですが、滝沢のこの考えに立てば、神と人との接触はイエスにおいて初めて成り立ったわけではないことになってしまうからです。神と人との原的な関係は、イエスを含めたすべての人間の根底に与えられており、イエスはその関係を最も円満に成就した一人の人間ということになってしまうのです。

このような滝沢の考えには伝統的キリスト教から批判が寄せられ、また彼のバルト解釈にも疑いがかけられていますが、多くの読者の心をひきつけました。

滝沢の考えには、私たちの心に「この人はほんとうのことを言っている」というストレートな直観を与えてくれるところがあるのです。

私も、滝沢を初めて読んだ時、それまで曖昧にしかつかめていなかった「ほんとうのこと」にある「形」を与えてくれた、という感慨がありました。

多くの読者がそのような思いを抱いたのでしょうか。滝沢人気は広まり、今も法蔵館から著作集全一〇巻が出ています。

滝沢とフランクルの出会い

その滝沢がフランクルに興味を抱いたのは、ほかの多くの人と同様、訳本の『夜と霧』を読んでからでした。滝沢は「その中に出てくるフランクルの基本的な考えが私自身ずっと長いこと考えてきたこととほとんど同じと言っていいくらい近かった」と言っています。フランクルに興味を持った滝沢は、彼のいろいろな著作を読み進めていきましたが、するとまた「ますます面白くなりもしたし疑問も出てきた」。そしてついに、ウィーンでフランクルを訪問するに至ったのです。

実際に会ってみて滝沢は、フランクルの印象を「非常に忙しい人で、彼の書物を読んで想像していたような、じっとして物を考える宗教的・形而上学的ニュアンスの強い人とは異なった印象を受けた。一見したところでは、西洋人として中肉中背で小肥りであり、非常にエネルギッシュで、純然たる臨床医、その方での技術家という感じであった」と語っています。また毎日五〇名の外来患者と二四～五名の入院患者を抱えていて、「よくあれで物を考えたり書いたりする時間があるものだと感心させられた」とも言っています。

と同時に「時間がなくてお互い十分納得できるまで話し合えなかったけれども、私の質問に対する答えや、録音された彼の講演、あるいは最近の論文の内容を考え合わせてみると、私が書物を通して考えていたことと基本的に同じでその点で思い違いはないことがわかったし、フランクルの強さもまた弱さも、あるいは残された問題も、会う以前よりはいくぶんかはっきりしたように思う」と語っており、会談が決して不満足な内容のものではなかったことがわかります。

前置きはこれくらいにして内容に入ることにしましょう。

滝沢のフランクル理解のエッセンスは、次の引用に端的に示されています。

> フランクルの考えの根本には、まず第一に、ほんとうの生命の意味は厳として実在する、ということがある。人間であること、人間としてそこに置かれている

ということには、ほんとうの意味が根本的・根源的に与えられている。人生が実際にあって意味がないというようなことは決してない、理由なしに原理的に事実そうなっている、というのである。そしてフランクルによれば、その生命の意味は人間の主観的な感情、状態、信念ではない、そうではなくてそれはこちらの意見や状態に関係なしに、それらに先立って、そのいみで真に客観的に、与えられているし、そのつど与えられてくる。人間生命の成立と同時に生命の意味は与えられているし、与えられてくるので、こちらの体験にはよらないのである。

滝沢がなぜフランクルにひかれたか、フランクルのどこに共鳴したか、おわかりいただけたと思います。

つまるところ、滝沢のフランクル理解のポイントは、次の一点にあります。

「生きる意味」があるかないか。このことは、人間の側の信念や判断によって決まるのではない。

「ほんとうの生きる意味」というのは、人間の側の信念や判断にかかわりなく、それに先立ち、人間が人間としてそこに置かれているというだけで、同時に必ず、与えられている。このことは、人がそれを信じるか否かにかかわりなく、あらゆる人間存在の根底に成立している普遍的な真実である。

このような「生きる意味」の被決定性、「ほんとうの生きる意味」と人間の信条・判断との不可逆的な関係にこそフランクル思想のポイントがある、と滝沢は考えたのです。

ここには、たしかに滝沢流の読み込みがあります。滝沢は、フランクルの「生きる意味」についての考えに、自分の「第一義の接触」と本質的に同じものを見て取ったのです。

先に引用した文章で、滝沢は次のように言っていました。「この世界に、現実の一人の人が成り立ってそこに在る点には、かれ自身のあらゆる思いに先立ってすでに、絶対に彼自身ではない何か、ふつうにかれが『自分』といっている自分ではない何かとの、切っても切れない結びつきがある」「(それは)ただ単純に、無条件にそこにある。これを受けるとか受けないとかいう『自由』は人間に全然ない」。

この「かれ自身のあらゆる思いに先立ってすでに」成り立っている「切っても切れない結びつき」こそ、滝沢の言う「第一義の接触」にほかなりません。そして滝沢は、これと同じ真実をフランクルもつかんでいる、と考えました。ただフランクルは自分が「第一義の接触」と呼んだものを「生きる意味」と言っていて、そこには表現の違いがあるだけだ、と考えたのです。

私は、この滝沢のフランクル理解は基本的に正しいと思います。

フランクルも「生きる意味」は「作りあげるもの」ではなく、「見つけ出すもの」だと言っています。

人間には、「生きる意味」も「この人生でなすべきこと」も与えられている。人間の側の判断や信条の一切に先立って、人がこの世に置かれると同時に、ちゃんと与えられている。にもかかわらず「生きる意味とは何か」「私は何をなすべきか」と思い悩むのは、このことに気づけずにいるからだ。人間存在の根底に与えられたこの真実を知らないからだ。だから人間が、「生きる意味」や「なすべきこと」が実はちゃんと与えられているということ、このことに気づき、それを受け入れるならば、彼の悩みは直ちに解消するはずだ。フランクルはそう考えたのです。

滝沢は、フランクル思想の最も肝心なこの点をきちんとつかんでいました。それは、滝沢とフランクルの思想が基本的に同じ論理を共有しているからです。

滝沢は「第一義の接触」、すなわち「絶対に彼自身ではない何か」との「切っても切れない結びつき」は、「かれ自身のあらゆる思いに先立ってすでに」すべての人間に与えられている、後は本人がそれに気づけるかどうかだ、と言っていました。

同じようにフランクルも、「生きる意味」は「かれ自身のあらゆる思いに先立ってすでに」すべての人間に与えられている、後は本人がそれに気づけるか、見つけ出せるかどうかの問題だ、と言っているのです。

滝沢の使う言葉や表現には、たしかに誤解を招きやすい箇所が多々あります。けれど滝沢は、フランクルの思想の最も大切な点をズバッとつかんでいるのです。さらに滝沢は、だからフランクルには「福音の直覚」があるし、「彼自身キリスト教徒だと名乗らないにしても、イエス自身は彼は自分の友だと言うであろう」とまで言います。そして「宗教とロゴセラピーを峻別（しゅんべつ）し、さらには分離する」ような態度にとどまらず、もっと積極的に宗教にかかわっていくべきだと主張します。

ただフランクルのほうには、信仰の有無・如何にかかわらず、できるだけ広く自分の考えを伝えたい気持ちがあったようですし、そのためには一応、自分の立場を既存の宗教から切り離しておいたほうが得策だとする政治的判断もあったことでしょう。それはそれで理解できますし、ここではフランクル理論の内在的批判に専念したいものですから、この問題はひとまず置いておきます。

では、これほど共鳴しながら、滝沢はフランクルのどの点を批判するのでしょうか。

滝沢のフランクル批判

結論から言えば、滝沢の批判のポイントは、フランクルには「超人間的次元と人間的次元は区別されながら一つであり、一つでありながら区別されているという弁証法的関係」がよく見極められていない、というその一点にあります。

これはどういうことでしょうか。

まずフランクルには「人生の意味」を、「向こう」から、つまり「超人間的次元」から「送り与えられてくるもの」として捉えている面があります。

滝沢が正しく理解するように、フランクルの言う「意味」は「決して主観的な状態や思想や情緒ではなくて客観的なもの」であり、「人の思いに先立って人に与えられており、そのつど与えられてくるもの」、その意味で「人間の意志からは全然独立なもの」です。「フランクルが生命のほんとうの意味という時の第一義的な意味は決して普通いういみの人間の価値ではない。それは人間に価値があるかないかということとは全然独立に、それとは無関係に各自に与えられているもの、与えられてくるものである。そういう生命の意味は、誰も自分はそれに関係がないと言えないように人間に絶対的に内在すると言えるが、しかしその意味は人の思いや功績とは全然異なるといういみで全く超越的でもある」。

このようにフランクルの言う「意味」はたしかに、人間の主観的な思いや思想に左右されることなく、人間を超えた「向こう」から「与えられてくる」ものであり、その点に限って言えば、それは「超人間的」と言っていいものです。

ところが、と滝沢は言います。同時にフランクルは、「人生の価値、意味ある人生という時、創造価値、鑑賞価値、態度価値を挙げ、人間はどんなに追いつめられても、少なくとも態度価値を実現することはできるし、そのことによって意味ある人生を送れるのだという」。「しかし人間が実現できる価値、私は意味ある人生を送ったという場合の意味は、人間の業そのものの性格であって、人間の業や思いに先立って人間に与えられてくる根源的に客観的な意味とは異なる」のであると。

つまり、フランクルは「向こう」から「与えられてくる」ものとしての「超越的」な「意味」について語ると同時に、「私は意味ある人生を送った」といった言い方をされる「主観的な意味感情」について語ることもある。しかしこの場合の「意味ある人生」は、「生きがいある人生」とか「充実感ある人生」と同じであり、それは人間の側の主観にすぎず、「人間の業そのものの性格」である、と滝沢は言うのです。

そこで滝沢は次のように結論をくだします。「超人間的な次元と人間的な次元とは決して離れ離れにあるのではない。人間的な次元をほんとうにリアルに扱うということは超人間的次元と結びつけられた人間的次元を扱うということであり、そういうものとして人間的次元を見る時に初めてそれはリアルに見られるのである。フランクルは実際そのようにやっているのである。ところが残念なことに、超人間的次元と人間的次元は区別されながら一つであり、一つでありながら区別されているという弁証法的関係――この点がフランクルでは十分よく見極められていないように見える。このことは、彼の理論上の不徹底というばかりでなく、おそらくはまた実際の患者の治療においても影響してこないわけにはいかないように思われるのである」。

要するに、「人生の意味」に関して超人間的次元と人間的次元の関係を曖昧にしていること。これがフランクルの最大の問題だ、と滝沢は言うのです。

私は、この滝沢の批判は当たっていると思います。

フランクルの言う「人生の意味」は、人間の側の判断や思いに先立ち、それを超えた「向こう」から「与えられてくるもの」です。それは「超人間的」な次元から送り与えられてくるのです。けれどもそれは同時に、あらゆる人間のもとに無条件に送り届けられているのであり、その点ではそれは「人間的」な次元のものでもあります。つまりこの点に限って言えば、フランクルは「超人間的次元と結びつけられた人間的次元」を扱っていて、その結果、彼独自のリアルな人間把握が可能になったのです。

しかし私自身、フランクルを読みながら、これと矛盾する表現がいくつも見られるのが気になっていました。フランクルは「人間を超えた向こう」から「与えられてくる」ものとしての「人生の意味」を説きながら、同時に、単なる主観的な感情としての「意味感」や「目的感」や「生きがい感」などについても語っているのです。

私は「これはフランクル自身の中でごっちゃになってしまっている。カテゴリーの異なるものをいっしょくたにしてしまっている。さもなければ、何か隠れた意図があって、わざと曖昧にしているかのどちらかだ」と感じていました。

フランクルはなぜカテゴリーの混同を犯したか

たしかにフランクルは、意味は「客観的」なものだと言っています。あるいは、彼が現象学を教わった師の一人、ルドルフ・アラースの造語を借りて、少なくとも「超主観的（transsubjektiv）なものだと言います。そして「人間は意味に向かって自己を超越しつつある。意味は単なる自己表現以上のもの、単なる自己の投影以上のものである。意味はつくり出されるものではなく、発見されるべきものである」（WM）と言うのです。

これらの言葉でフランクルは「意味」は人間的次元を超えたものであると言おうとしています。そうでなければ、意味に向かって自らを超えていくなどできはしません。

しかし同時にフランクルは、たとえば「底なしの意味喪失感」といった言葉で、「主観的な意味・無意味の感情」についても語ります。ここでの「意味」は、「生きる目標」とか「生きがい」といった言葉で置き換え可能なもので、超人間的次元から送られてくる「意味」とは、はっきり異なっています。

後者の場合フランクル理論は、「生きる目標」や「生きがい」を持って生きることの大切さを説く極めて常識的な人生論と解されてしまいます。それは、「それぞれの状況における真の意味は一つしかない」（WM）とか、「最後の一瞬に到るまで、最後の一息に到るまで、人間は自分がほんとうに人生の意味を満たしているのかどうかを知りえない」(ÄS)といった緊迫感溢れるフランクルの言葉と内容的に矛盾しています。もしフランクルが単に「目標」や「生きがい」ある人生の大切さを説いているだけなのであれば、このような言葉が出てくるわけがないのです。

けれどフランクルは、両者の明確な区別をすることなしに、この二つの「意味」、すなわち超人間的次元から送られてくる「意味」と単に主観的な「意味感」(生きがい感)とをまったく不用意に使っています。これが、私が「フランクルはカテゴリーの混同を犯している」と感じ、滝沢が「不徹底」だと考えたその原因です。

では、なぜフランクルがこのような理論上のミスを犯したのかと言えば、私の推測ではそれは、彼が自らの理論の普及に心を砕いた(砕きすぎた?)からです。

生きる意味は、人間の判断や思いに先立って「人間を超えた向こう」から「送られてきている」(超人間的次元)と同時に、「あらゆる人間の足下に常に既に届けられている」(人間的次元)という内在即超越の論理。ここにこそ、フランクル哲学の神髄があります。私にとっては、ハッとさせられる覚醒作用を持つ論理でもありました。

しかしこの論理には、わかる人にはわかるけれど、わからない人にはわからない、といった面があります。フランクルはおそらくそれを気にしたのでしょう。

できるだけ多くの人に自分の考えを伝えたい……。おそらくこのような考えで、フランクルは、あえて二つの次元の区別を曖昧なままにしたのだと思います。

ユニークな思想はインパクトはあるけれど、なかなか理解や同意を得られない。一方、常識的な考えは、インパクトはない分、多くの人に受け入れられやすい。このディレンマに悩んだ結果、フランクルは両者を混合する方策を取ったのだと考えられます。

私がこのような思いを強くしたのは、特にアメリカ進出を果たし普及に努めた六〇年代から七〇年代の著作において、フランクルがＰＩＬ（人生の目的テスト）などによる実証的な検証をことのほか、喜び歓迎している様子を目にしてからです。

ＰＩＬで測定しているのは、あくまで主観的な「意味感」や「目的感」「生きがい感」です。それは、人間の側のすべての判断や思いに先立って「人間を超えた向こう」から「送られてくる」超人間的な次元の「意味」とはあくまで次元を異にします。にもかかわらず、フランクルが手放しでそれを歓迎しているのを見ると、フランクルは自分の理論・方法の普及のために理論としての一貫性や突きつめを放棄してしまったのではないか、という思いさえしてきます。

そうしたくなる気持ちはわかりますが、思想・理論という面から言うと、やはりこれはフランクルの堕落にほかなりません。

そのため、フランクルというと「ああ、あの説教くさい心理学」「常識レヴェルの道徳を押しつける心理学」と言う人が出てきたりするのです。

フランクル心理学には、滝沢がそれに反応したことでもわかるように、他の心理学にはない独自の魅力があります。人間を超えた「向こう」の次元からのメッセージが同時にあらゆる人間の足下に届けられているという「内在即超越」の論理。これは強烈な「救いの論理」です。であるからこそいっそう、フランクルの妥協とそれに由来する多くの誤解が私には残念でなりません。

「人生の意味」をどう解すべきか

では私たちは、フランクルの「人生の意味」をどう理解すべきなのでしょうか。

「どんな時もすべての人に無条件に届けられている」という内在の面はもとより、人間的次元を超えた「向こう」から「送り届けられている」という超越的な面をもっとハッキリ強調すべきでしょう。この点の把握が曖昧だと、単なる「意味感」や「生きがい」と混同してしまうことになります。

ではなぜフランクルが、「意味」の「超越性」を今ひとつ強調しきれなかったのかと言えば、それはやはり、彼が自らの理論・方法の普及に心を砕くあまり、その背後に「神」がいることを、つまり「人生の意味」は「絶対的超越者である神」からその都度与えられてくるということを、ハッキリ明言できなかったからだと思います。

それでは、と私は提案します。「人生の意味」を私たちに「送り届けてくれる」その「送り主」を、この「宇宙」であると、秩序に満ちたコスモスそのものであると考えてはどうだろうかと。

ふと見上げると、無数の星がちりばめられているこの宇宙。それを眺めていると、無限に広がるこの空間と時間の中で、他のどこでもなくいつでもない「今・ここ」に、他の誰でもない「私」がいるということは、やはり意味がある、「なすべきこと」が与えられている、と思わないではいられない。この秩序に満ちた宇宙こそ、私たちに「人生の意味」を、「なすべきこと」を送り与えてくれるものだと考えてみてはと思うのです。

けれども、ここで次のように反論される方もいるでしょう。

この宇宙が秩序に満ちているなどとどうしてわかるのだ。それはお前の勝手な思い込みではないか、と。

この宇宙が秩序に満ちているか否か。この問いは、答えのない問いです。私たちが「宇宙の果て」までたどり着き、「宇宙の全体」を見渡して、それが意味と秩序に満ちているか否かを確かめるなんてことは、できない話だからです。

ただここで次のことは言えると思います。「人生なんて意味はない。私の心はからっぽだ」と感じている人は、やはり「宇宙そのもの」も同様に「無意味で空虚」なものであると感じる傾向があるようです。また逆に、「人生には意味がある。私の心は満ち足りている」と感じている人には、やはり「宇宙そのもの」も「意味に満ちていて秩序がある」と感じる傾向があるようです。

フランクルの病院で広場恐怖症を患っていた患者は次のように語っていたと言います。「無限ということが私を圧迫するのです。私は自分をその中で見失ってしまいます。そこにはそんな手がかりのなさがあるのです。……どんなにそれを脱(のが)れようとしても」。

このケースを分析する中でフランクルは、彼の哲学上の師であるマックス・シェーラーの「空間と時間の無限の空虚さは人間自身の心の空虚さである」という言葉を引用しています。そして、次のように言うのです。

> 不安が結局は無ということに対する不安である限り、この場合の「空間の無限な空虚さ」ということは無の位置を占めているわけである。しかしマクロコスモス(大宇宙)のこの空虚さは内的な空虚さ、実存的な空虚……すなわちミクロコスモス(小宇宙=人間)の空虚さの単なる投影にすぎないように思われる。すなわち自分自身の存在が無内容であるため、それが外部に映じたのである。(TTN)

　この世界が、さらにはこの宇宙そのものが空虚に見えるのは、私たち人間の心の空虚さ、無内容さが映し出されたものだと言っているのです。

　これは多分に思い当たる方も多いと思います。たしかに、「この世界も宇宙も、単に～にすぎない」という還元主義的世界観を抱いている人は、やはり心のどこかに空虚さを抱えて自分自身を否定的に見ている人が多いように思うのです。

　しかしここで、賢明な読者は、ただこの論理を逆さにするだけで、次のようにも言えることに既にお気づきのことでしょう。

　すなわち、私たちの心がこんなにも充たされ至福を感じることがあるのは、この宇宙そのものが意味と秩序とに満ち満ちているからだ、と考えることもできるのです。

　つまり私たちは、「空虚でいらだっている私」から出発して、「この私自身も宇宙の一部」なのだから「宇宙そのものも、やはり空虚で無秩序であるにちがいない」と考えることもできますが、それと同様に、「満ち足りた幸福な私」から出発して、「この私自身も宇宙の一部」であるから「宇宙そのものも、やはり意味と秩序に満ちているにちがいない」と考えることもできるのです。後者の典型は、自己の本質をアートマン（我）と呼び、それが宇宙万象の原理であるブラフマン（梵）と一つである（梵我一如）と考えたウパニシャッドの哲人たちに見出すことができます。

そしてそのような世界観を抱いている人は、にもかかわらず私たちが「心のむなしさ」を感じることがあるのは、この宇宙そのものの意味と秩序とを感じとれず、そこで与えられた自分の位置と使命とを見失ってしまうからだと考えるのです。

この二つの世界観のどちらをとるか、すなわち、この世界と宇宙のすべてが意味に満ちていると考えるか、それともすべては無意味で空虚にすぎないと考えるかは、最終的には私たちの主体的な選択にかかっています。

しかし、どちらを選び取ることがより生産的で建設的かは目に見えています。

私自身は、どうせ選ぶのであれば、よりポジティヴな可能性を選んでその可能性に懸けてみたいと思います。

フランクル心理学は、最終的には、このポジティヴな可能性の選択と懸けにかかっています。この世界と宇宙をポジティヴなものと見る可能性を選び取った人に、生きる意欲とエネルギーを与えてくれる心理学なのです。

意味と秩序とに満ちたこの世界そのもの、この宇宙そのものが、私たちに「人生の意味」を、「なすべきこと」を送り与えてきている――そのように考えることで、「意味」はその超越的な性格をハッキリ確保することができます。またそのようなものであってはじめて、それは、人間の生きる意欲とエネルギーを喚起するものとなりうるのです。

それは、単なる主観的感情としての「生きがい」などとは、決して混同されるべきではありません。

〈付論・その2〉「意味」の呼びかけに呼応する心の働き

「意味」の呼びかけに呼応する心の働きとは

フランクルの理論に関してもう一点、きちんと批判・修正しておくべきと思われる点があります。

それは、「意味」の呼びかけを感受し、それに呼応して働く「心」に関することです。その心の働きの構造をどう捉えるか、フランクルには突きつめが甘い部分が見受けられるのです。

フランクルと言えばすぐに思い浮かぶのが「意味への意志」ですが、まずこの定義がハッキリしません。

フランクルによる「意味への意志」の定義は、「意味と目的を充足しようとする人間の基本的な努力」というものです（WM）。しかしこれでは、この「努力」が単なる意識レヴェルの意志的努力なのか、もっと深い層の心の働きなのか、ハッキリしません。

けれども別の箇所では、人間は「意味によって引きつけられている」と書いていますので（WM）、「意味への意志」は単なる意識的努力ではなく、意味からの呼びかけに呼応する心の働きであると言えそうです。

フランクルの弟子の一人クランボウは、「意味」と「意味への意志」との関係を「磁石と鉄の関係」にたとえています。それによって彼は、人間が「意味」に心ひかれていくその現象が、「意味」の力だけでなく、人間の心の側の性質にも依存していることを指摘しようとしたのです。磁石に引き付けられるのは鉄だけで、木片ではそうはいきません。これと同様に、「意味」に引きつけられるのは人間だけで、動物ではそんなことは起こりえないとクランボウは言うのです。

クランボウによるこの磁石と鉄の比喩は、間接的ながら、意味の呼びかけに応える心の働きが、単なる意識的努力よりも深い層の心の働きであることを暗に示しています。意味を発見し実現しようとする意識的自覚的努力は、もちろんそれ自体、望ましいことにちがいありません。しかし、そのような意識的自覚的な努力と、それに先立って成り立っている意味と人間との根源的な結び付きとを混同してはいけません。意味と人間との根源的結び付きがあくまで先にあり、それを前提条件として意識的努力は初めて成り立つのです。つまり両者の間には、「不可同・不可逆」の関係が成立しています。そしてこの結び付きにおいて、意味の呼びかけを感受しそれに応えようとする無自覚の心の働きは、より深い層の心の働きなのです。

このこととのかかわりで重要になり、また吟味を要するのが、フランクルの「精神的無意識」の概念です。

既に述べたようにフランクルは、人間を「身体」「心理」「精神」の三次元から成り立つ存在として理解しました。「意味」からの呼びかけを感受しそれに応えようとする「心の働き」は、もちろん「精神」次元に属するものですが、フランクルはそれを深い無意識の層の働きだと考えたのです。「真の深層人格、すなわちその深みにおける精神的・実存的なものは、何時いかなる場合にも無意識的である」「精神的なものはその深層において、『その根底において』本質的に、それゆえ必然的に無意識的である。……精神はまさにその根源において無意識的な精神なのである」(UG)。

フランクルが「精神」というのは、不安や怒りや悲しみといった情動のことではありません(これらは「心理次元」に属します)。こういった情動にある時はあえて従い、ある時はそれに抵抗する「主体」としての心の働き、それをフランクルは「精神」と言うのです。そしてこの自由に決断する主体、すなわち「私」(自我)そのものが、その根源においては必然的に無意識であるとフランクルは言うわけです。

精神的なもの、自我、すなわち実存は、不可避的に、つまりその本質から言って必然的に無意識的である。というのは、ある意味では実存は、それが反省されえないものであるという単純明快な理由で、常に非反省的なものだからである。（UG）

思考し判断し決断する主体としての「私」（自我）は、普通に考えれば、意識レヴェルの心的主体です。これがその根源においては、実は必然的に無意識的なものであるとフランクルは言います。そしてそれは、「私」（自我）すなわち「実存」が、意識的反省の対象にしようとしてもしえないものであるという単純明快な理由による、と言うのです。

少し考えればすぐわかるように、私は、「この私」自身について考えることはできません。今私が、こうして色々なことを考え文字にして書いている「この私」自身について考えよう（意識的反省の対象にしよう）としても、「この私」そのものはスルリとすり抜けていってしまいます。今自分は、「この私」そのものについて考えていると思った瞬間、そういったことを考えている「私」が存在することに気づかされるからです。そしてまた「この私」について考えている「私」がいると意識する時、そのように意識している「私」もまた、意識的反省の対象へと転化してしまうことに気づかされます。

こうして、「私そのもの」について考えようとする思考の連鎖は無限に続いていくことになります。私は「この私」自身を、どこまでいっても意識的反省の対象としてつかまえることはできないのです。

このことをフランクルは目の働きを例にとって次のように説明しています。「網膜の根源的箇所、すなわち視神経が網膜に入り込むその箇所に『盲斑（もうはん）』があるのと同じように、精神もそれが自分自身の根源を有しているまさにその場所においてすべての自己観察、すべての自己反省に関して盲目となる。精神が完全に根源的であり、完全に『自分自身』であるその場所において、精神は自分自身に関して無意識なのである。そしてこのような精神に関してこそ、古代インドの聖典ヴェーダに述べられている次の言葉がそっくりそのままあてはまる。『見るものは見られえず、聞くものは聞かれえず、考えるものは考えられえない』」（UG）。

こうしてフランクルは、思考し判断し決断する主体としての「この私」そのもの、自我自身は、その根源においてはいかにしても意識的反省の対象となりえず、したがって必然的に無意識的なものだと言います。「精神はまさにその根源においては、無意識的な精神である」（UG）というわけです。

またここでフランクルが、古代インドの聖典を引用していることも注目に値するでしょう。フランクルもそれなりには、東洋思想に関心を抱いていたことがわかります。実際ここでフランクルが言っている、「真の自分」は常に「見ている」のであり決して見られないこと、見ることができたと思うのは既に「真の自分のしかばね」でしかないということは、古代インドのウパニシャッドの哲人たちが最もよく洞察していたことだからです。『ブリハド・アーラニヤカ・ウパニシャッド』には次のような言葉が見られます（辻直四郎『インド文明の曙』岩波新書）。

それによってこの一切を認識するところのもの、そを何によって認識し得べき。

この我は、ただ『非也・非也』と説き得べきのみ。

彼は不可捉なり、何となれば彼は捕捉せられざればなり。

その後に次のような言葉もあります。「ああ、認識者を何によって認識し得べけんや」。

「精神的無意識」の概念は、フランクルと東洋思想が最もよく触れ合う部分と言えます。

ユング批判——無意識の宗教性をめぐって

思考し決断する「この私」そのものは意識的反省の対象となりえず、だから無意識の層にある、というフランクルの指摘。これは言われてみればその通りなのですが、「無意識そのものが決断する」というのは、やはりフロイトやユングにないユニークな発想です。決断する主体である「自我」は、一般には意識レヴェルのものと考えられてきたからです。これに対してフランクルは、無意識の最深層をなすのが「自我」であり、それそのものが決断する、というのです。

この観点からフランクルは、フロイトやユングを批判します。

まずフロイトに対しては、無意識の内容を「エス」、すなわち抑圧された衝動性であると考えた点を取りあげて、次のように批判します。「衝動的なものだけでなく、精神的なものも無意識でありうる」(UG)。

無意識の内容は、衝動性としてのエスだけではない。精神的なもの、とりわけ決断する主体としての自我も無意識である、というわけです。これはすぐに理解していただけるでしょう。

もっと興味深いのは、ユングに対する批判です。

ところで、次のように考えたのはC・G・ユングの大きな間違いであった。つまりこの学者には、無意識のうちに宗教的なものを認めるという功績があることは疑いない事実であるとしても、彼は一方、この無意識の宗教性を再びエス的なものへ逸らしてしまうという根本的な過ちを犯したのである。つまり彼は「無意識の神」を間違った場所に押し込めたのである。（UG）

ユングによれば、私の中にある「エス」が宗教的なのであって、「自我」が信仰を有するのではない。「エス」が私を神へ衝動的に駆りたてるのであって、私が神へと決断するのではないのだ。（UG）

フランクルは、「無意識の宗教性」を認める点ではユングのことを評価し、そこにユングの功績があるとも言います。フランクル自身も、患者の夢を分析するうち、意識的には無神論者であった患者の夢の中に、しばしば宗教的な内容の夢が現れることを体験的に知っていたからです。

けれどもフランクルによれば、それは決して「心理次元」におけるものでなく、無意識の中核を占める「精神次元」、つまり主体としての私（自我）の働きによるものです。

フランクルは言います。「無意識の精神性の発見によってエス（無意識）の背後に自我（精神）が見出されたのだが、いまや無意識の宗教性の発見によって内在的自我のさらに背後に超越的汝が見出されたわけである。つまり自我が『無意識でもあるもの』であることがわかり、無意識が『精神的でもあるもの』であることがわかった上に、さらに今度はこの精神的無意識が『超越的でもあるもの』として開示されたわけである」（ＵＧ）。

つまりフランクルによれば、無意識の宗教性が見出されるのは無意識の精神性の次元においてであって、決してそれ以外の衝動的な何か（エス）においてではないのです。けれどもユングにおいては、エスという衝動性が神とのつながりを持つことになってしまっている。フランクルはそこを批判するわけです。

さらにフランクルは同様の観点から、ユングの「元型」「集合無意識」といった考えも批判します。ユングによれば人間の心の奥には、両親や環境によって抑圧された私的な無意識の他に、昔から想像力の原点となってきた「集合的な無意識」が存在しています。そしてその内容である「元型」から民族の伝承物語や神話やおとぎ話が生まれてきた、と考えられています。ユング心理学においては無意識の宗教性も同様に、集合無意識とか元型といった観点から説明されるのですが、フランクルはこの点が我慢なりません。「集合無意識」や「元型」から宗教性を説明するということは、「個人的な決断」ぬきで宗教の本質を解明できると考えるようなものだからです。

フランクルにとって「宗教性こそは個人的な、もっとも個人的な、まさしく自我的な決断に属するものであって、それが集合無意識のようなものから生まれてくることなど、決してありえない」（UG）のです。「この私」（自我）の決断によるのではない真の宗教性などというものは、フランクルにとっては考えられないことです。

「決断する無意識」「実存する無意識」

フランクルのユング批判は次のように展開していきます。

私はこう問いたい。私が――まるで性的なことへ衝動的に駆り立てられるのと同じように――それに向かって衝動的に駆り立てられる宗教性とは、いったいどんな宗教性であろうか。「宗教的衝動」のおかげをこうむらなければならない宗教性など、われわれは真平御免である。なぜなら、真の宗教性は衝動的な性格ではなく、決意の性格を持つものだからだ。宗教性は、その決意の性格をもって存立し、衝動の性格をもって没落するのである。宗教性とは実存的なものであるか、さもなくばまったく成立しないかのいずれかである。……無意識の宗教性とは――むしろ一般に精神的無意識のすべてがすでに――決断する無意識（ein entscheidendes Unbewußt-sein）なのであって、無意識に衝動によって駆り立てられていることとはまるで違う。つまりわれわれにとって精神的無意識や、それにもまして無意識の宗教性は、とりわけ『超越的無意識』は、決定づける無意識ではなく、実存する無意識（ein existierendes Unbewußtes）なのである。（UG）

きわめて力強い言葉ですが、私はもう、この箇所はユング批判としては読みません。もとより、ユング研究者ではない私には、フランクルによる批判が当たっているかどうかを見極める力などありませんが、もしそれができたとしても、さほど意味があることとは思えません。

むしろここで私の目を引くのは、「無意識の自我」「決断する無意識」「実存する無意識」といったユニークな概念です。

フランクルは、無意識の深層の中核を占めるのは、主体的・実存的な性格を負った「私」（自我）であり、その無意識の自我そのものが決断し実存する、と考えたのです。「それそのものが決断する無意識」「それそのものが実存する無意識」というこの考えは、フランクルの数ある著作の中でもそれほど多く展開されているわけではありません。『無意識の神』（UG）のある章の中で多少詳しく述べられている程度です。

しかし私見では、この概念はさらに展開されるべき可能性を持った概念です。それは、「意味」の呼びかけに呼応する心というここでのテーマにも直接関係します。

人が「意味」の呼びかけに呼応する時、まず無意識の深層がその呼びかけを感受し、呼応して、それそのものが決断する。そして次にこの深層レヴェルでの心の働きを自覚し意識化して表出していくのだと考えられます。このような心の働きを説明するには、無意識の深層レヴェルに、それそのものが決断する主体的な心の存在を、つまり自我の存在を想定する必要があります。そしてフランクルは上述の諸概念でそれを想定したのです。

二つの私——「自我」と「自己根底のいのちの働き」

私は、フランクルが無意識の深層レヴェルに、しかもその最深層に、自ら決断する「主体的な心」の存在を認めたことを高く評価しています。無意識の根源は、つきつめればそれこそが私そのものである、としか言い様のない「主体的な心の働き」だからです。それはこの私によって所有される何ものかなどではありません。

無意識の心的内容は、通常は自我によって所有される何かであるとみなされています。そのためフロイトはそれを「エス（ES）」と三人称で呼んだのです。しかしフランクルは、無意識の中にはたしかに衝動的な「エス」も存在するけれど、同時にその最根源は、もはや私が所有するとは言えない主体的な心であると考えたのです。

この点は、フランクルの功績としてもっと認められていい点だと私は思います。

さすがにフランクルだけあって、「この私」という実存そのものの性格についてはつきつめて考えていて、それが無意識の最根源に根を下ろすものであることを見据えているわけです。

ただ、通常の意識レヴェルの私と、深層レヴェルの私の区別と関係については、さらに吟味を要する部分があります。

用語上の問題もあります。フランクルはどちらもドイツ語の一人称単数（私）である Ich という言葉を使って表すのですが、それが訳されて「自我」という言葉になると、既に術語としての手垢が付いていることもあって、どうしても意識レヴェルの心的主体を指しているという印象が強くなります。「無意識の自我」などという表現は、やはりどこか不自然なのです。

そこで以下では、両者の区別と関係について若干の考察を加えます。

ここでは便宜上、まず、通常の意識レヴェルの自我のほうを「私」と記し、フランクルの言う深層レヴェルでの自我のほうを〈私〉と記すことで、両者を区別しましょう。

もちろん、意識レヴェルでの「私」も、深層レヴェルでの〈私〉も、いずれも同じ私という心的主体の異なる側面を指すわけで、両者は厳密には区別できません。両者は厳密には「一つ」です。けれどもここでは、両者を相対的に区別する立場に立って、その関係について考えていきたいのです。

するとまず、次のようなことが言えると思います。

通常「私」と呼ばれているその「私」は、実は私そのものではない。その「私」の底は通常そう気づかれてはいないが、それ自体で決断することのできる〈私〉である。そしてこの〈私〉こそ、私という「存在の根拠」そのもの、「私」を「私」として成り立たしめているいのちの働きにほかならない。かつまたそれは、私という存在を突きつめていけば結局そこにたどり着く「究極の主体」でもあると。

つまり両者の間には、「私」の根底即究極の〈私〉という関係が成り立っているわけです。しかしそれでもまだ紛らわしいので、さらに別の言葉に置き換えてみましょう。まずカギ括弧で括って表記している「私」。これは通常私と呼ばれている意識レヴェルの私であり、「自我」と置き換えることができます。

では、もう一方の〈私〉はどうでしょう。それは、「私」(自我)の根底にあって、「私」を「私」として成り立たしめている「いのちの働き」そのものです。だから以下ではそれを「自己根底のいのちの働き」と呼ぶことにしましょう。

「自己根底のいのちの働き」。それは、たしかに意識的「自我」を超えた無意識の深層ではあります。しかしユング的な意味での「深層心理」領域ではありません。いくら掘っても掘りきれない「深層」ということではありません。そうではなく、自我をその奥に超え、さらにその深みを(余計なものをすべて削ぎ落としながら)どこまでも突き進む時、最後にぶち当たる「底の底」。それが「自己の根底」なのです。

さらにこの「自己根底のいのちの働き」は、単に主体として、それ自体で決断するというばかりではありません。「自己の根底」は、そこへと「呼びかけてくる」意味の力に呼応するという仕方で決断するのです。

意味が呼びかけ、自己の根底がそれに呼応する――この「呼びかけ＝呼応する」働きは、厳密に言えば「一つ」です。一体化し一つになった「呼びかけ＝呼応する」働き。それそのものが、私なのです。この「呼びかけ＝呼応する」働きは、それ自体で力に満ちていて、それそのもので立っています。「自己根底のいのちの働き」は、まさにこの意味で、単なる自我的主体を超えた真の主体なのです。

「私の底のいのちの働き」について

自我をその奥に超え、その深みをどこまでも突き進んだ末にぶち当たる「底の底」＝「私の底」に与えられた「いのちの働き」。

これまでの説明を読んでも今一つぴんとこない方もおられるでしょう。

それがどんなものか実感できない、と。

「私の底のいのちの働き」。それは、およそ生命を与えられて生きている限り、私たちの底で常に必ず働いているもの、それを欠いては一秒たりとも息をすることさえできない、そのような生命の働きそのものにほかなりません。

けれども私たちはそれを、通常それとしては意識してはいません。だからそれは、「無意識」の深層レヴェルでの働きなのです。

自分自身の内側で常に働いているこの働きを実感として確かめてみたい。そんなふうに思われる方は、次のような場面を思い出していただけると役に立つかもしれません。

何かの問題で悩みに悩みぬいて、生きているのがホトホト嫌になった、という経験はありませんか。あまりに悩みすぎたため、もう悩むこと自体に疲れてしまい、生きることがこんなに苦しいことなら、もう生きていても死んでも同じだ、どうなってもかまわないと思ってすべてを投げ出したくなったという経験は。

あなたの年齢にもよるでしょうが、この本を手にされた方なら、そのような経験を一度くらいお持ちの方も多いでしょう。

もし思い当たることがおありでしたら、そういった経験を思い起こされてください。「もうどうにでもなれ！」と、すべてを放り出してしまったその瞬間を。

すると、その直後に次のような経験をされて、驚きを覚えた方も少なくないのではないでしょうか。

既に力尽き、朽ち果ててしまったはずの自分が、なおも倒れることなく立つことができているのを発見して、驚いたという経験を。

すべてを諦め断念し、放り投げてしまったにもかかわらず、自分のからだの内側で「いのち」そのものがなおそれ自体でほのおの如くに燃え立ち、そこに生き働いているという事実に驚いた経験を。

こんなふうに、意識レヴェルの私（自我）がすべてに疲れ果て嫌になって「死に体」になっている時、そのような時初めて、私たちは自分のからだの内側で、なおも「いのち」が勝手に生き働いているその事実に目を向けることができるのです。逆説的ではありますが、「私の底のいのちの働き」は、まさにそれが「私の底」で通常は意識されずに働いているものであるがゆえ、このような絶体絶命の危機においてはじめて、それと気づかれることになるのです。

すべてに絶望した絶体絶命の危機において、初めて一条の希望の光を見出したとか、そこで初めて「生かされている自分」を発見した、などという話を聞くことがあります。それはひとえに、私たちに与えられている「いのちの働き」がまさに「私の底」のレヴェルでの働きであるという、そういう事情によるのです。

そしてさらに言えば、この「いのちの働き」を十分に自覚しハッキリとそれに目覚めた人は、そこで初めて「自分のいのち」が「他のいのち」とつながっているということをありありと実感することができます。思想や観念のレヴェルで理解するのではありません。すべてを放り出し、意識レヴェルの私（自我）が既に「死に体」となっ

ている その時、私たちは、自分の「おなか」のあたりにそれでもなお生き働いている「いのちの働き」を実感します。そしてその自分の「いのち」と他の「いのち」とは別ものでなくすべてつながっていること、自分の「いのち」とこの世界、この宇宙のすべての「いのち」とは本来「一つのいのち」であるということをまさに「からだ」のレヴェルで実感するのです。

こうして「おなか」のあたりで実感することのできる「いのちの働き」。意識レヴェルの私（自我）から離れて「そこ」に視点を移す時、私たちは、自分とこの世界、この宇宙のすべてのいのちが、本来「ひとつ」であるということをまさにありありと実感することができます。

そしてこれも観念で理解するのでなく、からだのレヴェルで体感することなのですが、この「いのち」としての私には「死」がありません。そのレヴェルの私はまさに「死なない」のです。

意識レヴェルの私（自我）は、他との区別の上に成り立つ私です。だから当然、そこでは他者との争いが起こりますし、孤独への不安もあります。そしてこのレヴェルでの私（自我）はたしかに消滅しますから、死へのおそれもあります。

一方、「おなか」レヴェルで体感できる「いのちの働き」としての私には、死への恐れがありません。このレヴェルの私は、「私（一人称）」でありながら同時に「それ

（三人称）」とも呼ばれうるものです（一人称即三人称）。だからこの「いのちの働き」については、「それそのものが生きている」と言いうるのです。意識レヴェルでの私（自我）が何をどう考えようと、それとかかわりなく、「それ」そのものがひとりでに、勝手に生き働いている。だからこの意味では、「私のいのち」はこの世界や宇宙の「いのちの働き」と何ら変わるところがありません。草や木や山や川の中に働く「いのち」。この「いのち」と私の「いのち」とは、本来分けることのできない「ひとつのいのち」で、私の「いのち」はそこからこの私に「送り与えられ」「分け与えられたもの」でしかありません。そんなふうに、醒めた目で自分の「いのち」の実相を見つめる時、私たちは、自分の「いのち」には本来「生も死もない」という事実に気づくのです。

だからそこでは、生きることにかかわる思い煩いも、死ぬことに対する不安や脅えもありません。

「絶対的主体道」を説き「無相の自己」を説いた禅の久松真一は、八木誠一との対談の中で、「私には煩悩はありません」「悩んでいても悩むということはないんです」と語っています（『覚の宗教』春秋社）。意識レヴェルの自我から見ると実に不可解な言葉ですし、傲慢ともとられかねません。しかしこの言葉が「私の底」の「いのち」のレヴェルから発せられており、そこからいきなり「私は……」と語っているのだと考えると、すぐに了解できます。「私の底」の「いのち」においては、自他の区別がなく、私と世界、私と宇宙はひとつです。私のいのちは、本来「ひとつ」であるこの宇宙のいのちからたまたま分け与えられたもの、送り与えられたものでしかありません。だからこの「底」のレヴェルの私は、実際に「死なない」のです。「私の底」そのものは生きるために思い悩むことも、死をおそれて脅えることもないのです。

このように、「いのちの働き」への目覚めは、私たちの死生観を変える力を持っています。「生きるとはどういうことか」「死ぬとはどういうことか」。その「意味」そのものを変更する力を持っているのです。

フランクルの「精神的無意識」の概念、つまり「無意識の底」は「私（自我）」であるということの考えは、このような方向へ発展させていくべきである、と私は思います。また発展させていけるだけの可能性を持った概念である、とも思っています。

〈付論・その3〉実存の問いと超越

〈付論・その1〉〈付論・その2〉でフランクル心理学における不徹底な部分、突きつめの甘いところを指摘し、それを私なりに展開して補足・修正してきたわけですが、いかがだったでしょうか。

かなり超越的な視点からのフランクル解釈だと思われたのではないでしょうか。そうなのです。私のフランクル理解はかなり超越寄りです。というのも私のフランクル理解は、前にも述べた次のような体験をその出発点としているからです。

毎日のルーティン・ワークに疲れ果て、ややこしい人間関係に嫌気がさした仕事の帰り道。ふとため息をついて立ち止まり、星のきらめく夜空を見つめる。

夜の冷たい空気に触れながらしばらく天を見つめていると、この世界そのもの、宇宙そのものに意味と秩序とが満ち満ちているのを感じることができる。

この無限に広がる空間と時間のただ中で、他のどこでもいつでもない「この時・この場」に、他の誰でもない「この私」が、こうして与え置かれているということにはやはり意味がある。「なすべきこと」が与えられていると思わないではいられない。

私たちは何をしてもいいし、しなくてもいい存在ではない。ましてや、いてもいなくてもかまわない、そんな存在なんかではない。

私には、この人生で「なすべきこと」「満たすべき意味」が与えられている。「果すべき使命・天命」が与えられる。そしてそれを発見し実現することを求められている。そんなことが、確かに実感されてくる。

するとどうだろう。私は、自分のからだの内側で「いのち」が生き、燃え立つのを確認することができる。意味の「呼びかけ」に呼応するかのようにして、自分のからだの内側で「いのち」が生き働くのを感じることができるのだ。

私にとっては、こうした体験こそフランクル心理学のエッセンスにほかなりません。

こうした体験は、私に、生きる意欲を与えてくれます。疲れ果てた私の中の「いのちの働き」を再活性化し、生きるエネルギーをかきたててくれるのです。

フランクル心理学が「生きる意欲」を与えてくれる心理学だというのは、そういうことです。

ややこしい現代社会の中で生きるのに疲れ果て、閉じられたシステムの中で生きる希望を見失いがちな私たちに、生きる意欲とエネルギーとを与えてくれる心理学なのです。

それればかりではありません。

私には、こうした体験は「人間が生きていく上で最も大切なこと」を告げ知らせてくれているという確信があります。自分という人間の芯の部分が何か正しい方向に向き変えられたような、あるいは人間として生きていくことの「おおもと」に立ち返らせてもらえたような、そんな実感があるのです。

もっとも、フランクルの言葉をそのまま受け取れば、こんなふうに読めるというわけではありません。

ただ私にとってフランクル心理学は、こうした体験に形を与えてくれるものとして現れたのです。そしてこうした体験に基づいて、そこからフランクルを読んでいきました。

先の〈付論・その1〉〈その2〉にしてもそうで、ここでフランクルが言い当てようとしていた〈人間の真実〉〈ことがらそのもの〉は、きっとこのようであるはずだ……。そんなふうにしてフランクルを読んでいったのです。

けれど、超越的な視角からフランクルを読むというこの読み方は、決して独断的なものではありません。

そもそも、「どう生きるべきか」という実存の問い、倫理の問いは、それを自力でつきつめていけば必ず挫折せざるをえない運命にある問いです。なぜならこの問いは、人間の力では答えられない問いだからです。

だからこの問いの突きつめは、いずれ必ず超越の次元に入っていかざるをえなくなるはずで、これは論理的にそうでしかありえないのです。

キルケゴールも、「どう生きるか」という倫理の段階の徹底は、いずれその不可能性に躓(つまず)き挫折して、宗教の段階に進まざるをえなくなると考えていました。これも同じことわりを示しています。

だからフランクル心理学に限らず、実存心理学、人間性心理学は、それが抱える「どう生きるか」という問いを突き詰めていくならば、同時に必ず超越の次元に踏み込まざるをえなくなるはずです。

徹底的な、つきつめられた実存心理学、人間性心理学は、同時にまた、超越の心理学、トランスパーソナル心理学でもあるはずなのです。

〈付論・その4〉現存在分析との相違

最後に、これまでとは話が変わりますが、フランクル心理学（実存分析）とルードィッヒ・ビンスワンガーやメダルト・ボスらの「現存在分析」との違いを説明しておきます。

実のところ、この両者はわざわざ説明する必要のないほどまったく違うものなのですが、しばしば混同されがちなのです。また、日本で出されている臨床心理学や精神医学の全集や講座、事典の類においてこの両者は、「実存的心理療法」とか「実存精神医学」といった名称の下に一括りにして説明されることが多いのも事実です。

アメリカでも、既に述べたようにフランクルの実存分析とビンスワンガー、ボスの現存在分析はどちらも existential analysis と訳されてしまい、そのため両者はしばしば混同されてきました。

誤解を避けるためにフランクルは、実存分析という名称を捨てて「ロゴセラピー」という語を可能な限り使うようにしましたし、英語で本を書く時には、ビンスワンガーらのアプローチ（Daseinsanalyse）をexistential analysisと訳さず、onto analysisと訳す、といった工夫もしています。

そこで本書でも、この二つのアプローチの違いを明らかにしておく必要があると思うのです。

では両アプローチはどの点が異なるのでしょうか。

まず「対象」が違います。

フランクルの実存分析の扱う対象は、「実存的空虚」と呼ばれる心のむなしさを抱く一般の人々であり、神経症者です。

これに対し、現存在分析の扱う対象は重い精神疾患の患者、統合失調症や操鬱病の患者です。

次に「目的」も違います。

フランクルの実存分析では、実存的な空虚感を抱いている人に呼びかけて「生き方」を転換させようとします。「自分のため」に生き「自分の幸福」を目指してその獲得に失敗し、どこか「満たされなさ」を感じざるをえなくなっている生き方から、自分が誰（何）のために何ができるかを自覚した「より本来的な生き方」への転換を目指すのです。

これに対して現存在分析では、あくまで精神病者の現存在の変様の記述と理解を目指しています。

さらに「方法」も異なります。

フランクルの実存分析では、「実存的空虚」を抱えた人や神経症者に対してかなり積極的かつ能動的にかかわっていきます。

フランクル自ら、フロイトの精神分析では患者は寝椅子に横たわって言いたくないことを言わなくてはならないのに対し、「ロゴセラピーの場合、患者はまっすぐに座っていていいのですが、時々聞きたくないことを聞かなくてはならないのです」（PE）と言っているように、他の心理療法と比べてもかなり能動性の高いアプローチだと言えます。

一方現存在分析は、あくまで現象学的な記述を目指します。受動的で静的なアプローチと言えます。

ほかにも「人間観」の違いとして、フランクルが身体次元・心理次元・精神次元の各次元の違いを強調するのに対して、ビンスワンガーらは「全体としてのまとまり」を説く点をあげることもできます。

まとめると上の表1のようになります。

こう見ると、両者がまったく異なるアプローチであることは一目瞭然（いちもくりょうぜん）でしょう。

これをフランクル自身の言葉で補足しましょう。

	実存分析	現存在分析
提唱者	フランクル	ビンスワンガー、ボス
対象	「心のむなしさ」を抱えた一般の人、神経症者	統合失調症者
目的	「生き方」の転換	統合失調症の理解
方法	実存的対話によって積極的・能動的に呼びかける	静的かつ中立的に「現象学的記述」を行う
人間観	「身体」「心理」「精神」の各次元の違いを強調	一つのまとまりとしての人間の全体性を強調
支えとする哲学者	マックス・シェーラー	マルティン・ハイデッガー

表1　実存分析と現存在分析の違い

精神医学に対するビンスワンガーの貢献としてあげることができるのは、精神病のよりよき理解、もっとはっきり言えば、精神病的世界内存在の、特殊にして独特な様式のよりよき理解ということである。現存在分析とは反対に、ロゴセラピーは精神病の理解をめざすものではなく、神経症の短期治療を目指すものである。（WM）

フランクルの現存在分析に対する態度にも、年代によって若干の変化が見られます。

一九五六年に書かれたフランクルの心理療法論の主著『神経症の理論と治療』（TTN）においては、まだ敵対的な態度が目立ちます。

この本でフランクルは、次のように述べて現存在分析の静的な点を批判しています。「統合失調症の理解のために、現存在分析は世界内存在（M・ハイデッガー）の一体性を考察しなければならないのだが、それに対して実存分析は、この一体性の内にある多様性を呼びおこし、人格に呼びかけ得るため、この一体性を次元的に分岐して、実存と事実性、人格と有機体、精神性と心身性という多様性へと分かたなければならない。もし実存分析が、現存在分析と同様に、精神的な人格を生理、心理、精神的に中立な現存在へと解消してしまうなら、この呼びかけは誰に向けてなされるべきであろうか。それが不明になってしまうだろう。

この意味で、現存在分析の人間学は静的であり、力動的な心理療法としての精神分析に対立し、また精神的なものに呼びかける心理療法としてのロゴセラピーにも対立する」（TTN）。

しかしその後、フランクルの現存在分析に対する態度は、はっきりと軟化していきます。先の本の数年後に英語で書かれた論文には、まだ批判的なニュアンスが残されてはいるものの、「現存在分析と実存分析は、相反するものでなく、補足しあうものである」（PE）といった表現が見られます。また、ビンスワンガーの最大の貢献の一つは、フロイト流の還元主義的な考え、つまり幼児期の決定的な影響の操り人形のように人間を捉える見方に反対して、人間の「主体性」を復権した点にある、とも述べています（PE）（もっともその直後に、それだけでは不十分で、フロイト派の犯したもう一つの誤りである「価値と意味、すなわちロゴスの客観性の軽視」をも修正する必要があり、それに取り組んでいるのがロゴセラピーだと話は展開されていくのですが)。

さらに、フランクル心理学がすっかりアメリカに定着した一九六九年、『神経症の理論と治療』から十数年経って書かれた入門書『意味への意志』においては、次のような興味深い指摘が見られます。「かつてルードィッヒ・ビンスワンガーは、私との個人的会話において、現存在分析に比べてロゴセラピーは能動的であること、それにもましてロゴセラピーは現存在分析に対して治療的補足の役割を果たしうるということを、私に話してくれたことがあります」(WM)。

フランクルはよく講演の折りに、ハイデッガーの写真などと共に、ビンスワンガーと一緒に写った写真をスライドで映します。その時の対話で、二人はよく通じあえたのでしょう。この時期以降、フランクルの現存在分析についての指摘には、かつて見られた批判的な姿勢は影を潜め、信頼感に満ちた言葉が目立つようになっていきます。

おわりに

フランクル心理学の最大の魅力。それは、この辛く苦しい人生を生きていくための意欲とエネルギーを与えてくれるところにあります。「魂を鼓舞する心理学」と言ってもいいでしょう。私たちのパッションとバイタリティをかきたててくれるのです。

私にとってもフランクルは、そんな存在です。つらいことが重なってすべてが嫌になりかけた時、フランクルのメッセージを思い出すと元気が出てくることがあります。

私がそれを実感するのは、たとえば次のような場面です。

疲れきった仕事の帰り道。思うように事が運ばず、うつむき加減に歩を進める。しかもそれを「何のために」しなくてはならないのか実感できず、自分がこの社会で与えられたことをただこなしていくだけの歯車のように思えてくることがある……。

こんな時、私たちは、いくら自分の気持ちを見つめたり、ましてやそれを分析したりしてみても、元気を取り戻すことはできません。お酒を飲んだりスマホをいじったりしながら、結局は時間が経つのにまかせて忘れてしまうのが関の山です。

そんな時、ふと立ち止まって空を見上げながら、本書で述べてきたフランクル心理学のメッセージを思い出すと、元気を取り戻せることがあるのです。

どこまでも続くこの果てしない宇宙の中で、ほかのいつでもない今・この時代・この時、ほかのどこでもないこの国の・この場所に、なぜかこの「私」が置き与えられているということは、やはりただそれだけで意味がある。

私は、何をしてもいいし、しなくてもかまわない、そんな存在ではない。ましてや、ここにいてもいいし、いなくてもかまわない、そんな存在なんかではない。

人生にはどんな時も意味がある。

実現すべき「意味」が与えられている。

果すべき「使命」が与えられている。

私たちは、ただこの世に生きているだけで、「なすべきこと」「実現すべき意味」「果すべき使命」を与えられ、それを発見し実現するのを求められている存在なのだ。

だから今、こんな小さなことに落ち込んでいる場合じゃない。

こんなこと、自分の人生にとって、そんなに大切なことじゃないじゃないか。

自分にとってほんとうに大切なのはただ一つ。私に送り与えられてくるこの「なすべきこと」「実現すべき意味」「私の人生で果すべき使命」にただ無心で取り組んでいくことだけなのだから……。

こんなことを思い描くと、私の魂は鼓舞されていきます。人生からの呼びかけによって、私の使命感が奮い立たされるのです。くじけそうだった自分の心が徐々にエネルギーに満ちてきて、「あるべき状態」に戻っていくのを感じます。

このような思いは、自分の心を見つめたりそれを分析したりする心理学の方法によっては、決して得られるものではありません。

どんな時も人生には意味がある。私を超えた「向こう」から「なすべきこと」が与えられている。「私の人生で果すべき使命」が与えられている。そしてその「なすべきこと」「果すべき使命」は、私によって発見され実現されるのを待っている……。

このような、自分を超えた「向こう」からの「呼びかけ」に目覚めてはじめて、私たちの魂は、激しく鼓舞されうるのです。

私たちに生きる意欲とエネルギーを与えてくれるフランクルの心理学。辛いこと、苦しいことが山積みのこの人生を、それでも何とか元気を出して生きていかなくてはならない私たちにとって、それはきわめて現実的で有効なセルフヘルプの方法と言えるでしょう。

しかしながら、これまで日本では、フランクルのこの最も魅力的な部分がうまく引き出されているとは思えませんでした。それが私を、本書執筆に踏み切らせたのです。

もう一つ、個人的なことになりますが、フランクル心理学に対する思いとして、どうしても触れておきたいことがあります。

本文の中でも既に触れましたが、思春期から青年期にかけての私には、どう生きるべきか、どう生きればよいのかわからず、悩み苦しんでいた時期がありました。いくら問うても答えが得られず、半ば自暴自棄になりかけていたのです。

その私を救ってくれた一人が、やはりフランクルでした。

大学三年のある秋の日の午後。前日の晩、「どう生きるべきか、どう生きればよいか」という問いに捕らわれてから一睡もできず、十数時間もその問いを問い続けていた私は、さすがにほとほと疲れ果ててしまっていました。それでも答えが得られなかった私は、ついに観念して、七年間もこだわり続けたその問いをとうとう放り出してしまったのです。

「もう、どうにでもなれ」と。

やけになってすべてを投げ出してしまった私が、けれどもその時そこに見たのは、なぜか崩れることも倒れることもなく、立っていられる自分の姿でした。それが得られなければもう生きていくことはできないと、必死で求め続けたその答えをついに断念したにもかかわらず、そのままの姿で一切を許され立っていられる自分の姿を、私はただ驚きの眼差しで見つめるよりほかありませんでした。

と同時に私は、それまで自分が何年にもわたって求め続けてきたその問いの答えが、なぜかそこに、既に与えられているということに気づかされたのです。

それはつまり、こういうことです。

「どう生きるべきか」「どう生きればよいか」と、いくら問い求めても答えが得られず、ただ途方に暮れてたたずむことしかできなかった私。けれども、その問いを手放してみてはじめてわかったことなのですが、その問いの答えは、実はそれ以前からずっと、常に既に私の足下に与えられてきていたのです。私がそれに気づかなかっただけで、私の「なすべきこと」は、私を超えた「向こう」から、常に既に送り与えられてきていたのです。

だから私は、ほんとうは、「どう生きるべきか」「どう生きればよいか」と思い悩む必要は、一切なかったのです。私がしなければならないこと、それは、その都度私に送り与えられてくるこの「なすべきこと」「実現すべき意味」「果すべき使命」を見つけ出し、実現することだけなのですから。

こうして私は、七年にわたる地獄の苦しみからついに救い出されました。

この宇宙の中、この世界の中に、この私がこうして与え置かれているという謎に満ちた事実。それをフランクル流に解釈すると、私の「なすべきこと」は私を超えた「向こう」から送り与えられてきているというイメージが、リアルなものとして実感されてきます。

そしてこのイメージが自分の中に定着するにつれて、「どう生きるべきか」「どう生きればよいか」という私の問いは消え去りました。問題が「解決」したのではありません。「問題」そのものが消え去り、問う必要がなくなったのです。

「なすべきことは私を超えた向こうから、常に既に送り与えられてきている」というフランクル心理学のメッセージ。それはこのように、「どう生きるべきか」「どう生きればよいか」という思い悩みを、直ちに消し去ってしまう力を持っているのです。

＊本書で紹介したフランクル心理学をはじめとした実存心理学、人間性心理学、フォーカシング、傾聴、トランスパーソナル心理学などは、明治大学に事務局を置く次の研究会で学ぶことができます。さまざまなワークを行いながら、楽しく、わかりやすく、心理学をはじめて学ぶ方にも安心して参加していただけます。「諸富祥彦のホームページ」(http://morotomi.net/) 上の「気づきと学びの心理学研究会〈アウエアネス〉」ページを御参考の上、お気軽にお申し込み下さい。

メール　awareness@morotomi.net　ファクス　03-6893-6701

（２０２１年12月20日現在の情報です）

本書は『フランクル心理学入門　どんな時も人生には意味がある』（コスモス・ライブラリー、一九九七年）を加筆・修正のうえ、文庫化したものです。

フランクル心理学入門

どんな時も人生には意味がある

諸富祥彦

令和3年 12月25日　初版発行
令和6年 10月10日　3版発行

発行者●山下直久

発行●株式会社KADOKAWA
〒102-8177　東京都千代田区富士見2-13-3
電話　0570-002-301（ナビダイヤル）

角川文庫 22975

印刷所●株式会社KADOKAWA
製本所●株式会社KADOKAWA

表紙画●和田三造

●お問い合わせ
https://www.kadokawa.co.jp/（「お問い合わせ」へお進みください）
※内容によっては、お答えできない場合があります。
※サポートは日本国内のみとさせていただきます。
※Japanese text only

ISBN 978-4-04-400680-8　C0111

◆◇◇